Michael Thumann

Der neue Nationalismus

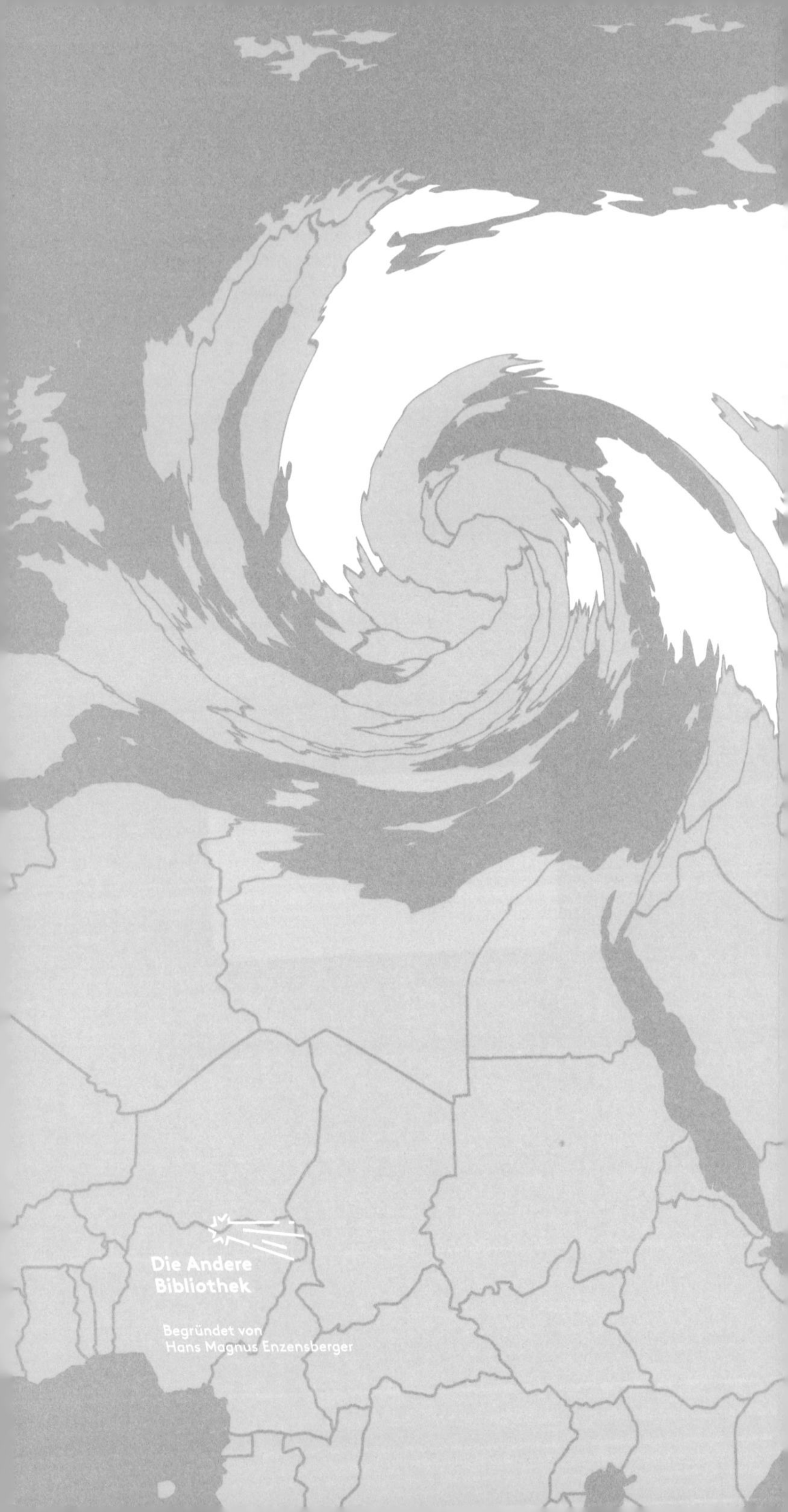

Die Andere Bibliothek

Begründet von Hans Magnus Enzensberger

Michael Thumann

DER NEUE NATIONALISMUS

Die Wiederkehr einer totgeglaubten Ideologie

1. Was uns bedroht

Am 5. Oktober 2019 griff der türkische Staatschef zum Telefon und ließ sich zum amerikanischen Präsidenten durchstellen. Es sollte um Krieg, Tod und Vertreibung gehen, aber die Herren begannen ihr Gespräch in lockerem Tonfall. Donald Trump schmeichelte Tayyip Erdoğan, der seinerseits lobte den Amerikaner für dessen letzten TV-Auftritt. Dann kamen die beiden zur Sache. Trump war daran gelegen, ein Wahlkampfversprechen einzulösen und die amerikanischen Truppen aus Nordsyrien abzuziehen. Erdoğan wollte dort gern einmarschieren. Der kleine Haken: In dem Gebiet lebten syrische Kurden, die mit den USA verbündet waren. Man war sich schnell einig. Wenige Tage nach dem Telefonat bombardierten türkische Flugzeuge kurdische Stellungen. Erdoğan führte zum dritten Mal in drei Jahren Krieg gegen die syrischen Kurden. Trump verriet mit dem Rückzug einen langjährigen US-Alliierten und begründete das mit der Geschichte. Er warf den Kurden vor, sie hätten die USA 1944 bei der Invasion in der Normandie gegen Hitler nicht unterstützt. Schließlich empfahl er ihnen, »bei Russen, Chinesen oder Napoléon Bonaparte« um Hilfe nachzusuchen. Für das Telefonat der Mächtigen zahlten Tausende Kurden mit ihrem Leben. Hunderttausende verloren Hof, Heimat und Zukunft.[1]

In dieser Episode ist alles zu besichtigen, was den neuen Nationalismus ausmacht: Männerabsprachen über Leben und Tod, Herrscherwillkür, Lügen, Häme, Unberechenbarkeit, Opfermythen, Verrat, Hybris und Krieg. Es sind die Zutaten für den gefährlichsten Giftcocktail unserer Zeit. Seit der Mitte des vergangenen Jahrzehnts erobern Rechtspopulisten und autoritäre Politiker die Macht in demokratischen Ländern, in Europa wie in der ganzen Welt. Der Nationalismus, eine totgeglaubte Ideologie aus dem 19. Jahrhundert, ist zurück.

Zu Beginn der Corona-Pandemie von 2020 verstärkte sich dieser bedrohliche Trend. Die Seuche hatte Europa gerade erfasst, als der ungarische Ministerpräsident am 11. März 2020 vor sein Volk trat und die Aussetzung der parlamentarischen Demokratie erklärte. Viktor Orbán begründete das mit dem »Gefahrenzustand« seiner Nation in der Corona-Krise. Also ließ er jene Gefahren eliminieren, die ihn persönlich behinderten: das Parlament, freie Wahlen, die freie Meinungsäußerung. Ende Mai beendete Orbán den Ausnahmezustand. Doch hatte er bis dahin die Freiheit der Justiz, der Medien und der Arbeitnehmer in Erlässen empfindlich eingeschränkt. »Gefälschte oder verdrehte« Nachrichten wurden mit mehrjährigen Haftstrafen bestraft. Viktor Orbán war mit seinen Ermächtigungsdekreten nicht allein. In der Pandemie-Krise ergriffen viele autoritäre Herrscher die Chance, ihre Macht auszudehnen und die Freiheit der Bürger zu beschneiden. Und nicht nur sie. Demokratische Regierungen in Europa und der ganzen Welt dämmten die Seuche mit Maßnahmen ein, die eigentlich aus dem Arsenal klassischer Polizeistaaten stammen: Ausgangssperren, Notstandsgesetze, Versammlungsverbote. Plötzlich waren es auch liberale Demokraten, die Grenzen schlossen, Ausländer nicht mehr ins Land ließen und den Nationalstaat zur Festung ausbauten. Vorübergehend natürlich, so hieß es, doch war es im Frühling 2020 nicht absehbar, welche Schäden auch liberale Demokratien langfristig davontragen könnten. Die Pandemie verstärkte Tendenzen, die ohnehin schon angelegt waren. »Nach 1989 gab es eine Tendenz zur Großräumigkeit, zur Langfristigkeit und Rationalität«, beobachtete der Politologe Herfried Münkler treffend[2]. »Jetzt denken wir wieder verstärkt in kleinen Räumen, kurzfristig und emotional.«

Unter diesen Lebensbedingungen gedeihen Rechtsextreme und rechte Bewegungen. Im vergangenen Jahrzehnt versuchten sie zunächst, ihre Themen digital durchzusetzen und die sozialen Medien zu erobern. Wenn die Demokratien anfällig und die Menschen bereit waren, griffen nationalistische Anführer nach der Macht, ganz analog. Um die Leitfiguren des Nationalismus geht es in diesem Buch, nicht um die Bewegungen, die sie tragen. Autoritäre rechte Politiker gewinnen in Deutschland und anderen europäischen Ländern an Gefolgschaft. In Ungarn, Polen, in den USA, in Russland und der Türkei sind sie an der Regierung. Erfolgreich sind sie auch in Lateinamerika, Afrika und Asien. Wir haben uns daran gewöhnt, sie »Rechtspopulisten« zu nennen. Das aber ist für die Hauptdarsteller dieses Buches ein verharmlosender Begriff, weil er den Populismus, der auch links sein kann, in den Vordergrund rückt. Mitunter handeln sogar demokratische Politiker populistisch. Hier aber geht es um jene Nationalisten, die diese Ideologie zur Herrschaftsausübung nutzen.

Nationalisten warnen in ihren Programmen vor Migranten und Flüchtlingen, sie überzeichnen die Gefahr des Islamismus, sie reden der Abschottung des Nationalstaates das Wort, sie verteufeln die EU und den internationalen Handel, sie dämonisieren die liberale Elite und »Kosmopoliten«. In der Corona-Krise, und nicht erst seitdem, haben sie Ressentiments geschürt und Menschen aufeinandergehetzt. Für alle Probleme der Gegenwart machen sie die Globalisierung verantwortlich. Sie behaupten, sie sprächen für das Volk, manche von ihnen glauben, nur sie seien »das Volk«. Nationalisten machen vielen Millionen Menschen, die sich von Pandemien, Flüchtlingskrisen, Handelskonkurrenz und wirtschaftlichem Niedergang bedroht und überfordert fühlen, ein scheinbar überzeugendes Angebot. Sie preisen den Rückzug ins komfortable Schneckenhaus des Nationalstaates als Schutzraum. Damit suggerieren sie, es gäbe so etwas wie einen »guten Nationalismus«, einen »sanften Nationalismus«.[3]

Schutz und Geborgenheit sind die Illusionen, mit denen autoritäre Rechte auf Stimmenfang gehen. In den USA und Russland versuchen sich neben den Politikern eine Reihe von politischen Denkern an der Rehabilitierung des Nationalismus.[4] Apologien der Fremdenfeindlichkeit durchsetzen die sozialen Medien, den Buchmarkt und die politischen Zeitschriften. In Washington wurde 2019 die Edmund-Burke-Stiftung gegründet, ein national-konservativer Think Tank. Auf dem Gründungskongress rief der erste Redner zur Begrüßung: »Wir brauchen einen neuen Nationalismus!«, und begründete das mit dem Zerfall Amerikas, mit den Anschlägen von Islamisten, den Angriffen der Linken, der Gefahr der Globalisierung und der wachsenden Migration.[5] Die Edmund-Burke-Stiftung ist kein obskurer Verein bedeutungsloser Sektierer. Anwesend waren der nationale Sicherheitsberater von Donald Trump, ein Starmoderator des konservativen Senders Fox und eine Reihe konservativer Milliardäre.[6] Dabei war auch Yoram Hazony, israelisch-amerikanischer Autor des US-Bestsellers »The Virtue of Nationalism«, der dem Nationalismus Girlanden flicht.[7] Aus Hazonys Sicht wird die Welt am besten regiert, »wenn Nationen ihren eigenen unabhängigen Kurs verfolgen, ihre eigenen Traditionen pflegen und ihre eigenen Interessen verfolgen.« Das klingt für viele noch halbwegs anschlussfähig. Interessant wird es, wenn Hazony seinen »Nationalismus« als das Gegenteil von »Imperialismus« verortet. Darunter versteht er jedoch nicht die Sowjetunion oder die Kolonialreiche der Europäer bis in die 1960er-Jahre, sondern die Europäische Union und die USA unter den Präsidenten Bill Clinton, George W. Bush und Barack Obama. Imperialismus, das sei die Übertragung von Entscheidungen unabhängiger nationaler Regierungen in die Hände von internationalen Organisationen. Hazonys Buch verdeutlicht, was hinter dem neuen Lob der Rechten auf den Nationalstaat steht: die Verteufelung der internationalen Friedensordnung mit den Vereinten Nationen an der Spitze, die Dämonisierung des Multilateralismus und der Ordnung der Pariser Charta seit dem Ende des Kalten Krieges 1990. Damit packt er die Ideologie von Donald Trump zwischen zwei Buchdeckel, jenes US-Präsidenten, der nicht in Kim Jong-Un oder Wladimir Putin, sondern in der Europäischen Union seinen »Feind« sieht.

In Russland ist nationalistische Rhetorik im staatlichen Fernsehen Alltag. Dazu tummeln sich Einflussprofessoren und pseudowissenschaftliche Autoren in den staatlichen Kanälen oder in sozialen Medien, um für eine nationale Idee zu werben. Ein populärer Redner im Netz ist Andrei Fursow, der ein Buch über den Krieg der »Angelsachsen gegen den Planeten« geschrieben hat.[8] Darin und in Interviews fordert er ein »Großrussland, das fähig ist, nicht nur das Zentrum der euroasiatischen Landmasse zu werden, sondern ein Anziehungspunkt für viele Länder und Völker anderer Kontinente.«[9] Russland brauche dafür eine »Ideologie«, eine nationale Idee, die in der Verfassung festgeschrieben sei. Autoren wie Fursow füttern die klassische Vorstellung russischer Nationalisten, dass Russland etwas Besseres, Höheres, Heiligeres sei als andere Länder.

Auch in Europa sind zahlreiche Autoren aus dem rechten Spektrum unterwegs, um nationalistisches Gedankengut zu verbreiten.[10] Der ehemalige Berliner Finanzsenator Thilo Sarrazin war hierzulande vor zehn Jahren ein Vorreiter. Die Folgen der Globalisierung veranlassen aber auch seriöse, rechter Propaganda völlig unverdächtige Autoren, vor einer Verdammung des Nationalismus zu warnen, seine beschützende Rolle zu loben und ihn als Bezwinger früherer Imperien oder als Garanten des Sozialstaats der Gegenwart zu rühmen.[11] Einige von ihnen laufen dabei in die Falle, über die unbestreitbaren sozialen Errungenschaften des Nationalstaats hinweg die Gefahren der nationalistischen Ideologie kleinzureden.

Es geht in diesem Buch nicht um den Nationalstaat an sich, der seit dem 19. Jahrhundert eine Realität der Staatenwelt ist und noch lange bleiben wird. Die Corona-Krise erweist sich als Frischzellenkur für jene Nationalstaaten, die mit einem funktionierenden Gesundheitswesen und der Durchsetzung öffentlicher Ordnung das Leben ihrer Bürger in der Pandemie sichern. Erfunden wurde diese Staatsform vor gut zweihundert Jahren, als sie die Überwindung von Imperien und absolutistischen Monarchien sowie die Befreiung der Bürger vom Obrigkeitsjoch versprach. Wie die Geschwister-Ideologien Sozialismus und Liberalismus, die ebenfalls in den europäischen Revolutionen seit dem Ende des 18. Jahrhunderts entstanden, kleidete sich der Nationalismus als Fortschrittsverheißung.[12] Die nationalistische Idee ging zeitweise Bündnisse ein, erst mit dem Liberalismus, im 20. Jahrhundert auch mit dem Sozialismus.[13] Der Nationalstaat entstand als Grundordnung der Staatenwelt – und bildete in vielen Ländern den Rahmen für die Entstehung der Demokratie mit gesellschaftlicher Teilhabe, Parlamentarismus und Sozialstaat. Zudem wurde der Nationalstaat zu einer ungeheuren Modernisierungsmaschine. Die Nation beruhte darauf, wie Ernest Renan es so unübertrefflich zusammengefasst hat, dass »alle vieles gemeinsam, aber viele alles vergessen haben.«[14] Vor allem das, was sie einander vorher in Glaubens- und Bürgerkriegen angetan hatten. Der innere Frieden, wenn er denn erreicht wurde, war in vielen Ländern die konstruktive, hellere Seite des Nationalstaats. Bis heute bietet er seinen Bürgern Rückhalt, das zeigt gerade auch die Pandemie-Krise.

Doch die ursprüngliche Idee des Nationalismus trug von Beginn an den Keim der Zerstörung in sich. Nationalismus bedarf heute keiner neuen Deutung, um ihn in die Zukunft zu retten, sondern eines ungeschönten Rückblicks auf die traumatischen Erfahrungen des 19. und 20. Jahrhunderts. Denn diese Ideologie war und ist vom Krieg nicht zu trennen. »Im Krieg verwandelt sich die Nation in eine Gemeinschaft auf Leben und Tod«,[15] schreibt der Nationalismus-Forscher Dieter Langewiesche. Diese mächtige Kraft wussten skrupellose Politiker und Verbrecher an der Staatsspitze zu nutzen. Nationalistische Regierungen zerstörten Europa im 20. Jahrhundert zwei Mal und haben das Leben von weit über hundert

Millionen Menschen auf dem Gewissen. Die Deutschen wüteten dabei am schlimmsten. Nationalisten haben Millionen Menschen in der Welt ausgegrenzt, vertrieben, umgesiedelt, auf Todestrecks geschickt, interniert, in Lager gesteckt, massenhaft ermordet.

Vor der Rückkehr der nationalistischen Ideologie und ihren Folgen möchte ich mit diesem Buch warnen. Denn die Vergesslichkeit ist unser Fluch. Die Erinnerung an das 20. Jahrhundert verblasst, in den kommenden Jahren werden die letzten Zeitzeugen des Zweiten Weltkriegs sterben. Die Europäer von heute sind mit der Europäischen Union aufgewachsen wie mit dem Wechsel der Jahreszeiten, so als wäre die EU eine unerschütterliche Naturgegebenheit. Besonders in Deutschland hat man sich vielleicht zu lange Zeit mit dem Gedanken beruhigt, von »Freunden umgeben« zu sein.[16] Der Brexit und die Präsidentschaft Donald Trumps erschüttern diese Gewissheiten. Doch Krieg in Westeuropa scheint immer noch unvorstellbar zu sein, militärische Auseinandersetzungen in Osteuropa gelten als Ausnahme oder als schwer verständliche Anomalie. Kriege in Georgien und der Ukraine nehmen viele Westeuropäer nicht wirklich ernst, Putin-Anhänger im Westen bezweifeln gar die Eigenstaatlichkeit von Georgien und der Ukraine und rechtfertigen so das Ausgreifen Russlands in seiner Nachbarschaft. Dabei sind heiße Kriege seit 1990 gar kein Ausnahmezustand, sondern eine Normalität in Europa und seiner Nachbarschaft. Der Jugoslawienkrieg war der erste Schock nach dem Ende des Kalten Krieges. Im Irak stürzte eine ideologisch aufgeladene US-Regierung einen Diktator ohne völkerrechtliche Grundlage. Ab 2014 bekämpfte Russland die Ukraine und bombardierte die syrische Zivilbevölkerung, die Türkei marschierte in Syrien und Irak ein. Diese Feldzüge waren auch deshalb möglich, weil sie ihre Heimatländer nur mittelbar berührten. Die existenzielle Katastrophe bekamen nur die Menschen in den Manöverländern des Nationalismus zu spüren. Für die Europäer bleibt der Krieg bislang eine schreckliche Ansichtskarte aus der Ferne, die in der

EU höchstens zum Streit um die Verteilung von Flüchtlingen führt. Aus der Sicht nationalistischer Führer ist der Krieg nur ein weiteres Instrument im politischen Alltag.

Dieses Buch baut auf drei Thesen auf. *Erstens* möchte ich das Trugbild eines »guten« Nationalismus widerlegen, die Selbsttäuschung, man könne sich von den Wirrnissen der Welt lossagen und in sein nationales Schneckenhaus zurückziehen. Nationalisten suchen die Abgrenzung und sperren andere aus, aber sie langen dabei weit über die eigenen Grenzen hinaus. Da hilft auch nicht die Beschönigung, zur Tarnung von Patriotismus zu sprechen.[17] Nationalismus funktioniert meist auf dieselbe Art. Der Nationalist sieht sich als Opfer und erkennt in den anderen die Schuldigen. Er sucht fieberhaft nach Beleidigungen, die ihm widerfahren. Nach einer Initialphase der inneren Sammlung greift er nach außen aus. Nationalistisch regierte Länder verhalten sich häufig expansiv oder revisionistisch. Denn die pathologische Selbstüberhöhung der eigenen Nation funktioniert nur, wenn dabei andere Nationen erniedrigt und besiegt werden. Nationalismus führt in vielen Fällen zum Krieg – ob zu Handels- und Cyberkriegen oder in klassische militärische Konflikte.

Aus dem 20. Jahrhundert schleppen wir die Biografie von Adolf Hitler mit, der in »Mein Kampf« 1924 viele der Verbrechen andeutete oder ausmalte, die er später in die Tat umsetzte. Wir erinnern uns an den Aufstieg von Benito Mussolini, der schon vor Hitler als Faschist die Bühne Europas betrat. Der neue Nationalismus in unserem Jahrhundert entwickelt sich anders. Autoritäre rechte Politik wird immer weniger von genuinen Nationalisten betrieben, sondern von Zweck- und Gelegenheitsnationalisten, die den Nationalismus als Machtmittel benutzen. Das ist meine *zweite* These. Der neue Nationalismus des 21. Jahrhunderts, das ist jene Ideologie, zu der Politiker greifen, um ihre Herrschaft zu festigen. Politiker mit nationalistischer Agenda können ihre Karriere ohne eine solche begonnen haben, manche traten ursprünglich als Gegner von Nationalisten auf. Man muss nicht von jungen Jahren an ein Nationalist sein, um irgendwann einer zu werden. Das ist im Frühstadium kaum zu erkennen. Ein Politiker entscheidet sich bewusst dazu, zum Nationalisten zu werden und sich dieser Ideologie zu bedienen, ob nun aus Aufstiegsgründen, aus politischer Opportunität oder zur Herrschaftssicherung. Vor allem diese Form des Zwecknationalismus bedroht die Demokratien der Gegenwart.

Der neue Nationalismus, das ist meine *dritte* These, hat jedoch in manchen Ländern ein Verfallsdatum. Seine Wirkung lässt mit den Jahren nach, die Faszination verwelkt, die Mobilisierung erschlafft. Wenn die Ideologie dem Herrscher nicht mehr nützt, kann er sie sogar wieder ablegen und gegen ein neues Narrativ eintauschen. Es zeigt sich in diesen Staaten, dass der Nationalismus nicht mehr die ungeheure, nachhaltige Kraft entfaltet, mit der er im 19. und 20. Jahrhundert die Welt von Grund auf veränderte und vergiftete. Er ist eine alte Ideologie im zweiten Aufguss. Das macht sie jedoch nicht weniger gefährlich.

Der britische Historiker Eric Hobsbawm beobachtete, dass Nationalismus zwar vor hundert Jahren ein wichtiger Träger der Modernisierung gewesen sei, doch sei das heute nicht mehr der Fall. Nationalismus stehe vielmehr für »Schwäche und Angst sowie den Versuch, Mauern zu bauen, um die Kräfte der modernen Welt fernzuhalten«.[18] Der Nationalismus habe nicht mehr die Kraft, in dem Maße einzubeziehen und zu integrieren wie im Frankreich des 19. Jahrhunderts, stattdessen erschöpfe er sich in Trennung und Ausschluss. Nationalismus verlange den ethnisch und sprachlich homogenen Nationalstaat, mit schlimmen Folgen für Minderheiten, Anderssprachige, Andersgläubige, Flüchtlinge und Nachbarn.

Nationalismus, auch das beschreibt Hobsbawm, ist ursprünglich eine westliche Idee, geboren in den Kriegen während und nach der Französischen Revolution, weiterentwickelt in den nationalen Befreiungskämpfen. Sie verbreitete sich von West- nach Osteuropa und schließlich über die ganze Welt. Heute sehen wir eine interessante Umkehrung der klassischen West-Ost-Bewegung. Diesmal hat der Osten den Anfang gemacht. Der Nationalismus erwachte im Reflex auf die Unterdrückung der sozialistischen Systeme und ihren Untergang vor über dreißig Jahren. Das zerfallende Jugoslawien führte Europa Anfang der 1990er-Jahre vor, dass Selbstüberhöhung, Hass auf den Nachbarn, Krieg und Völkermord keiner überwundenen Periode der Geschichte zugehörten, sondern eine stete Gefahr für den Kontinent bleiben. Erst breitete sich der Nationalismus im Osten aus, dann befiel er den Westen. Für westliche Beobachter ist die Betrachtung des Ostens deshalb wie ein Blick in die Glaskugel. Der neue Nationalismus ist in Ost- und Mitteleuropa schon weiter fortgeschritten und entwickelt. Deshalb haben seine führenden Vertreter auch für Westeuropa erhebliche Bedeutung. Politiker wie Viktor Orbán, Wladimir Putin und Tayyip Erdoğan, aber auch der schon sehr früh mit nationalistischen Ressentiments belastete Jarosław Kaczyński[19] zeigen, wie groß die Variationsbreite des Nationalismus ist.

Dieses Buch prophezeit nichts. Ich schöpfe vielmehr aus der Geschichte und den Geschehnissen der jüngsten Zeit, um die Gefahr zu beschreiben, vor der Europa steht. Nach einem historischen Rückblick auf den Nationalismus des 20. Jahrhunderts werde ich den genuinen Nationalismus des Serbenführers Radovan Karadžić beschreiben. Im zweiten Teil will ich mit dem neuen Nationalismus des russischen Präsidenten Wladimir Putin fortsetzen. Als dritte Variation werde ich den Gelegenheitsnationalismus des türkischen Präsidenten Tayyip Erdoğan vorstellen. Mit diesen drei Politikern habe ich mehrmals persönlich gesprochen. Ich habe die Metamorphosen von Putin und Erdoğan über die Jahre begleitet und festgestellt: Man muss nicht Nationalist sein, um es zu werden. Die Präsidenten Russlands und der Türkei, Putin und Erdoğan, sind zu Pionieren des Zweck- und Gelegenheitsnationalismus unserer Zeit geworden.[20] In weiteren Kapiteln werde ich Donald Trump, Viktor Orbán, Boris Johnson und andere Politiker vorstellen. In einem eigenen Kapitel werde ich den wachsenden Nationalismus in Deutschland und seine Vorbilder im Osten beschreiben. Am Aufstieg rechtskonservativer Ikonen wie Wladimir Putin können Westeuropäer ablesen, womit ursprünglich demokratisch gewählte Politiker ihr Wahlvolk überraschen können.

Deshalb sind die Beispiele aus dem Osten und Südosten Europas so wichtig für uns. Ich war als Reporter in den frühen 1990er-Jahren im zerfallenden Ex-Jugoslawien und in Südosteuropa unterwegs, ab 1996 lebte ich als Korrespondent in Russland und später ab 2007 in der Türkei. Ab 2013 reiste ich wieder viel nach Russland und nach Südosteuropa. Ich habe während meiner Aufenthalte gute Freunde gewonnen, viele offene Arme gefunden, von Menschen, die mir ihre Länder erklärt und nahegebracht haben. Ich bin aber auch auf Mauern gestoßen. Ein serbischer Nationalist sagte mir 1993 in Belgrad: »Du verstehst uns nicht, du bist ein Westler.« Ein russischer Nationalist gab mir 1999 mit auf den Weg: »Du bist keiner von uns, Deutscher.« Ein türkischer Nationalist erklärte mir am Ende eines Interviews 2008: »Eigentlich sinnlos das Ganze, du verstehst uns doch nicht.« Dieses Buch ist ein neuer Versuch zu verstehen.

1 Aaron Blake: »They didn't help us with Normandy«, in: The Washington Post, 9. Oktober 2019. https://www.washingtonpost.com/politics/2019/10/09/trump-has-abandoned-kurds-least-rhetorically/

Robin Wright: Turkey, Syria, the Kurds, and Trump's Abandonment of Foreign Policy, in: The New Yorker, 28. Oktober 2019. Für die Rekonstruktion der Ereignisse konnte ich auch mit einer Quelle in der US-Regierung sprechen, die für den Präsidenten arbeitet.

2 »Weitreichende Veränderungen der politischen Ordnung«, Interview mit Herfried Münkler, in: Spiegel Geschichte, 23. März 2020. https://www.spiegel.de/geschichte/herfried-muenkler-ueber-die-coronakrise-

keine-gefahr-fuer-unsere-demokratie-a-8e31ed5f-af12-4ad9-96ba-c64776f760e7

3 Yael Tamir: Building a Better Nationalism. The Nation's Place in a Globalized World (Foreign Affairs, März/April 2019), S. 48–52, S. 52.

4 Ein Bestseller in den USA ist das Buch von Rich Lowry: The Case for Nationalism. How It Made Us Powerful, United, and Free (Broadside Books, New York 2019).

5 Siehe: https://nationalconservatism.org/presenters/david-brog/

6 Constanze Stelzenmüller: National conservatism is coming for Washington, in: Financial Times, 26. Juli 2019, S. 9.

7 Yoram Hazony: The Virtue of Nationalism (Basic Books, New York 2018), S. 3f.

8 Andrei Fursow: Mirowaja borba. Anglosaksy protiw planety (Knischny mir, Moskau 2016).

9 http://www.viaevrasia.com/bg-россия-мир-будущее-елена-пономарева-андрей-фурсов-интервью-1022017.html

10 Thilo Sarrazin: Feindliche Übernahme. Wie der Islam den Fortschritt behindert und die Gesellschaft bedroht (FinanzBuch Verlag, München 2018), und Martin Sellner: Identitär. Geschichte eines Aufbruchs (Antaios Verlag, Schnellroda 2017). Für eine Rechtfertigung des osteuropäischen Nationalismus siehe auch: Mathias Bröckers und Paul Schreyer: Wir sind die Guten. Ansichten eines Putinverstehers oder wie uns die Medien manipulieren (Westend Verlag, Frankfurt am Main 2014).

11 Andreas Wimmer: Why Nationalism Works. And Why It Isn't Going Away (Foreign Affairs, März/April 2019), S. 27–34. Dani Rodriks Vorwort zu Yael Tamirs Plädoyer für den Nationalismus: Why Nationalism (Princeton University Press 2019). Dirk Schümer: Der gute alte Nationalismus, in: Die Welt, 30. Dezember 2015. https://www.welt.de/print/welt_kompakt/debatte/article150449830/Der-gute-alte-Nationalismus.html, und: Dirk Schümer: Pauschale Verdammung von jeglichem Nationalismus ist kurzsichtig, in: Welt-Plus, 27. Juni 2019.

12 https://www.welt.de/debatte/kommentare/plus195920669/Europa-Das-kurzsichtige-Verdammungsurteil-ueber-allen-Nationalismus.html

Dieter Langewiesche: Der gewaltsame Lehrer. Europas Kriege in der Moderne (C. H. Beck, München 2019), S. 19.

13 Die NSDAP trug die Verschmelzung im Namen, aber auch Stalins Sozialismus in einem Land sowie arabische Bewegungen des 20. Jahrhunderts verbanden Sozialismus und Nationalismus, zum Beispiel die Baath-Partei.

14 Benedikt Anderson: Die Erfindung der Nation. Zur Karriere eines folgenreichen Konzepts (Campus Verlag, Frankfurt/New York 1996), S. 15.

15 Langewiesche, S. 20.

16 Thomas Bagger: The World According to Germany. Reassessing 1989, in: The Washington Quarterly, Winter 2019, S. 53–63, S. 55.

17 Ein an der Harvard-Universität entstandenes Papier beschreibt, was Patriotismus von Nationalismus unterscheidet. Nationalismus verlange Loyalität zu einer bestimmten ethnischen Gruppe und einem ethnisch definierten Nationalstaat. Patriotismus verlange Loyalität zu einem Land und seiner Bevölkerung, gleich welcher Kultur, ethnischer Herkunft oder Religion sie sei. Siehe Colton Carpenter: Choosing Patriotism over Nationalism, in: Harvard Political Review, 1. April 2019.

18 Eric Hobsbawm: Nations and Nationalism Since 1780. Programme, Myth, Reality (Cambridge University Press, Cambridge and New York 1993), S. 170.

19 Jarosław Kaczyński entwickelte seinen katholisch-sozialen Nationalismus noch im kommunistischen Polen – nicht aus Karrieregründen, sondern aus tiefer Überzeugung.

20 Michael Thumann: Nationalism By Choice. How the Presidents of Turkey and Russia Take Advantage of National Feelings to Stay in Power, in: IPC-Mercator Policy Brief, Istanbul, Mai; 2020.

2. Jahrhundert des Genozids

Er war zum Spielen ans Meer gegangen. Der zwölfjährige Georgios Zubariotis schnippte am Kai im Hafen von Smyrna[1] Steinchen ins Wasser, als er Rufe und Schreie hörte. Er sah das große Theater der Vielvölkerstadt, grell erleuchtet, es stand in Flammen. Im Feuer tanzten und zuckten Schatten. Viele Menschen hatten dort Zuflucht vor den Angriffen türkischer Soldaten gesucht, gehofft, dass in der umkämpften Stadt wenigstens das Theater sicher sei. Drinnen, das konnte Georgios nicht einmal ahnen, hämmerten Frauen, Männer und Kinder an Wände und Türen, drückten mit aller Kraft gegen die schweren Tore. Doch die waren abgesperrt. Wächter vor dem Theater achteten darauf, dass keiner sie öffnete, bis das Feuer sein Werk getan hatte. Entsetzt rannte Georgios davon und alarmierte seine griechische Familie.

Der große Brand von Smyrna beim Einmarsch türkischer Truppen im Spätsommer 1922 ist bis heute ein Alptraum für Griechen und Armenier. Damals verlor Georgios seine Stadt und seine Heimat. Über eine halbe Million Menschen flohen aus der Stadt, falls sie es noch konnten. Wo einmal die Altstadt war, ragen heute moderne Büroklötze und Hotels am Ufer hoch, wo Georgios' Verwandte und Freunde wohnten, leben Menschen anderer Religion. Wo Kirchen standen, breiten sich Parkplätze aus. Wo Friedhöfe waren, steht heute nicht ein griechischer Grabstein. Die Stadt hat ihre Geschichte verloren, aber einen neuen Namen bekommen: Izmir.

In der Erinnerung an das Ende des Ersten Weltkriegs zerfällt der europäische Kontinent in Erfahrungen völlig unterschiedlicher Art. Der Erste Weltkrieg veränderte in Westeuropa einige Grenzen und erschütterte die Gesellschaften. In Ost- und Südosteuropa dagegen zerstörten Krieg und Nationalismus die Staatenwelt und die Existenz ganzer Völker in ihren seit Jahrhunderten gewachsenen Lebensräumen. Was in Westeuropa ein historischer Einschnitt war, gipfelte im Osten des Kontinents in einer existenziellen Katastrophe, die alles bisher Gekannte und Erlebte auf den Kopf stellte. Dieser tiefgreifende Unterschied ist bis heute wirksam.

In Ost-, Mittel- und Südosteuropa zerfielen 1918 unter dem Druck des Nationalismus drei große Reiche, die bis dahin über Jahrhunderte die Staatenwelt in ihrer Region beherrscht hatten: das Osmanische, das Russische und das Habsburger Reich. Auf den Karten der historischen Atlanten lassen sich 1923 nicht weniger als zwölf neue Nationalstaaten entdecken, wenn man die neu gegründete Republik Österreich und Sowjetrussland mitzählt. Was auf den Karten indes nicht sichtbar wird, sind die gewaltigen Verschiebungen in der Besiedelung vor allem Südosteuropas – erzwungen durch Vertreibungen, Bevölkerungsaustausch und Völkermord. Der Erste Weltkrieg dauerte in diesem Teil Europas deutlich länger als im Westen. Die Art der Kriegführung und der »ethnischen Säuberung« sollte in ihrer Brutalität prägend für das 20. Jahrhundert werden. In Südosteuropa führte der Nationalismus zu Gewaltorgien, zu denen es in Westeuropa erst zwanzig Jahre später kam. In diesen Exzessen ist auch die Türkische Republik entstanden. Ihre Gründungsgeschichte hat Europa stärker mitgeformt, als es heute vielen Europäern bewusst ist.

Die Türkei ist der einzige Verlierer des Ersten Weltkriegs, der zwei Friedensverträge abschloss, die gegensätzlicher nicht hätten sein können. Zunächst den Vertrag von Sèvres 1920, der das Osmanische Reich zerstückelte, dann den Vertrag von Lausanne 1923, der das zurückeroberte Anatolien als Kern der neuen Republik anerkannte. Dazwischen lagen drei Jahre eines Überlebenskampfes, in dem der osmanische General Mustafa Kemal zur Vaterfigur des neuen Staates aufstieg. Mustafa Kemal, der sich den Beinamen Atatürk zulegte, führte einen Verteidigungskrieg und vertrieb die zahlenmäßig überlegenen fremden Armeen aus Anatolien. Der Untergang des Osmanischen Reiches und die Entstehung des modernen türkischen Staates ist ein Prozess, der sich über mindestens fünf Jahre hinzog und die Bevölkerungsstruktur Anatoliens grundsätzlich veränderte.

Der türkische Nationalstaat entstand erst, als türkische Truppen und Beamte viele Bürger des ehemaligen Osmanischen Reiches vertrieben hatten, weil diese christlichen Glaubens waren. Im Gegenzug wurden Muslime aus Griechenland und vom Balkan nach Anatolien gebracht. Dieser gewaltige Bevölkerungsaustausch begann als wilde ethnische Säuberung und endete als Abkommen zwischen der Türkei und ihren Kriegsgegnern. Der Friedensvertrag von Lausanne vom 24. Juli 1923 legte die Grenzen des neuen türkischen Nationalstaats fest und besiegelte die Umsiedlung von rund zwei Millionen Menschen. In Lausanne wurde das Osmanische Reich endgültig beerdigt und der Weltkrieg in Südosteuropa beendet. Frankreich und Großbritannien applaudierten wohlgefällig und erklärten die Bevölkerungsverschiebungen für notwendig. Die betroffenen Menschen wurden nie gefragt.

Als Georgios zuhause Alarm schlug, verbarrikadierte sich die Familie zunächst im Haus. Bald schon patrouillierten türkische Milizen auf der Straße. Durch das Fenster sahen sie Erschossene vor ihrem Haus, Verletzte schleppten sich vorbei. Dann brachen auch hier die Feuer aus, erst im armenischen Viertel, dann im griechischen Stadtteil. Ganze Familien verbrannten in ihren Schlafzimmern. Georgios' Vater floh mit seiner Familie in die nahe gelegene Johanneskirche. Kein sicherer Ort: Sie wurden von türkischen Banden ausgeraubt. Wer kein Geld oder Gold bei sich hatte, wurde umgebracht. Die nächste

Nacht verbrachten sie auf einem Friedhof. Familien versteckten ihre Mädchen in den Gräbern und unter Grabsteinen, damit sie nicht vergewaltigt wurden. Georgios' Schwester verkleidete sich als alte Frau, mit einem Kissen als Buckel auf dem Rücken. Die Familie harrte zwei Nächte in einem Mausoleum einer griechischen Patrizierfamilie aus. Bis die Banden auch dorthin kamen. Voller Angst zogen sie weiter durch die Stadt voller Flüchtlinge, Vertriebener und Entwurzelter. Alle hatten nur ein Ziel: zum Meer, auf ein Schiff, nach Griechenland.

Am Kai von Smyrna herrschte ein mörderisches Gedränge.
Alte und Kranke lagen am Boden. Manche sprangen ins Wasser, um die Schiffe zu erreichen, dazwischen türkische Milizen auf der Suche nach jungen Mädchen und Männern im wehrfähigen Alter: die Mädchen zur Vergewaltigung, die Männer zur Erschießung. Georgios' Vater war in höchster Gefahr. Verzweifelt sprang auch er ins Wasser und schwamm hinüber zu dem französischen Kriegsschiff Ernest Renan. Als die Matrosen ihn an der Schiffsseite entdeckten, bat er sie laut rufend, ihn hochzuziehen, und klammerte sich an die Ankerkette. Doch anstatt zu helfen, kippten die Matrosen Wasser herunter – siedendes Wasser. Schreiend ließ der Vater die Kette los und floh vor den französischen Wassersalven zurück ans überfüllte Ufer.[2]

Die Westmächte waren nicht für eine humanitäre Mission ins östliche Mittelmeer gekommen. Frankreich und Großbritannien zeichneten als Kriegsgegner des Osmanischen Reiches für beide Friedensverträge mit der Türkei verantwortlich. Sie hatten hier an Europas Südostflanke einen brutalen Krieg geführt. Auf der Halbinsel bei Gallipoli lieferten sie sich 1915 mit den Türken eine der verlustreichsten Schlachten des Ersten Weltkrieges, an die britische, australische und kanadische Veteranenverbände bis heute alljährlich erinnern. Die westlichen Alliierten verloren 4400 Mann und hatten fast 100000 Verwundete. Die vom Deuschen Reich unterstützten Türken hatten 57000 Tote und 156000 Verwundete zu beklagen. Nach dem

Untergang des Osmanischen Reiches standen die Westmächte mit Soldaten im Land. Sie hatten das Reich besiegt und ihm am 10. August 1920 zunächst den Frieden von Sèvres diktiert.

In diesem Pariser Vorort, berühmt für sein Porzellan, musste der Bevollmächtigte von Sultan Mehmet VI. und der osmanischen Regierung die Selbstaufgabe und Zerstörung des Osmanischen Reiches abzeichnen. Der Frieden von Sèvres war härter als der Versailler Vertrag für Deutschland, härter als St. Germain für Österreich, härter als Trianon für Ungarn. Das Osmanische Reich verlor den größten Teil seines Territoriums.[3] Der osmanische Süden ging an die neuen arabischen Nationalstaaten, einschließlich der heute irakischen Stadt Mossul mit ihrer erheblichen turksprachigen Bevölkerung. Die Armenier, von denen viele, aber nicht alle, vertrieben oder ermordet waren, bekamen als Ausgleich einen unabhängigen Staat in Ostanatolien, die Kurden erhielten eine umfassende Autonomie im Südosten, die Italiener griffen sich die Dodekanes-Inseln mit Rhodos. Smyrna gehörte faktisch noch zum Osmanischen Reich, in der Realität aber den Griechen. Die Briten ließen sich die Annexion Zyperns beglaubigen und nahmen Jerusalem als Mandatsgebiet, Frankreich erhielt Syrien als Mandat. Um das Marmara-Meer und Konstantinopel entstand eine internationale Zone, in der Hauptstadt herrschten Emissäre aus London und Paris. Die gerade erst entstehende Türkei gehörte sich selbst nicht mehr.

Zur Überlebensfrage aber wurde der griechische Feldzug in Anatolien. Mit Ermunterung und Unterstützung der Westmächte hatten griechische Marinesoldaten schon 1919 Smyrna erobert. Dabei kam es zu Massakern an der muslimischen Minderheit, die die Türken nicht vergessen sollten. In Sèvres wurde Griechenland die Verwaltung von Smyrna zugesprochen, und der damalige Premierminister Eleftherios Venizelos gab sich damit zufrieden. Doch nach seinem Sturz wollten seine Nachfolger mehr. Griechische Truppen überfielen die Resttürkei und kämpften sich bis Zentralanatolien vor. Die griechischen Soldaten gingen dabei oft unbarmherzig gegen die muslimische Bevölkerung vor.[4] Die Erinnerung der Türken daran sollte später auf die christlich-orthodoxe Bevölkerung Anatoliens zurückschlagen. Am Sakarya-Fluss, nicht weit von Ankara, blieb die logistisch schlecht geplante Offensive 1921 stecken, obgleich die Griechen zahlenmäßig weit überlegen waren. Zu stark war die Kampfmoral des Gegners, zu tief der Hass auf die Invasoren, zu entschlossen der neue Anführer des Landes Mustafa Kemal Atatürk. Der Feldherr und seine Mitstreiter schufen aus den besetzten Ruinen des Osmanischen Reiches die türkische Republik. So wurde die Türkei das einzige Land, das seinen Pariser Vorortvertrag revidieren konnte und die katastrophale Niederlage in einen Triumph verwandelte. Ein Verlierer, der zum Sieger wurde.

Für diesen Nationalstaat aber brauchte es nicht nur die neue Hauptstadt in Ankara samt Nationalversammlung, Zentralbank und Präsidentenhügel. Es bedurfte erst noch eines Staatsvolkes, denn Anatolien war ein Vielvölkerland, in dem Muslime und Christen nebeneinander lebten und sich weder klar als »Türken« noch als »Griechen« fühlten. Sie waren Untertanen des Sultans und redeten miteinander im osmanischen Türkisch, zum Teil auf Griechisch. Das »türkische Volk« musste also erfunden werden,[5] und das Kriterium der türkischen Nationalisten dafür war die Religion.[6] Muslim gleich Türke, Christ gleich Nicht-Türke, so wurden komplexe Volkszugehörigkeiten auf zwei einfache Begriffe gebracht. Deshalb wurden Kurden – oft gegen ihren Willen – zu Türken erklärt und griechische und armenisch-orthodoxe Christen zu unerwünschten Ausländern. Das nationalistische Prinzip hatte furchtbare Folgen.

Der türkische Historiker Taner Akşam hat nachgewiesen, dass griechische Christen im Osmanischen Reich schon seit 1914 systematisch terrorisiert und vertrieben wurden. Unter der nationalistischen jungtürkischen Regierung sei die ethnische Säuberung systematisch geplant worden. Einer der

Osmanisches Reich und Türkei 1807 bis 1924
Donau
MOLDAWI
BOSNIEN-HERZEGOWINA (ZU ÖSTERREICH-UNGARN 1878)
RUMÄNIEN (UNABH. 1878)
BULGARIEN (UNABH. 1878)
Evros
Marmara-Meer
ALBANIEN (UNABH. 1913)
Konstantinopel
Sakc
GRIECHENLAND (UNABH. 1821/29)
Athen
Smyrna
Kor
ÄGÄIS
Italienisch
Einflusssph
(1919–21
Dodekanes-Inseln
KRETA
MITTEL-MEER
ZYPERN (BRITISCHE BESETZUN
1878, BRITISCHES PROTEKTORAT 1914)
Bengasi
Suezkana
Alexandria
ÄGYPTEN (BRITISCHE BESETZUNG 1882, BRITISCHES PROTEKTORAT 1914)
Nil
CYRENAIKA (AN ITALIEN 1912)
Kairo

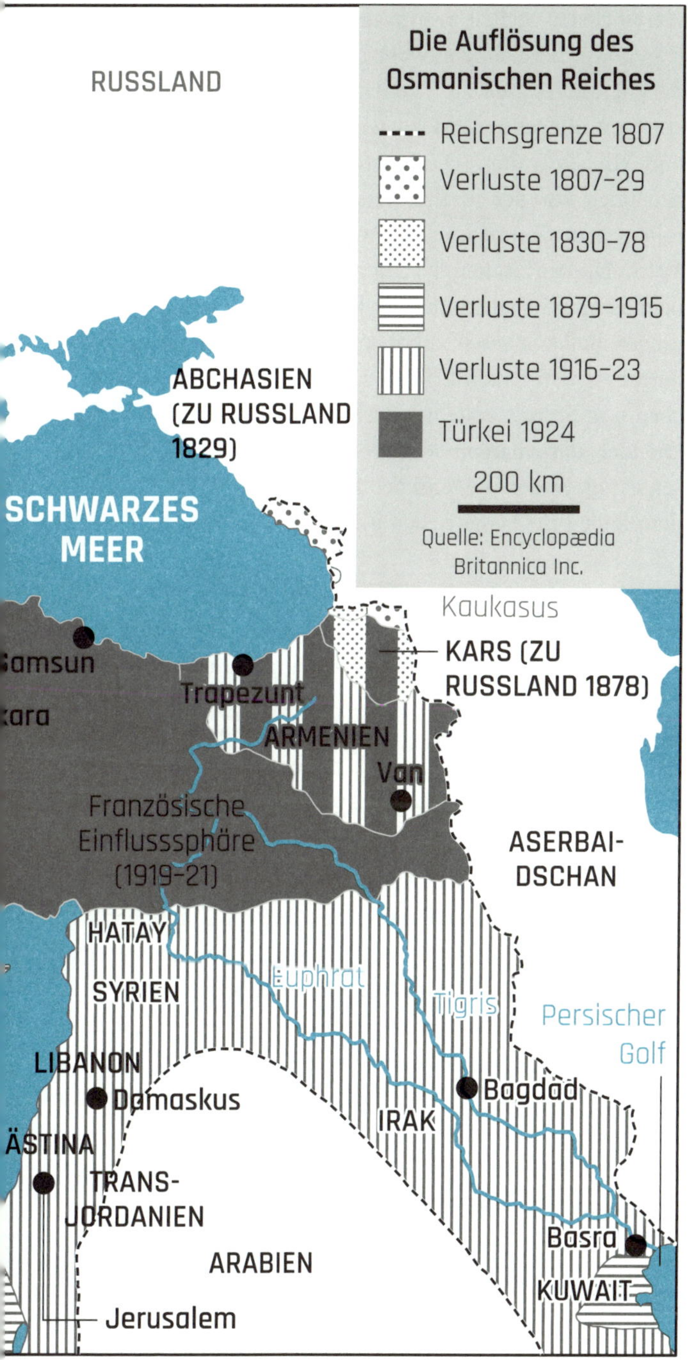

Die Auflösung des Osmanischen Reiches
Reichsgrenze 1807
Verluste 1807–29
Verluste 1830–78
Verluste 1879–1915
Verluste 1916–23
Türkei 1924
200 km
Quelle: Encyclopædia Britannica Inc.
RUSSLAND
ABCHASIEN (ZU RUSSLAND 1829)
SCHWARZES MEER
Kaukasus
KARS (ZU RUSSLAND 1878)
Trapezunt
ARMENIEN
Van
Französische Einflusssphäre (1919–21)
ASERBAI-DSCHAN
HATAY
SYRIEN
Euphrat
Tigris
Persischer Golf
LIBANON
Damaskus
Bagdad
IRAK
TRANS-JORDANIEN
ARABIEN
Basra
KUWAIT
Jerusalem

von höchsten Stellen beauftragten Bandenchefs, Eşref Sencer Kuşçubaşı, bezeichnete Nicht-Muslime als »innere Tumore«, die »herausgeschnitten« werden müssten.[7] Die Regierung gab vor, von alledem nichts zu wissen, und ließ die Verbrecher und Milizen walten. Die Vertreibungen der Griechen begannen noch vor der furchtbarsten aller Säuberungen in Anatolien: dem Genozid an den armenischen Christen ab April 1915. Die türkischen Nationalisten rechtfertigten sich mit dem Kriegsgeschehen und der historischen Tatsache, dass die jungen Balkanstaaten zuvor massenhaft Muslime vertrieben hatten. In den Balkankriegen 1912/13 hatten Bulgaren, Griechen und Serben systematisch Gräuel an Muslimen verübt.[8] Die Idee, dass man ein Volk von einem Territorium vertreibt, um es mit anderen Menschen zu besiedeln, wurde lange vor dem Ende des Osmanischen Reiches geboren.

Im griechisch-türkischen Krieg von 1919–1923 steht das Schicksal der Stadt Smyrna, der multiethnischen Stadt an der Ägäis, für das Schicksal vieler Orte und Dörfer in Westanatolien. Der Einmarsch türkischer Truppen in Smyrna im September 1922 war für die ganze Welt die sichtbare Wende im Überlebenskampf der Türkei am Ende des Ersten Weltkriegs. Der große Brand der Stadt während der türkischen Eroberung symbolisiert den Untergang des Griechentums auf der anatolischen Halbinsel. Zunächst flohen die Menschen aus Zentralanatolien in die Küstenstadt, die bald mit Flüchtlingen und Migranten überfüllt war. Sie hofften, von Smyrna schon irgendwie weiterzukommen. Das brutale Vorgehen der türkischen Milizen machte den Aufenthalt in der Stadt für viele zur Hölle. Das war beabsichtigt, damit keiner der Christen blieb.[9] Ein besonderer Schock war das Ende des griechisch-orthodoxen Metropoliten Chrysostomos Kalafatis, den türkische Uniformierte erst folterten, bevor er auf dem Weg zu seiner Hinrichtung vom wütenden Mob gelyncht wurde.[10]

Georgios, der 12-jährige Junge aus Smyrna, half seinem Vater aus dem Wasser. Zurück am Kai, musste er sich sofort vor dem Zugriff der Soldaten schützen, Georgios' Schwester hatte ihm Frauenkleider besorgt. Der Vater schlüpfte in das weite Kleid einer Landfrau, quetschte seine Füße in Frauenschuhe, zog sich ein Kopftuch tief ins Gesicht und wickelte es um Hals und Mund. Sie blickten auf die brennende Stadt und wussten: Ihr einziger Ausweg war das Meer. Also blieben sie am völlig überfüllten Kai zwischen den Flüchtlingen sitzen. Sie sahen Menschen, die tot auf dem Wasser trieben, Diebe sprangen ins Meer und raubten die Leichen aus.

Für die türkischen Truppen, die unter Mustafa Kemal Atatürk 1921/22 die griechischen Invasionstruppen aus Westanatolien vertrieben, war die Mischung aus Landnahme und Säuberung beinahe normal. Es ging darum, das Land zurückzuerobern, aber ohne seine Menschen. Das wurde im 20. Jahrhundert zu einem Kennzeichen des entfesselten Nationalismus. Die griechischen Soldaten hatten es auf ihrem Feldzug in muslimisch besiedelten Dörfern vorgemacht. Jetzt war ein erheblicher Teil der christlichen Bevölkerung für Mustafa Kemals Soldaten schlichtweg unerwünscht: die Menschen in Smyrna oder Ayvali und in Tausenden anatolischer Dörfer. Griechische und armenische Männer verschwanden in Arbeitslagern und auf Todestrecks, Geistliche wurden erschossen,[11] Frauen und Kinder vertrieben. Allein in Smyrna starben bei Brand und Eroberung rund 30000 Menschen,[12] von den 3000 christlichen Männern der Stadt Ayvali kamen ganze 23 lebend aus den Arbeitslagern zurück.[13]

Tagelang harrten Georgios und seine Familie am Ufer aus. Auch der zwölfjährige Junge hatte sich zur Sicherheit als Mädchen verkleidet. Am 26. September 1922 bot sich endlich eine Chance, am Anleger nahm ein Schiff Flüchtlinge auf. Sie drängelten sich zum türkischen Checkpoint davor. Die Soldaten von Mustafa Kemal sortierten die Männer aus. Einer nach dem anderen wurde aus der Menge eskortiert. Georgios' Vater zitterte in Kleid und Kopftuch um sein Leben. Am Ende passierten sie den Checkpoint und rannten mit letzter Kraft aufs Schiff. Bewusstlos von der Anstrengung brach der Vater zusammen. Das Schiff legte ab.

Den epochalen Verbrechen an der Zivilbevölkerung wurde erst im Vertrag von Lausanne, der den Vertrag von Sèvres ablöste, das Siegel der Rechtmäßigkeit aufgedrückt. Am 24. Juli 1923 unterzeichneten der türkische Vertreter Ismet Inönü und der Grieche Eleftherios Venizelos, dazu die Außenminister Frankreichs, Großbritanniens, Italiens, Japans, Rumäniens und des neu gegründeten Königreichs der Serben, Kroaten und Slowenen den Vertrag im Palais de Rumine in Lausanne. Mit wenigen Ausnahmen wurden damals die heutigen Grenzen der Türkei und Griechenlands völkerrechtlich festgelegt. Die neue Türkei bestand seither im Wesentlichen aus Anatolien und Ost-Thrakien. Alle Privilegien westlicher Mächte in Konstantinopel wurden abgeschafft. Die Türkei gehörte sich selbst.

Ein wichtiger Teil des Vertrags betraf die Menschen. Die Folgen von Vertreibungen, Massenmorden und Enteignungen während des Krieges wurden ebenso gebilligt und anerkannt wie der »Bevölkerungsaustausch«, auf den sich Griechen und Türken im Januar 1923 geeinigt hatten. Gemäß der »Konvention über den Bevölkerungsaustausch« mussten rund 1,5 Millionen Menschen christlichen Glaubens Anatolien verlassen, eine halbe Million Menschen islamischen Glaubens mussten in die Türkei gehen. Die Alliierten akzeptierten die nationaltürkische Interpretation von »Türken« und »Griechen«, die auf der Unterscheidung von Muslimen und Nicht-Muslimen fußte.[14] Immerhin gehörten ein paar Schutzbestimmungen für die verbliebenen Minderheiten zum Lausanner Vertrag. Sie regelten die Rechte der Muslime in Griechenland und jene der griechischen Christen in Konstantinopel sowie auf zwei Ägäisinseln, die zur Türkei geschlagen wurden. Die Muslime leben heute noch in Nordgriechenland. Die Türkei aber widerrief die in Lausanne verbrieften Rechte später und vertrieb auch diese griechischen Christen, erst die von den Inseln, ab 1955 auch aus Konstantinopel, das mittlerweile Istanbul hieß. Fast alle flohen nach Griechenland.

So wie Georgios Zubariotis und seine Familie. Sie schauten zurück auf den überfüllten Hafen, die vor Angst schreienden Menschen, die Soldaten, die Boote, die schwankenden Gangways. Das Schiff nahm Kurs nach Nordwesten auf. Sie wussten nicht, wohin die Reise ging, hatten nur die Hoffnung, dass sie gerettet würden. Am Nachmittag erreichten sie endlich Lesbos – jene griechische Insel unweit der türkischen Küste, die noch heute Fluchtstation und Schicksal vieler Flüchtlinge aus Asien und Afrika ist. Von dort ging es mit dem Schiff weiter nach Athen. Heute gibt es dort einen großen Stadtteil nahe der Ägäisküste, der Neu-Smyrna heißt.

Stillschweigend wurde in Lausanne auch der Genozid an den Armeniern 1915 zu den Akten gelegt. Die Türken wehrten sich gegen jegliche Erwähnung, am Ende war er den Westmächten noch nicht mal eine Fußnote wert. Für viele Politiker galt die Lausanner Regelung ethnischer Flurbereinigung als Garant stabiler Verhältnisse und Vorbild für künftige Friedensregelungen. Der britische Außenminister Lord Curzon sprach kaltblütig von der positiven Wirkung des »Entmischens der Völker«.[15] Doch die misslang an vielen Orten in den östlichen Teilen Europas: In Rumänien, Serbien und der Slowakei lebten nach 1919 Millionen Ungarn, in der Tschechoslowakei und Polen Millionen Deutsche, in Bulgarien Türken, in der Türkei Kurden, Assyrer und Araber, dazu Armenier und Griechen in Konstantinopel. Der Historiker Eric Hobsbawm lästerte über die von den Westmächten geschaffene nationalstaatliche Nachkriegsordnung sehr treffend: Der Zusammenbruch des Osmanischen Reiches, des Habsburgerreichs und des Russischen Reiches »brachte die gleiche Anordnung von nationalen Nachfolgestaaten hervor, geplagt von den gleichen Problemen, unlösbar auf lange Sicht, außer durch Massenmord und Massenmigration.«[16]

Bevölkerungsaustausch und Vertreibung als unvermeidliche Voraussetzungen des Nationalstaats – so dachte damals eine erschreckende Zahl von Politikern. Selbst der Genozid blieb folgenlos. Im Zweiten Weltkrieg eskalierte das Denken eines entfesselten Nationalismus. Völkermord wurde zu einer Eroberungsmethode Nazi-Deutschlands in Osteuropa. Vertreibung, Mord und Bevölkerungsverschiebung waren auch die Mittel der Wahl, mit denen osteuropäische Politiker am Ende des Krieges ethnisch homogene Staaten in Ostmitteleuropa schafften. Vom Völkermord an den Armeniern 1915 führten

die Kriege des 20. Jahrhunderts am Ende nach Auschwitz, von den Deportationen der Griechen und Türken zu den millionenfachen Vertreibungen von Deutschen und Polen 1945. Erst nach dem Zweiten Weltkrieg wurde Völkermord international geächtet, endlich. Aber nicht der Nationalismus.

1 Der Name der Mittelmeerstadt Izmir im Osmanischen Reich vor 1923.

2 Für diese und andere Einzelschicksale siehe Smyrna Commemorative Series: http://www.helleniccomserve.com/commemorativeseriesintro.html

3 Jörn Leonhard. Der überforderte Frieden. Versailles und die Welt 1918–1923 (C.H. Beck, München 2018), S. 1106–1109.

4 Sean McMeekin: The Ottoman Endgame. War, Revolution, and the Making of the Modern Middle East, 1908–1923 (Penguin Books, London 2015), S. 428.

5 Halil Karaveli: Why Turkey is Authoritarian. From Atatürk to Erdoğan, (Pluto Press, London 2018), S. 17. Dazu auch Benedict Anderson: Die Erfindung der Nation. Zur Karriere eines folgenreichen Konzepts (Campus-Verlag, Frankfurt und New York 1996), S. 16.

6 Günter Seufert: Café Istanbul, Alltag, Religion und Politik in der modernen Türkei (C.H. Beck, München 1999), S. 61f.

7 Taner Akşam: Ottoman Documents and Expulsion of Greeks from Asia Minor in 1913–1914, in: http://neolaia.poe.org.gr/default.aspx?catid=179

8 Dieter Langewiesche: Der gewaltsame Lehrer. Europas Kriege der Moderne (C.H. Beck, München 2019), S. 330. Siehe auch: Report of the International Carnegie Commission to Inquire Into the Causes and

Conduct of the Balkan War 1914, voller Text: https://archive.org/stream/reportofinternat00inteuoft/reportofinternat00inteuoft_djvu.txt

9 Majorie Housepian Dobkin: Smyrna 1922, The Destruction of a City (Newmark Press, New York 1998), S. 28–45.

10 Leonhard, S. 1115.

11 Greek Genocide Resource Center: http://www.greek-genocide.net/index.php/overview/documentation/128-aivali-and-the-moschonisia

12 Richard Clogg: A Concise History of Greece (Cambridge University Press, 2. Aufl., Cambridge 2002), S. 94.

13 Bruce Clark: Twice a Stranger. How Mass Expulsion Forged Modern Greece and Turkey (Granta Books, London 2006), S. 24–25.

14 Leonhard, S. 1127.

15 Michael Marrus: The Unwanted. European Refugees in the Twentieth Century (Oxford University Press, New York 1985), S. 41.

16 Eric Hobsbawm: Nations and Nationalism Since 1780. Programme, Myth, Reality: (Cambridge University Press, Cambridge/New York 1993), S. 164.

3. Dichtung und Völkermord: Radovan Karadžić

Er gehört zu der Sorte von Männern, denen aus ihrer Sicht viel Unrecht geschehen ist. Bei meiner ersten Begegnung mit Radovan Karadžić fiel mir auf, wie unendlich leid sich dieser Mann tat. Politik! Soldaten! Krieg! Und dann noch Journalisten, die Fragen stellten! Er sei eigentlich Psychiater, er sei Autor, Lyriker, Dramatiker sogar. Er müsse das alles hier nicht machen.

Ich traf Radovan Karadžić im Januar 1993 im Genfer Hotel Intercontinental. Er belegte dort eine geräumige Suite im sechsten Stock, in der er mich empfing. Karadžić fuhr sich durch seine wilde Silbermähne, bevor er mir die Hand zum Gruß reichte. Er bot mir etwas zu trinken an, einen verführerisch sanftgelb schimmernden Sliwowitz, wir blieben dann aber doch beim Wasser. Auf dem Glastisch lagen Karten, Akten, ein Stadtplan von Genf, daneben einige Einkaufstüten. Der Führer der bosnischen Serben nahm in Genf eine Pause vom Krieg, eine kurze Auszeit von Feldzügen, Vertreibungen und Folterungen. Er musste lediglich darüber reden, das war anstrengend genug. Vom Hotel waren es nur ein paar Schritte in das massive Natursteingebäude der Vereinten Nationen, den ehemaligen Völkerbundpalast aus den 1930er-Jahren. Dort verhandelten die ehemaligen Außenminister der USA und Großbritanniens, Cyrus Vance und David Owen, mit den Kriegsparteien von Bosnien-Herzegowina. Sie hatten einen Zehn-Punkte-Plan zur Föderalisierung Bosniens vorgelegt, der mehrheitlich muslimische Kantone an der bosnisch-serbischen

Grenze vorsah. Diesen Plan wollte Karadžić durchkreuzen. Sein erträumtes Reich für die bosnischen Serben lag genau da, wo die muslimischen Bosniaken lebten: an der Grenze zu Serbien von Bijelina bis Trebinje. Karadžić wehrte sich, zierte sich bei jedem Detail, verzögerte, verschleppte, verhinderte. Er wusste genau: Je länger er hier verhandelte, desto schneller konnten seine Schergen in Bosnien-Herzegowina Tatsachen schaffen.

Zum Zeitpunkt unseres Treffens hatten serbische Milizen bereits Zehntausende von Kroaten und Bosniaken aus Nordbosnien, vor allem aus der 100000-Einwohner-Stadt Prijedor, vertrieben. Flüchtlinge berichteten von massiven Verbrechen in den Gefangenenlagern in der Umgebung der Stadt. Serbische Milizen hatten in Omarska, Trnopolje und einer alten Ziegelei in Keraterm Menschen festgehalten, ausgehungert und gefoltert. Frauen wurden vergewaltigt. Wärter schlugen mit Gummischläuchen, Baseballschlägern, Metallstangen, Gewehrkolben auf die Gefangenen ein, traktierten sie mit Messern und strangulierten sie mit Kabeln. Hunderte wehrloser Menschen wurden ermordet. Die Täter waren Milizen unter dem Befehl meines Gesprächspartners in Genf.

Ich fragte Radovan Karadžić nach Folterungen, nach der Hungerhaft, nach den Serienvergewaltigungen von Frauen. »Alles Propaganda!«, entgegnete er. »Wo sind denn die Bäuche der Frauen, wo sind die Kinder? Die hat nie jemand gesehen!« Kriegsbordelle? Gäbe es nicht. Seine Generäle seien sehr strikt und anständig in moralischen Fragen. Und das planmäßige Aushungern von Gefangenen? »Hören Sie«, er legte seinen Arm auf meine Sessellehne. »In unseren Lagern waren die Bedingungen doch nur deshalb so schlecht, weil es wegen der Sanktionen kein Essen gab.«[1] Ich erinnerte ihn daran, dass das UN-Embargo gegen Jugoslawien zwar Waffen, aber keine Lebensmittel betraf. »Alles ist blockiert«, behauptete er. Und die Vertreibungen von Kroaten und Bosniaken? »Alles Unfug, es ist Krieg, die Leute haben Angst, die sind einfach von selber gegangen.« Machte er sich Sorgen, als Kriegsverbrecher vor Gericht gestellt zu werden, wie der ehemalige US-Außenminister Lawrence Eagleburger forderte? Da fühlte sich Karadžić wieder unziemlich befragt. »Wir sollten Herrn Eagleburger als Kriegsverbrecher verurteilen, weil er rassistische, antiserbische Propaganda verbreitet hat«, entgegnete er schnippisch. Und dessen Vorgänger James Baker und den deutschen Außenminister Hans-Dietrich Genscher gleich mit, befand er. Sie hätten mit der Zerschlagung Jugoslawiens die Pariser Vorortverträge von 1919 gebrochen.

Nein, das sei alles eine große Zumutung für ihn. Er sei eigentlich Arzt, der Menschen helfen wolle. Nicht umsonst habe er 1965 an der Columbia University in New York studiert. »Später in Sarajevo war ich der bekannteste Fachmann für Neurosen und Depressionen«, sagte er. Den vom Krieg terrorisierten, psychisch geschädigten Flüchtlingen, vor allem den Kindern, empfahl Doktor Karadžić nachhaltiges »Verdrängen und Vergessen« als Therapie. Früher habe er überwiegend muslimische Patienten gehabt, er kenne sie. Das helfe ihnen am besten. Wenn der Krieg vorüber sei, wolle er sich aus der Politik zurückziehen und mit seinen Kindern, zwei angehenden Ärzten, eine Privatklinik eröffnen. »Mein kapitalistischer Traum«, grinste er. In seiner Freizeit werde er dann weiter Gedichte schreiben und seine selbst komponierten Stücke auf der Gusle spielen, einer serbischen Fiedel, das mache er sehr gern.

Radovan Karadžić wirkte auf mich, als hätte er sich selbst bei einem Arzt auf eine Couch legen müssen. Er entblößte eine schroffe Diskrepanz zwischen der Eigenwahrnehmung und seiner täglichen »Arbeit«, wenn man das so nennen kann. In einem Geflecht von Lüge, Verleugnung und Beschönigung schottete er sich dichtend und musizierend ab von der grausamen Realität, die er in Bosnien höchstselbst schuf. Hannah Arendt schrieb bei der Analyse des Prozesses gegen den NS-Verbrecher Adolf Eichmann in Jerusalem Anfang der 1960er-Jahre von der »Banalität des Bösen«. Vielleicht muss man bei

Radovan Karadžić von der Musikalität des Bösen sprechen. Während des Interviews über Vergewaltigungen und Vertreibungen stand er plötzlich auf, pfiff leise vor sich hin und zog aus einem Stapel Bücher einen kleinen blauen Band heraus. »Bitte sehr.« Ich hielt das Büchlein in der Hand. »Slovenski gost« – »Der slawische Gast« – stand auf dem Buchdeckel, darunter »von Radovan Karadžić«. Es war eine Sammlung schwermütig-schwülstiger serbischer Lyrik, die er mitten im Krieg irgendwann zwischen Omarska und Keraterm veröffentlicht hatte. Jemand rief ihn auf dem Hoteltelefon an, ich nutzte die Minute, um kurz hineinzuschauen. Haft, Gefängnis und Tod schienen ihn sehr zu beschäftigen. »Gefährlicher Traum«, hieß ein Gedicht[2].

»Überlassen/ der Gnade und Ungnade/ der großen weißen Welt/ eingekerkerten Kerkermeistern/ die dich vor mir verstecken … / auf einmal/ weckt mich eine vielbeschäftigte Wache auf/ hinter dem Rücken versteckt sie Teile des Todes …«

Er legte den Hörer auf, ich klappte das Buch zu. Er bedeutete mir mit einer Handbewegung, das Buch zurückzugeben, und ich dachte schon erleichtert, dass ich die Lektüre seiner Lyrik auf diesen Ausschnitt beschränken könne. Doch zu meiner großen Überraschung schrieb er mir eine Widmung hinein, die mir noch lange peinlich sein sollte: »Für Michael Thumann in Erinnerung an die Freundschaft von Johann Wolfgang von Goethe und Vuk Stefanović Karadžić.«

Um das alles zu verstehen, musste ich im Umfeld des Serbenführers weit ausholend seine Lebensgeschichte recherchieren. Radovan Karadžić wurde 1945 in einem Bergdorf im Schatten des bis zu 2500 Meter aufragenden Durmitor-Gebirges geboren. Sein Vater Vuko Karadžić kämpfte im Zweiten Weltkrieg bei den serbisch-nationalistischen Tschetniks. Acht Familienmitglieder wurden von kommunistischen Partisanen ermordet und in den Hausbrunnen geworfen. Am Ende des Krieges zwangen die siegreichen Partisanen Vuko, als Flickschuster für sie zu arbeiten. Aber die erniedrigte Familie zog ihren Stolz aus der Tatsache, dass sie den gleichen Nachnamen hatten wie der serbische Linguist Vuk Stefanović Karadžić. Der hatte im frühen 19. Jahrhundert serbische Folklore katalogisiert und das moderne serbisch-kyrillische Alphabet geschaffen. Karadžić wies mich bei unserem Treffen darauf hin, dass er ein unmittelbarer Nachfahre des berühmten Mannes sei. Das erzählte er zwanzig Jahre später auch den Richtern im Tribunal von Den Haag. Doch was auch immer an der Verwandtschaft stimmen mochte, Karadžić hielt sich für einen ganz besonderen Menschen. Seine Eltern zogen in die montenegrinische Stadt Nikšić, wo der Vater Arbeit fand und der Sohn die Realschule besuchen konnte. Doch Nikšić wurde Karadžić bald zu eng, und er zog mit 15 Jahren allein nach Sarajevo, um das Gymnasium zu besuchen und Medizin zu studieren.

In Sarajevo begann er auch seine künstlerische Seite zu entwickeln. Er komponierte serbische Volkslieder und schrieb Gedichtbände, die in serbischen Kreisen in Sarajevo gefeiert wurden, weil sie den Kampfgeist der Serben besangen. Oft kündete seine Poesie von Niederlagen, allerletztem Aufbäumen, Zerrüttung und Düsternis. Karadžić' Biograph Robert Donia attestierte seinen Werken eine »Verdinglichung und Dehumanisierung des Anderen«.[3] 1970 veröffentlichte Karadžić das Gedicht »Sarajevo«, in dem er die Belagerung der Stadt in den 1990er-Jahren vorwegzunehmen schien:

»Die Stadt brennt wie eine Weihrauchkerze/ unser Bewusstsein irrt in ihrem Rauch/ leere Anzüge gleiten durch die Straßen/ ein purpurner Stein stirbt, eingebaut in die Häuser./ Eine Seuche! Dann Ruhe./ Eine Gruppe bewaffneter Pappeln marschiert darin auf/ Aggressorenluft weht durch unsere Seelen/ in diesem Moment wirst du zum Mann, noch so eine luftige Angelegenheit.«[4]

Solche Zeilen ließen den Leser so ergriffen wie berätselt zurück und legten die Grundlage für Karadžić' lokalen Ruhm, der ihm zur ehrenvollen Eintrittskarte in die serbisch-literarischen Kreise Jugoslawiens gereichte. Dort verkehrten Großschriftsteller, Shakespeare-Kenner, Vuk-Karadžić-Verehrer, Balkanbarden, Nationalisten und Dissidenten, Professoren und Publizisten, die vor allem eines einte: eine rasch wachsende Distanz zum jugoslawischen Vielvölker-Kommunismus titoistischer Prägung. Auch seinen späteren Stellvertreter an der Spitze des separatistischen Serbenstaats, Nikola Koljević, lernte Karadžić damals kennen. Koljević, Professor für Kommunikation in Sarajevo, bewahrte aus jenen unbeschwerten Zeiten eine VHS-Kassette auf. Auf der posierte Karadžić in einem traditionellen serbischen Gewand allein auf einer montenegrinischen Alm, an seiner geliebten Gusle zupfend. Vor allem aber lernte Karadžić damals seinen ersten und wichtigsten nationalistischen Mentor kennen, Dobrica Ćosić, den einflussreichen serbischen Schriftsteller und Kritiker Titos. Ćosić war berühmt geworden mit der kolossalen Romanserie »Zeit des Todes« über die Leiden der Serben im Zweiten Weltkrieg. Von ihm stammte die in Serbien gern zitierte Weisheit, dass die Serben »Sieger im Krieg und Verlierer im Frieden« seien. Das war eine Anspielung auf die Machtteilung in Titos Jugoslawien, das den Serben als zahlenmäßig stärkstem Volk angeblich mehr Zugeständnisse abverlangte als allen anderen. Ćosić fand Gefallen an dem jungen, eloquenten Psychiater und Lyriker und besuchte ihn sogar einmal in dessen bescheidenem elterlichen Haus in Nikšić. Karadžić war davon zwar deutlich mehr beeindruckt als Ćosić,[5] aber von nun an verfolgte der serbische Großliterat weiter die Spur des jungen Dichter-Psychiaters mit dem hochfahrenden wilden Haar.

In den 1980er-Jahren wuchs sich der serbische Nationalismus zu einer Bedrohung für den jugoslawischen Vielvölkerstaat aus. 1986 verfasste die Serbische Akademie der Wissenschaften in Belgrad ein Memorandum, das den Kosovo zur »Schicksals- und Lebensfrage« der serbischen Nation erklärte. Im Kosovo würden die Albaner mit einem strategisch geplanten Geburtenüberschuss die Serben langsam, aber sicher ausrotten. »Der physische, politische, rechtliche und kulturelle Genozid an der serbischen Bevölkerung in Kosovo und Metohija ist eine der schwersten Niederlagen seit den serbischen Freiheitskämpfen«, befanden die Akademiker und rührten damit bewusst an tiefsten Pathologien der serbischen Erinnerungskultur. Das Memorandum zählte alle Untaten auf, die Albaner, Kroaten und andere an den Serben als auserwähltem Opfervolk verübt hätten. Es beklagte die »Dreiteilung« Serbiens im föderalen Jugoslawien und bereitete in kondensierter Form alle Mythen auf, mit denen serbische Nationalisten in

die Kriege der 1990er-Jahre zogen. Zu jener Zeit war Dobrica Ćosić Präsident der Akademie. Er bestritt zwar, daran mitgearbeitet zu haben, verteidigte es aber bei jeder Gelegenheit.

Sieben Monate später hielt ein gewisser Slobodan Miloševič in der kosovarischen Regionalhauptstadt Pristina eine Rede, deren Hauptstakkato zum Schlachtruf serbischer Nationalisten wurde: »Niemand darf euch schlagen, euch darf niemand mehr schlagen.« Milošević war damals Stellvertreter der sozialistischen Partei und revoltierte mit dieser nationalistischen Rede offen gegen den von der Partei verordneten Internationalismus. Wenig später schickten die serbisch-orthodoxe Kirche und Slobodan Milošević einen mittelalterlichen serbischen Zaren auf eine lange Reise. Lazar Hrebeljanović war in der Schlacht auf dem Amselfeld im Kosovo 1389 gegen die Streitmacht des türkischen Sultans Murad gefallen. Die Schlacht ist bis heute der zentrale Leidensmythos der Serben. Die Gebeine von Lazar wurden ein Jahr lang durch Serbiens Dörfer und Städte kutschiert, bis auch das letzte serbische Schulkind von dem christlichen Märtyrer im Kampf gegen die »islamischen Aggressoren« erfahren hatte. Rollte Lazar im Sarg vorbei, schwenkten Priester Weihrauch am Wegesrand, hielten Politiker Reden, weinten Frauen und Kinder. Serbien war tief erschüttert. Slobodan Milošević kam am Jahrestag der Schlacht, am 28. Juni 1989, auf das Amselfeld. Über eine Million Menschen lauschten seiner Rede, in der er die Kämpfe gegen das Osmanische Reich, die Nazis und den Islam beschwor, in der er das Unrecht beklagte, das Serbien widerfuhr, und von künftigen Kämpfen raunte. Milošević entkorkte den Geist des Nationalismus, und Serbien machte sich bereit, zumindest auf dem Amselfeld.

In dieser ultrahocherhitzten Atmosphäre entschied sich Radovan Karadžić, in die Politik zu gehen. Mit ihm gingen andere serbische Schriftsteller, Literaturprofessoren, Psychiater und Künstler. Die Kommandobrücke des serbischen Nationalismus füllte sich mit Intellektuellen, die fanden, die Zeit sei reif für Aktion statt folgenloser Reflexion. Der Schriftsteller Dobrica Ćosić, der später an der Seite von Milošević Präsident Jugoslawiens wurde, beriet Radovan Karadžić beim Aufbau einer nationalistischen Partei, der bosnischen Serbischen Demokratischen Partei (SDS). Serbische Zeitungen nannten ihn den »Paten«. Ćosić insistierte, Karadžić müsse eine eigene Partei aufbauen, die Abstand zu den Belgrader Parteien hielt. Zur gleichen Zeit stieg in Kroatien die ultranationalistische HDZ von Franjo Tudjman auf, deren Mitglieder nicht davor zurückschreckten, auch faschistische Ustascha-Traditionen zu rehabilitieren. Das spornte die Serben an. Ćosić und andere Intellektuelle empfahlen, die SDS als »Einheitspartei« mit Absolutheitsanspruch aufzubauen, als einzige nationale politische Vertretung der bosnischen Serben. Auch dieser Empfehlung seines Mentors folgte Karadžić. Wenn er im parteiinternen Gerangel nicht weiterkam, drohte er, die Brocken hinzuwerfen. Dann nahm er die Opferpose ein: »Manchmal denke ich an Rücktritt und möchte sagen: ›Ihr könnt mich mal, ihr Dreckskerle‹«, bekannte er vor der bosnisch-serbischen Versammlung im Februar 1992. »Ich könnte mit meinen Sprachen und meinem akademischen Grad auch woanders leben und arbeiten, irgendwo auf der Welt«.[6] Er sei kein gewöhnlicher Politiker, er könne auch etwas ganz anderes machen. Aber er habe nicht das Recht, das zu tun. Auf ihn warte eine Berufung, die höhere Aufgabe, ein serbisches Ideal zur Erfüllung zu bringen. Dem habe er sich nun verschrieben. »Serben«, rief er, »ihr existiert und ihr könnt Serben sein!«

Bosnien-Herzegowina
mit Srebrenica 1995
UNGARN
Zagreb
KROATIEN
Krajina
Keraterm
Prijedor
Omarska
Bihać
Trnopolje
BOSNIEN UND
HERZEGOWINA
Mostar
Dubrovnik
ADRIA

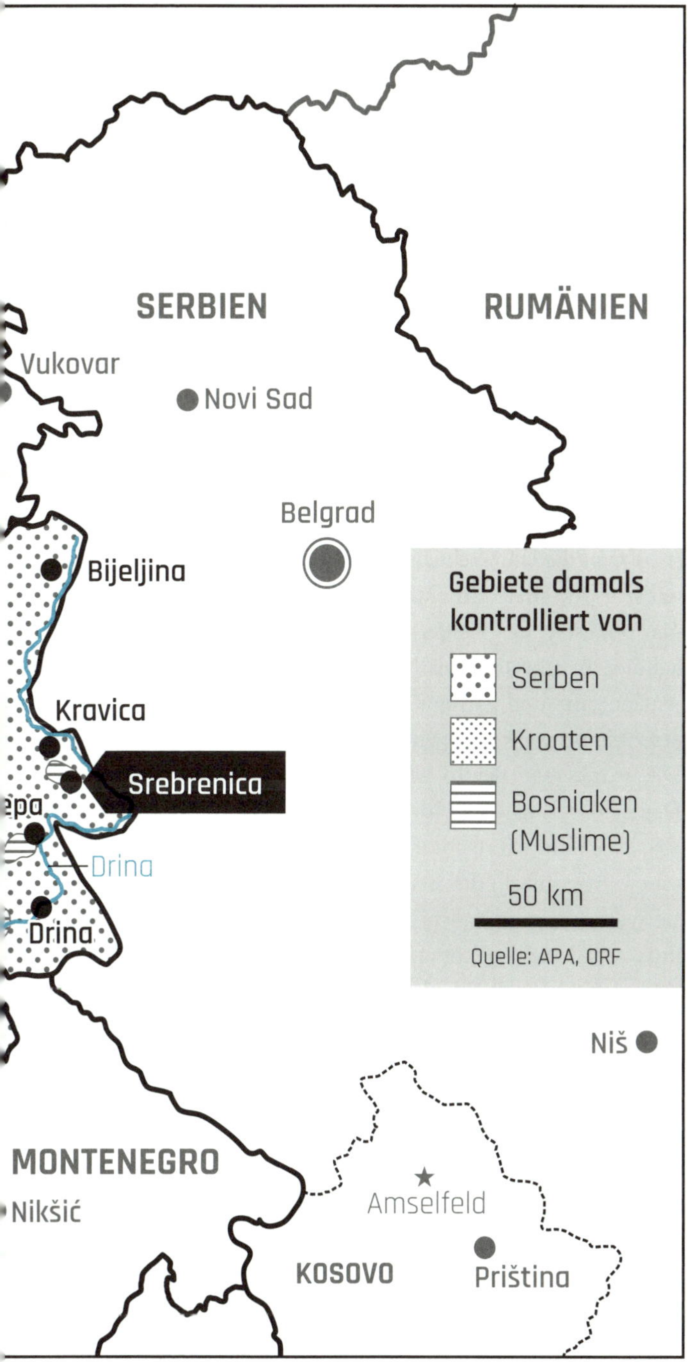
SERBIEN
RUMÄNIEN
Vukovar
Novi Sad
Belgrad
Bijeljina
Kravica
Srebrenica
Drina
Drina
Gebiete damals kontrolliert von
Serben
Kroaten
Bosniaken (Muslime)
50 km
Quelle: APA, ORF
Niš
MONTENEGRO
Nikšić
Amselfeld
KOSOVO
Priština

Radovan Karadžić geriet auf ganz anderen Wegen in den Nationalismus als Politiker wie der russische Präsident Wladimir Putin oder der türkische Herrscher Tayyip Erdoğan im 21. Jahrhundert. Letztere waren zu Beginn ihres Aufstiegs keine Nationalisten, und sie begingen später auch keinen Völkermord. Karadžić dagegen wuchs in nationalistisch inspirierten Kreisen heran, er schrieb serbisch-nationale Gedichte, komponierte Volkslieder mit patriotischem Weltschmerz. »Meiner Meinung nach sollten die Nationen nicht verschwinden«, sagte er einmal im Rückblick auf seine Karriere. »Keine

Tier- oder Pflanzenart sollte von dieser Welt verschwinden. Ich finde es angenehm, wenn ich einen echten Franzosen treffe oder einen echten Deutschen, einen Briten, einen Moslem oder einen Italiener. Sie haben etwas, was auch Blumen haben – eine Art eigenen Duft. Wenn man alle Menschen gleichmacht, zerstört man die Unterschiede. In diesem Sinne bin ich ein Nationalist.«[7] Karadžić tauschte sich mit den führenden serbischen Nationalisten der 1980er-Jahre aus und wurde ihr gelehriger Schüler. Er trat 1990 als Nationalist in die Politik ein. Damit war er ganz und gar eine Figur des 20. Jahrhunderts, dessen erste Hälfte stark von genuinen Nationalisten geprägt wurde. Diktatoren wie Benito Mussolini in Italien, Adolf Hitler in Deutschland, Miklós Horthy in Ungarn oder Ante Pavelić in Kroatien hatten ihre politische Karriere mit einem nationalistischen Programm oder nationalistischen Ansichten begonnen, sie waren in nationalistischen Bewegungen zu Aufstieg, Einfluss und Macht gekommen. Schon in frühen Jahren lernten sie voneinander, die Ideologie des Nationalismus umzusetzen.[8] In ähnlicher Weise begann Karadžić seinen nationalistischen Aufstieg zunächst versuchsweise in Literatenkreisen und setzte ihn dann politisch in einer nationalistischen Partei fort. An ihrer Spitze wurde er innerhalb kürzester Zeit weltberüchtigt.

Dieser Mann mit dieser Geschichte also saß mir in einem Sessel im Genfer Hotel Intercontinental gegenüber. Da hatte ich noch eine Frage: Warum können die bosnischen Serben eigentlich nicht mit den bosnischen Muslimen in einem Staat leben? »Ganz einfach«, sagte er. Bosnien-Herzegowina sei die Schöpfung der Kommunisten gewesen, und die seien in Bosnien wiederum von Muslimen dominiert gewesen. Meinen Einwand, dass Bosnien-Herzegowina mit anderen Grenzen schon im Osmanischen und Habsburger Reich als Einheit existiert hatte, wischte er weg. »Tito hat die Nation der bosnischen Muslime erfunden, sie sind kein Volk, sondern eine Glaubensgemeinschaft«, beharrte Karadžić und wiederholte damit ein klassisches serbisches nationalistisches Narrativ. Sie seien meistens Serben gewesen, die unter der türkischen Herrschaft zum Islam bekehrt worden seien. »Nun wollen sie ganz Bosnien verschlingen.« Karadžić hatte sich wie viele Serben schon früher in Sarajevo darüber beunruhigt, dass die Geburtenrate der Muslime höher als die der Christen sei. »Sie wollen über uns herrschen.« Karadžić beschuldigte die Muslime auch, die Bibliothek von Sarajevo in Brand gesetzt zu haben, die in der österreichischen Zeit gebaut worden war: »Sie lehnen das kulturelle Erbe des Westens ab.« Ich erwiderte, dass alle internationalen Beobachter serbische Kämpfer dafür verantwortlich machten, die Bibliothek im August 1992 in Schutt und Asche gelegt zu haben. Karadžić schüttelte den Kopf. Einmal in Fahrt, legte er noch einen drauf. Seinen Gegner in Sarajevo, den bosnischen Präsidenten Alija Izetbegović, bezeichnete er als »Vorkämpfer des Heiligen Krieges« in Bosnien. »Der Dschihad ist die grüne Schlange des Islams«, sagte er allen Ernstes. »Sie kriecht über den Balkan, von der Türkei über Kosovo nach Bosnien.«

Hier legte Radovan Karadžić einen wesentlichen Antrieb seines Nationalismus bloß. Es war ein mit Hass und Ressentiments angereicherter Nationalismus, ethnisch grundiert und mit Islamophobie lackiert. In diesem Weltbild war ein multiethnisches Bosnien-Herzegowina ein Ding der Unmöglichkeit. Der Balkan sei alles andere als ein Schmelztiegel, sagte er mir. »Man kann Öl und Wasser eben nicht mischen.« Das müsse ich doch verstehen, sagte er und legte wieder seine große Hand auf meine Sessellehne. Verstand ich aber nicht. Das Gespräch verlief trotz Gedichtband und Widmung nicht so einvernehmlich ab, wie er es sich gedacht hatte. Ich fragte ihn nochmals nach den Offensiven auf die mehrheitlich muslimisch bewohnten Städte in Ostbosnien. Er murmelte nur noch etwas von »Verbrechern und Dschihadisten«. Am Ende verabschiedete ich mich von einem granteligen, unverstandenen Mann. Gern hätte ich jetzt einen Sliwowitz gehabt.

Vielleicht hatte Radovan Karadžić einfach keine Zeit, vielleicht aber erinnerte er sich auch an den undankbaren, Wasser trinkenden Reporter in seiner Genfer Suite, als ich zwei Jahre später nach Bosnien fuhr, um ihn in seinem Hauptquartier in Pale zu besuchen. Ich hatte lange vorher um ein Interview angefragt und mich im Winter 1994/95 von Belgrad aus auf den Weg gemacht. Hinter der Drina ging es bald hoch in die Berge. Ein Flüchtlingstreck mit vielen Autos quälte sich über die engen Straßen. Zu meinem Erstaunen waren es Serben, keine Muslime. Die Erklärung war verblüffend: Seitdem die Amerikaner 1994 eine Allianz der Bosniaken und Kroaten geschmiedet hatten, begann sich der Krieg zu drehen: Die serbischen Milizen waren auf dem Rückzug, jetzt waren plötzlich Serben auf der Flucht. Zu Hunderttausenden. Sie zogen ab, aus der Krajina, aus Westbosnien, schließlich auch aus den Vororten von Sarajevo. Es regnete erst, dann fing es an zu schneien, die Räder meines Autos drehten durch. An einem Abhang legte ich Schneeketten an, während die Flüchtlinge an meinem Wagen vorbeizogen. Als der Schnee noch dichter fiel, kam auch der Flüchtlingskonvoi in der Gegenrichtung zum Stehen. Manche warfen Ballast ab, ich sah, wie Kühlschränke die Böschung hinunterrutschten, auch ein Sofa, doch nicht der Sarg des im Krieg gefallenen Sohnes, der die Reise in den Osten mitmachte. Ich fuhr langsam weiter gegen den Treck an nach Westen. Viele Armeeposten später kam ich in Pale an.

Das Dorf oberhalb von Sarajevo ist eine ungeordnete Ansammlung mehr oder minder moderner Wohnkästen. Am Ende des Dorfes lag das Hotel Panorama, wo sich das bosnisch-serbische Kriegsparlament traf. Ein Sporthotel mit Holzfassade und einer schmutzig-weißen Betonblende, das die besten Jahre augenscheinlich zuletzt unter Tito gesehen hatte. Das Haus der Karadžić-Familie dagegen war frisch renoviert. Es ragte hinter einer grob verschlämmten grauen Mauer hervor, zweistöckig, eigenartig verbaut mit Mauervorsprüngen, Würfelfenstern, Erkern, Balkons, dazu ein rosa Anstrich. Das Ganze war gekrönt von einem roten Giebeldach mit ausladenden Dachrinnen. Kein Palast, keine Hütte, sondern ein verqueres Denkmal der Möchte-Gern-Normalität im permanenten Ausnahmezustand. Radovan Karadžić war nicht zuhause. Es machte überhaupt niemand auf. Aber später im Parteibüro traf ich seine Tochter, Sonja Karadžić. Sie trug einen schwarzen Rock, eine breite Metallbrille, die Haare rot gefärbt. Damals war sie noch eine politische Novizin, für Journalisten zuständig, später wurde sie Abgeordnete im bosnischen Parlament. Im bürgerlichen Leben war sie Ärztin wie ihr Vater, nur nicht so musikalisch. Sie vertrieb mir die Zeit mit einer ausführlichen Einführung in die Formalitäten meines Aufenthalts, notwendige Akkreditierungen, Stempel, Beglaubigungen, dazu servierte sie Presseerklärungen des vergangenen Jahres. Schließlich bekam ich ein Pappkärtchen mit meinem Namen und ihrer Unterschrift samt Stempel. Das angefragte Interview mit ihrem Vater? »Der Terminkalender von Doktor Karadžić ist derzeit leider sehr voll. Er hat sehr viele Sitzungen.« Ich solle morgen wiederkommen. Als ich kam, war auch sie nicht mehr da.

Radovan Karadžić stand im Frühjahr 1995 mächtig unter Druck. Er saß nur noch in Krisentreffen mit seinen Generälen. In Kroatien war die serbische Krajina dem Ansturm der kroatischen Armee erlegen, die Krajina-Serben wurden gen Osten vertrieben, insgesamt waren über 200000 Menschen auf der Flucht. In Bosnien rückten die von den USA mit Waffen belieferten kroatischen und bosniakischen Truppen immer weiter vor. Aus der Luft bombardierten die Amerikaner und die NATO-Verbündeten die bosnischen Serben. In die strategische Schraubzwinge geraten, zerstritt sich Karadžić mit seinem wichtigsten General, Ratko Mladić. In Belgrad trieb der serbische Herrscher Slobodan Milošević sein eigenes Spiel, teuflisch wie immer, jetzt aber auch gegen Karadžić gerichtet. Der konnte mit seinen Sprachen und seinen Fähigkeiten natürlich immer etwas ganz anderes machen, aber man kannte ihn mittlerweile ganz gut draußen in der Welt, und er fand aus Krieg und Mord und Lügen einfach nicht mehr heraus. In Ostbosnien nahe der serbischen Grenze lagen immer noch drei bosniakische Enklaven, Goražde, Žepa und Srebrenica. Dort waren serbische Truppen gebunden, die im Westen dringend

gebraucht wurden. Karadžić musste sich etwas einfallen lassen.

Sein Geistesblitz war die »Richtlinie Nummer sieben« vom März 1995. Dieser Erlass wies die bosnisch-serbischen Streitkräfte an, »alle Angriffe auf das Territorium der Republika Srpska entschieden auf allen Sektoren der Front abzuwehren«. Die Milizen sollten »die besten Ausgangsbedingungen für die Verhandlungen über ein Friedensabkommen herstellen«.[9] Was im Erlass so defensiv klang, war die Vorstufe zum Völkermord. Denn da war noch dieser eine Satz, in dem er den Streitkräften befahl, »für die Bewohner von Srebrenica und Žepa eine unhaltbare Situation totaler Unsicherheit mit keiner Hoffnung auf Überleben oder Leben zu schaffen«. Karadžić führte nicht aus, wie man eine solche »unhaltbare Situation« herstellt, aber er machte klar, dass Srebrenica als muslimisch bewohnte Stadt ausradiert werden sollte. Erst dann würde sich das serbisch-nationalistische Ideal erfüllen, für das er so lange gekämpft hatte: ein serbischer Staat in Ostbosnien ohne muslimische Enklaven. Mit diesen geschaffenen Fakten wollte er in die Friedensverhandlungen gehen. »Radovan Karadžić plante, befahl, überwachte und rechtfertigte den Genozid von Srebrenica«, urteilt sein Biograf Robert Donia.[10] Er machte dies mit kühler Überlegung, mit Ruhe und in voller Überzeugung, das Richtige zu tun.

Was dann folgte, ist dank der Ermittler des Internationalen Tribunals für Verbrechen im früheren Jugoslawien in Den

Haag eines der bestdokumentierten Verbrechen der jüngeren Geschichte:[11] der Völkermord von Srebrenica, in dem serbische Milizen zwischen 7000 und 8000 bosniakische Männer im Alter von 13 bis 78 Jahren ermordeten und in mehreren Dutzend Massengräbern verscharrten. Das Verbrechen dauerte sieben Tage und wurde unter anderem von General Ratko Mladić befehligt. Ein Überlebender, der in Kravica westlich von Sarajevo von serbischen Milizen verhaftet wurde, hatte die Gelegenheit, Mladić persönlich zu sehen. Der General erklärte den Gefangenen, sie hätten nichts zu befürchten. Dann wurden sie in Busse gesetzt. Es hieß, sie führen in die Stadt Tuzla im bosniakischen Teil des Landes. Doch nach kurzer Fahrt stoppten sie vor einem Lagerhaus außerhalb von Srebrenica. Die Soldaten befahlen ihnen, in das Haus zu gehen. Die Gefangenen standen dicht an dicht. Sie sollten ihre Wertsachen abgeben, die Soldaten sammelten Geld, Juwelen, Uhren, Goldringe ein. Als es dämmerte, marschierten Kämpfer mit automatischen Gewehren auf. Sobald sie anfingen zu schießen, warf sich der Überlebende auf den Beton, hinter einen getroffenen Menschen. Das war seine Rettung. Er hörte die Schreie und das Heulen der Menschen. Er sah Hunderte zu Boden fallen. Er hörte, wie sie die Namen ihrer Eltern, ihrer Frauen, ihrer Kinder riefen, ein letztes Mal. Er hörte das Stöhnen in den Pausen der Gewehrsalven. Er hörte die beklemmende Ruhe, als niemand mehr stöhnte – bevor ihm die Handgranaten fast das Ohr zerrissen, die die Leute von Mladić zum Schluss in das Lagerhaus warfen. Erst dann brach Stille aus. Der Überlebende kroch zu einer großen Kiste, die unter einem Fenster stand. Über die Kiste stieg er durch das Fenster und ließ sich ins Gras herunterfallen. Er floh auf ein Weizenfeld in der Nähe, wurde auch dort beschossen, aber nicht gefangen. So konnte er entkommen. Zwölf Jahre später stand er vor dem Kriegsverbrechertribunal in Den Haag und gab seinen Bericht ab, der von mehreren anderen Zeugen bestätigt wurde.

Radovan Karadžić plagte in den Tagen der Verwirklichung seines nationalen Ideals nur ein Gedanke: dass die Eroberung der verhassten Enklave Srebrenica in den Augen der Serben nicht auf sein Konto, sondern auf das seines Rivalen Ratko Mladić gehen könnte. Deshalb pries er seinen Anteil an dem Verbrechen vor der bosnisch-serbischen Versammlung in Pale am 15. Oktober 2015 so: »Als Oberkommandierender überwachte ich den Plan für Žepa und Srebrenica«, rühmte er sich. »Ich ordnete an, direkt in die Städte zu gehen, ihre Eroberung zu erklären und dann die Türken in den Wald zu jagen.«

Der Völkermord war Höhepunkt und Fall der Karriere des
 Nationalisten Radovan Karadžić. Schon im November 1995 erhob das Haager Tribunal Anklage gegen Karadžić und Mladić wegen Genozids, Verbrechen gegen die Menschlichkeit und Verletzung der Gesetze der Kriegführung, unterschrieben von dem angesehenen südafrikanischen Chefermittler Richard Goldstone.[12] Ab Juli 1996 wurde nach Karadžić mit einem internationalen Haftbefehl gesucht. Der Serbenführer durfte sich nicht mehr für öffentliche Ämter bewerben. Im Juli 1996 zog er sich auf starken internationalen Druck zurück und übergab den Vorsitz der nationalistischen SDS an seine ihm stets ergebene Stellvertreterin Biljana Plavšić. Sie wurde im September 1996 in Pale zur neuen Präsidentin des nicht anerkannten Serbenstaates gewählt. Für Radovan Karadžić begann nun ein zwölfjähriges Katz- und Maus-Spiel, in dem er in theaterreifen Inszenierungen versuchte, seiner Verhaftung zu entgehen.

Es begann damit, dass er sich gegen die internationalen Sfor-Truppen in Bosnien und die UN-Polizei mit einer ganz in Schwarz gekleideten Privatarmee aus serbischen Kämpfern schützte. Die bezahlte er aus den Erlösen seiner Baufirmen. In Bosnien gab es vieles wieder aufzurichten, was die Milizen auf Karadžićs Befehl zuvor zerstört hatten. Aus dem Off gab er sogar noch Interviews: »Ich bin kein Monster, ich bin Schriftsteller«, beteuerte er 1997. »Ich werde von meinem Volk geliebt.«[13] Dann zog sich der Volksheld in die einsamen Berge seiner Kindheit zurück, ins Durmitor-Gebirge. Unterschlupf fand er auch in serbischen Klöstern. Viele serbisch-orthodoxe

Priester hatten dem Kampf von Karadžić und seinen Milizen für das serbische Ideal ihren Segen gegeben. Nun galt es, diesen Vorkämpfer für das Serbentum und Opfer des westlichen Auslands zu schützen. Irgendwo zwischen montenegrinischen Berghütten und orthodoxen Ikonostasen verlor sich seine Spur.

Radovan Karadžić konnte nun endlich wieder der Karadžić sein, der er nach eigenem Bekunden immer sein wollte. Endlich wieder schreiben nach den lästigen Ablenkungen der großen Politik, er war bemerkenswert produktiv. Aus dem serbischen Nirgendwo veröffentlichte er 2002 das satirische Theaterstück »Sitovacija«, in dem ein besessener Amerikaner versucht, das serbisch-bosnische Volk umzuerziehen wie die Deutschen nach dem Zweiten Weltkrieg – und natürlich grandios scheitert.[14] Auch für die junge Generation Serbiens fand er Zeit und produzierte im selben Jahr ein Kinderbuch.[15] Ein Jahr später gab er seine Briefe und Dekrete aus der Zeit des Krieges heraus. Sein unaufhörlicher Fluss von Erinnerungen an die 1990er-Jahre mündete in dem autobiographischen Roman »Die wundersame Chronik der Nacht«, ein nationalbibliophiles Kuriosum auf der Belgrader Buchmesse 2004.[16] Sein Manuskript erreichte den patriotischen Verleger als »Computer-Diskette über geheime Kanäle«, wie der bosnisch-serbische Informationsminister wissen ließ.

Wie geheim diese Kanäle waren, zeigte sich bei seiner Verhaftung 2008. Jahrelang hatte der serbische Geheimdienst Karadžić abgeschirmt, beharrlich hatte die serbische Regierung die internationalen Haftbefehle und den westlichen Druck auf Auslieferung ignoriert. Doch das änderte sich, als der liberale Politiker Boris Tadić 2008 zum zweiten Mal zum Präsidenten gewählt wurde und versuchte, Serbien der Europäischen Union anzunähern. Da setzte sich eines Nachmittags ein Ermittler in einen Belgrader Bus, Linie 83, auf die Bank neben Dr. Dragan Dabić, einen in der Gegend durchaus bekannten Heilpraktiker, Alternativmediziner und Meditationslehrer. Er zeigte Dabić seinen Polizeiausweis und bat ihn mitzukommen. An der Tür des Busses warteten drei weitere Polizisten und nahmen ihn fest. Die Passagiere waren überrascht. Dr. Dabić wohnte in der Juri-Gagarin-Straße in Neu-Belgrad in einer Mietwohnung eines elfstöckigen grauen Hauses und hatte sich nie etwas zuschulden kommen lassen. Er ging gern auf den spärlichen Grünflächen der Neubaugegend spazieren und lüftete seinen Panama-Hut, um die Nachbarn höflich zu grüßen. Er besuchte Cafés und galt als unterhaltsamer Mensch, er war gern gesehener Gast auf Gartenpartys, hielt Vorträge über alternative Heilmethoden, schrieb regelmäßig für die Zeitung *Zdrav Život* (Gesundes Leben), verkaufte Heilamulette und behandelte Menschen in seiner Mietwohnung. Dr. Dabić trug eine große braune Hornbrille, weiße Haare mit einem dunkel gefärbten Pferdeschwanz auf dem Scheitel und einen langen weißen Bart. Rasiert sah er genauso aus wie Dr. Karadzić. Neun Tage nach seiner Verhaftung ließ die serbische Regierung den Gesuchten an das Kriegsverbrechertribunal in Den Haag ausliefern.

In seiner Zelle in Den Haag durfte Radovan Karadžić keine Journalisten empfangen. Der *Zeit*-Journalist Stefan Willeke konnte mit ihm 2016 ein schriftliches Interview führen.[17] Karadžić berichtete, wie er auch im Gefängnis wieder ganz zu sich fand. Er beteiligte sich an den sozialen Aktivitäten, »in der Musikgruppe bin ich regelmäßig mit meiner traditionellen Flöte dabei«. Abends sah er Spielfilme, Talk- und Late-Night-Shows im Fernsehen. Er war »nahezu dauerhaft« im Gebet, der Tihovanje, einem christlich-orthodoxen Gebet. »Man beruhigt einfach sein gesamtes Wesen und wiederholt im Stillen das Kyrieeleison.« Manchmal spielte er Fußball, manchmal Tennis, auch mit Ante Gotovina, dem General der kroatischen Streitkräfte, der 2005 die Serben aus der Krajina vertreiben ließ und nun ebenfalls in Den Haag saß.[18] Viele Häftlinge kannte er von früher, sagte Karadžić, »sie sind alle hochgebildete Mitglieder der serbischen oder kroatischen Gemeinschaft in Bosnien-Herzegowina. Unsere alten Freundschaften haben wir noch vertieft.« Man saß zusammen und diskutierte, durchaus mit Witz. »Humor ist ohnehin die beste Methode, Sorgen oder Aggressionen zum Ausdruck zu bringen und loszuwerden«, wusste der Psychiater. »Deshalb lachen wir auch ständig.«

Auf die Frage nach Fehlern in seiner Amtszeit antwortete Karadžić, dass die einzigen Fehler, die er gemacht habe, die bosnisch-serbische Armee betrafen. »Ich ließ sie immer wieder innehalten, weil ich dem Ausland und anderer Propaganda glaubte. So hinderte ich sie daran, auf dem Schlachtfeld noch mehr zu erreichen.« Dass sich die großen Mächte derart gegen das kleine serbische Volk verschworen hätten, sei bis dahin beispiellos gewesen. »Die Medien unterstützten all die Lügen und zahlreichen Tricksereien, die dazu dienten, die internationale Öffentlichkeit hinters Licht zu führen und sie in den Krieg zu zerren.« Karadžić fühlte sich an Dostojewski erinnert: »Wenn es keinen Gott gibt, ist alles erlaubt.« Die Opfer von Srebrenica, darauf kam er dann zu sprechen, die Opfer seien vor der Eroberung der Stadt gestorben, schließlich fügte er hinzu: »Viele wurden während der Eroberung getötet, aber im Kampf.« Bedauern verspürte er »nicht wirklich«. Seine Wahl sei es gewesen, bei seinem Volk zu bleiben und das Land nicht mit seiner Familie zu verlassen. »Wir hätten überall auf der Welt leben können. Aber man darf das Volk nicht betrügen. Man muss dienen und seine Pflicht erfüllen.« Das war sein Opfer. Sollte er jemals aus dem Gefängnis wieder freikommen, bekannte er, würde er sofort sein Arbeitszimmer und seine Privatbibliothek wieder so einrichten, dass er arbeiten könne. »Ich habe so viel Zeit verloren, war weit entfernt von dem, was ich wirklich bin, nämlich Arzt und Autor.«

Dieser Wunsch wurde ihm nicht erfüllt. Am 20. März 2019 verurteilte das Haager Tribunal Radovan Karadžić wegen Völkermords und Verbrechen gegen die Menschlichkeit in letzter Instanz zu lebenslänglicher Haft. Seine Berufung wurde abgewiesen. Auch das wird Karadžić als furchtbares Unrecht empfunden haben.

1 Michael Thumann: Der Lügner mit dem sanften Blick, in: Die Zeit, Nr. 5, 1993, 29. Januar 1993.

2 Radovan Karadžić: Slovenski gost (Srpska književna zadruga, Belgrad 1992), S. 82. (Übersetzung aus dem Serbokroatischen von mir)

3 Robert Donia: Radovan Karadžić. Architect of the Bosnian Genocide (Cambridge University Press, New York 2015), S. 33.

4 Karadžić: Slovenski gost, S. 61.

5 Als ich Dobrica Ćosić in einem Interview 1994 in Belgrad danach fragte, konnte er sich nicht an den Besuch in Nikšić erinnern.

6 Donia, S. 57.

7 »Ich bin kein Monster. Ich bin Schriftsteller«, in: Süddeutsche Zeitung Magazin, 8. August 1997.

8 Christian Goeschel: Mussolini und Hitler. Die Inszenierung einer faschistischen Allianz (Suhrkamp, Berlin 2019), S. 32.

9 Direktiva za dalja dejstva op.br. 7, zitiert nach Donia, S. 257.

10 Donia, S. 249.

11 Siehe den Bericht des United Nations International Criminal Tribunal for the Former Yugoslavia: https://www.icty.org/x/file/Outreach/view_from_hague/jit_srebrenica_en.pdf

12 Die Anklageschrift von Richard Goldstone: https://www.icty.org/x/cases/mladic/ind/en/kar-ii951116e.pdf

13 Süddeutsche Zeitung Magazin, 8. August 1997.

14 Radovan Karadžić: Sitovacija (Biblioteka Savremena književnost, IGAM, Belgrad 2002).

15 Radovan Karadžić: Ima čuda, nema čuda (Biblioteka Savremena književnost, IGAM, Belgrad 2002).

16 Radovan Karadžić: Čudesna hronika noći (Biblioteka Savremena književnost, IGAM, Belgrad 2004).

17 »Wir lachen ständig«. Der inhaftierte Kriegsverbrecher Radovan Karadžić äußert sich erstmals über sein Leben nach der Verurteilung, in: Die Zeit, Nr. 39, 15. September 2016.

18 Das Haager Tribunal konnte gegen Ante Gotovina nicht genügend gerichtsfeste Beweise sammeln, er wurde in Ermangelung von Beweisen später freigelassen.

4. Lust am Leiden: Moskau 1999

Ich stand im Stau – so weit das ganz Normale an diesem Autofahrer-Nachmittag in der russischen Hauptstadt. Doch an diesem Apriltag 1999 war etwas unnormal. Denn kaum kam ich auf der Moskauer Gartenring-Straße auf Höhe der US-Botschaft erneut zum Stehen, zuckte ich zusammen. Ein Höllenlärm ganze fünfzehn Zentimeter über mir. Fäuste hämmerten auf mein Autodach. Am Seitenfenster sah ich verzerrte Gesichter, Männer schrien mir entgegen, rissen an der verriegelten Tür. Ich war mitten in eine Demonstration geraten, und die Demonstranten erkannten mich an meinem Kennzeichen. Aus der Nummern- und Buchstabenfolge »002 K« konnte jeder erschließen, dass ich ein deutscher Korrespondent war. Bitte weiterhämmern, sagte dieses Kürzel.

Da draußen sah ich flatternde Plakate im Wind, Hunderte von Armen gegen den Himmel gereckt. Ich hörte Jugendliche »Nieder mit Amerika!« skandieren, bevor sie den nächsten Schluck aus der Cola-Dose nahmen. Ein blonder Aktivist mit Lederkäppi brüllte: »Die Serben, das sind Russen, die aus Russland ausgewandert sind.« Dann ließen sie von meinem Autodach ab und entdeckten einen Wagen mit dem Kennzeichen »004 K« – ein Wagen amerikanischer Journalisten. Der bot eine viel bessere Resonanzfläche. Zu den Demonstrationen hatten die Bewegung »Vaterland«, die Gewerkschaften, die russischen Kommunisten, die Rechtsextremisten, die Studenten, Popen und Chaoten aufgerufen. Es war der 8. April 1999, die Protestierenden forderten das Ende der

NATO-Luftangriffe auf Serbien. Zum ersten Mal seit den staatlich befohlenen sowjetischen Manifestationen trieb Außenpolitik die Russen auf die Straße.

Der Kosovo-Krieg und der Lufteinsatz der NATO gegen Serbien im Frühling 1999 waren ein tiefer Schock im Verhältnis zwischen Russland und dem Westen. Der russische Präsident Boris Jelzin, der jahrelang mit dem Westen in Südosteuropa zusammengearbeitet hatte, weigerte sich, einer militärischen Strafaktion gegen den serbischen Herrscher Slobodan Milošević zuzustimmen. Milošević führte einen brutalen Krieg gegen die Kosovo-Albaner, ließ Hunderttausende von ihnen vertreiben und wollte sich trotz vielfacher Angebote auf keine Verhandlungslösung einlassen. Im Westen kamen Befürchtungen auf, dass sich Verbrechen wie in Bosnien und womöglich ein Völkermord wie in Srebrenica 2005 wiederholen könnten. Die rot-grüne deutsche Regierung unter Bundeskanzler Gerhard Schröder beteiligte sich am Kampfeinsatz außerhalb des Bündnisgebietes. Als die NATO sich am 24. März 1999 entschied, serbische Regierungs- und Militäreinrichtungen aus der Luft anzugreifen, protestierte die russische Regierung scharf und verweigerte im UN-Sicherheitsrat die Zustimmung zu einem solchen Einsatz. Die NATO-Operation »Allied Force« hatte kein UN-Mandat und war gegen den Willen Moskaus gestartet worden. Jelzin fühlte sich übergangen. Was anfänglich wie eine vorübergehende Verstimmung anmutete, wuchs sich zu einem tiefgreifenden Einschnitt in den Beziehungen Russlands zum Westen aus. Für die russische Elite sollte der Kosovo-Schock die »Wasserscheide zwischen der Post-Gorbatschow-Ära und der neuen Ära der Rivalität zwischen Moskau und dem Westen werden.«[1] Mehr als ein Jahrzehnt später konnte Präsident Wladimir Putin seine Politik auf dieses Entfremdungserlebnis gründen.

Doch warum gingen die Demonstranten, die mich in meinem Auto überraschend stoppten, auf die Straße? Die Balkankriege waren in den 1990er-Jahren nichts gewesen, was die russische Gesellschaft besonders aufgewühlt hätte. Russland kämpfte genügend eigene Schlachten. Während der Westen vor allem auf die Verbrechen in Bosnien schaute, führte die russische Regierung von 1994 bis 1996 einen brutalen Feldzug in Tschetschenien. Kamen jetzt im Kosovo-Krieg die »uralten historischen Bande« zwischen Serben und Russen vor dem Ersten Weltkrieg zum Vorschein – verschüttet und doch nicht vergessen? War der »Panslawismus« des 19. Jahrhunderts wiedererwacht? Noch kannten »die Freunde« sich wenig. Serben und Russen kommunizierten in der von einer serbischen Moderatorin so getauften »Aggressorensprache« Englisch miteinander. Einer russischen Zeitungsumfrage zufolge hielt ein Drittel aller Russen das serbische Herz-Schmerz-Land Kosovo vor einem Jahr noch für eine Zigarettenmarke. Vor den NATO-Angriffen kannten nur wenige Russen den Zarengeneral Michail Tschernjajew, der in der panslawisch angehauchten »montenegrinischen Ekstase« 1876 mit 4000 russischen Freiwilligen auf serbischer Seite gegen das Osmanische Reich gekämpft hatte. Jetzt wurde über ihn geschrieben. Im Frühling 1999 trugen sich junge russische Hitzköpfe in die Freiwilligenlisten ein, um auf dem Balkan den Sinn ihres Lebens zu finden. Serbien war dabei allerdings Nebensache. Die Mehrheit der Bevölkerung erwartete kein dauerhaftes Bündnis, keine wirtschaftlichen Chancen, keine moralische Rettung von der Slawenunion. Was in diesen hitzigen Tagen des russischen Vorfrühlings heranreifte, war vielmehr »die nationale Idee«, nach der russische Bürokraten und Journalisten bislang in Talk Shows, Präsidialkommissionen und Preisausschreiben vergeblich geforscht hatten.[2] Russland fand in dem in über zweitausend Kilometer Entfernung geführten Kosovo-Krieg zu sich selbst zurück. Und seine treuesten Patrioten wählten auf der Suche nach dem »Wir« einen zutiefst russischen Weg: das Leiden.

»Schießt doch endlich, schießt doch!«, rief ein Zwanzigjähriger bei einer Demonstration und schaute sehnsüchtig in den Moskauer Himmel, den seit 1945 kein westlicher Pilot gegen russischen Willen durchkreuzt hatte – außer dem waghalsigen, psychisch auffälligen deutschen Cessna-Piloten Matthias Rust 1987. Die Protestierenden hielten dieselben »NATO-Zielscheiben« hoch, mit denen sich die sogenannten »Märtyrer« auf den Open-Air-Konzerten 1999 in Belgrad schmückten. »Wir sind in dieser schweren Stunde ganz nah bei euch«, rief ein Redner den weit entfernten Serben zu, er war Redakteur der nationalistischen Zeitung *Sawtra*. Hinter dieser Phrase schien eine neue Gemeinschaftlichkeit auf: die Opferpose. Sowohl Russland als auch Serbien waren in den 1990er-Jahren von Wirtschaftskrisen, Hyperinflation, Korruption und Missmanagement in kolossalem Ausmaß geplagt. Zugleich kämpften in Russland liberal gesinnte Reformer darum, die zusammengebrochene Kommandowirtschaft in eine stabile Marktwirtschaft zu überführen. Sie stießen auf den erbitterten Widerstand von linken und rechten Parteien und patriotischen Intellektuellen. Unter ihnen waren Boris Jelzin und seine Reformpolitiker verhasst. In der Kosovo-Krise 1999 spürten die in den Reformjahren marginalisierten Schriftsteller, Politiker, Journalisten, Geistlichen und Salonschwadronierer auf einmal, dass die NATO-Bomben ihren Brüdern in Belgrad moralische Absolution von der selbstverschuldeten Misere beschert hatten. Daran wollte man teilhaben und so ins Zentrum der Aufmerksamkeit rücken.

Ich besuchte in diesen aufgewühlten Tagen einen orthodoxen Priester, der in seiner Kathedrale täglich für Belgrad und die Serben beten ließ. Pater Georgij war damals 37 Jahre alt und durfte stellvertretend bereits Gottesdienste in der prächtigen Erzengel-Michael-Kathedrale im Moskauer Zentrum leiten. Georgij rückte das Leiden ins Zentrum seiner spirituellen Arbeit, die in den Messen aber hochpolitisch wurde: »Wenn das serbische Volk leidet, leidet die gesamte orthodoxe Welt mit«, sagte er und erzählte mir von der reinigenden Wirkung des Leidens für die menschliche Seele. Die russisch-orthodoxe Kirche bot damals einen warmen Rückzugsraum vor den scharfen Winden des russischen Goldrausch-Kapitalismus. In der Sowjetunion war die Kirche ausgegrenzt, zerstört und ihre Reste waren zur Kollaboration mit dem atheistischen Staat gezwungen worden. Nicht wenige Popen hatten für den Geheimdienst gearbeitet. In der Jelzin-Zeit entdeckte die Kirche die vorrevolutionären Wurzeln der Zarenepoche wieder und schottete sich gegen liberales und westliches Gedankengut ab. Das Leiden taugte als spirituelles Unterscheidungsmerkmal zum amerikanischen *pursuit of happiness* und zugleich als Besinnung auf eine urrussische Tradition.

Das Unglück als Lebensform inspirierte im 19. Jahrhundert russische Schriftsteller und Dichter im selbsternannten Land des Leidens. Ihre Selbstdarstellung geriet zum introvertierten, fremdenskeptischen Passionsbild, auch bei den Großen der russischen Literatur. »Der stolze Blick des Fremden begreift und bemerkt nicht, was in deiner demütigen Nacktheit durchscheint und verborgen leuchtet«, sang Fjodor Tjutschew 1857, »niedergedrückt von der Kreuzeslast, hat dich, mein Land, der himmlische Herrscher in Sklavengestalt segnend durchstreift.«[3] Russland und die Russen erscheinen in der Poesie oft als Ebenbild Christi am Kreuz. Das Schicksal, in Russland die höchste Instanz nach Gott, lässt keinen ungeschoren, wie Alexander Blok 1911 erkannte: »Mutter Russland, wie ein Vogel, sorgt sich um ihre Kinder, aber ihre Bestimmung ist, dass sie von den Falken zerrissen werden.« Nicht wenige Opfer fanden Gefallen an ihrer Geißel. Der Journalist und Revolutionär Nikolaj Tschernyschewskij verbrachte auf eigenen Wunsch neun Jahre länger als nötig in der sibirischen Verbannung und bezeichnete sie als die glücklichste Zeit seines Lebens. Auch Alexander Solschenizyn glorifizierte die demütigenden Qualen hinter Gefängnismauern. »In Freiheit sind sie Sünder«, schrieb Dmitrij Mereschkowskij über seine Landsleute, »in der Sklaverei werden sie zu Heiligen.« Erst die Erniedrigung adelt den Menschen – und die Nation.

Die russische Literaturnobelpreisträgerin Swetlana Alexijewitsch fasste diese romantisierende Lust am Leiden 2015 in ihrer Rede in Oslo so zusammen: »Unser größtes Kapital ist das Leiden. Nicht Öl und nicht Gas, nein, das Leiden. Das ist das Einzige, das wir stetig fördern.«[4]

Die NATO-Bombenangriffe auf Serbien boten eine perfekte Gelegenheit, die ersehnte Opferrolle neu zu zelebrieren. Hatte nicht die westliche Allianz das Gewaltmonopol der Vereinten Nationen verletzt? Bombardierte sie nicht ohne UN-Beschluss ein souveränes, mit Moskau im Geiste verbündetes Land? So konnten jene Russen, die auch sonst seit dem Untergang der Sowjetunion 1991 nie gefragt wurden, sich ganz dem Schmerz des Beleidigten hingeben. »Die Welt achtet nur die Mächtigen. Wir aber sind ein armes, hilfloses Land, das in Korruption und Kriminalität versunken ist«, grämte sich ein Abonnent auf der Leserbriefseite der Zeitung *Sowjetskaja Rossija*, Sprachrohr des real existierenden postsowjetischen Ressentiments. Tatsächlich reduzierte sich Russlands jüngste Geschichte nicht nur aus der Sicht von Kommunisten und Nationalisten auf beschämende Niederlagen: erst der Zerfall der Sowjetunion und die Erosion der Armee, dann das Absinken breiter Bevölkerungsschichten in Armut und Nutzlosigkeit, der Fehlschlag marktwirtschaftlicher Experimente, die durch Panzersalven und Rechtsnihilismus ramponierte Demokratie. Nicht genug damit, fanden viele, dass das Land nicht aus seiner chronischen Krise finde. Der Westen nutze das auch noch aus – Russland als Opfer westlicher Politik.

Dafür hatte Pater Georgij in der Erzengel-Michael-Kathedrale viele Belege parat. »Ist nicht nach der Befreiung vom Tatarenjoch alles Unheil über Russland vom Westen gekommen?«, fragte er mich bei einem Rundgang durch die prächtige Kirche im öffentlich zugänglichen Bereich des Kreml. »Napoleon überfiel uns und dann Hitler. Der Westen hat uns die Ideen der Französischen Revolution und von Karl Marx gebracht. Heute karrt er humanitäre Hilfe mit verseuchten Konserven nach Russland.« Nicht dass Georgij sich nicht auskennen würde im Westen. Er verbrachte dank eines westlichen Stipendiums drei Monate an einem orthodoxen Priesterseminar in Kalifornien. Aber er fand kein Gefallen an den »reichen Ländern«. Hilfe und Beratung aus dem Westen seien völlig überflüssig – und hätten Russland nur Unglück gebracht. Als er ein paar Dollarscheine aus dem Verkauf bemalter Ostereier in der Schublade versenkte, entschuldigte er sich ungefragt: »Der Dollar hat unser Finanzsystem wie eine Mikrobe infiziert«, befand er. »Wir müssen uns vom Diktat der westlichen Banken befreien. Wir brauchen unsere eigene Finanzordnung.«

Nach dem Finanzkollaps von 1998 gerieten in Russland internationale Institutionen wie der Internationale Währungsfonds und die Weltbank, aber auch Exportprodukte wie Parlamentarismus, Demokratie und unabhängige Jurisdiktion unterschiedslos in Generalverdacht. Was der Rubelverfall im August 1998 anschob, beschleunigten die NATO-Luftangriffe auf Serbien ab März 1999. In der Duma diskutierten Politiker damals allen Ernstes über ein gesetzliches Verbot amerikanischer Filme, allein die Erinnerung an das wahnwitzige Verbot unerwünschter Bücher in der Sowjetunion hielt sie davon ab. Doch zeigten solche Diskussionen, dass das Anfang der 1990er-Jahre von vielen verehrte westliche Vorbild zerfressen war. Der Westen wirkte im Kosovo-Krieg plötzlich so widersprüchlich und doppelzüngig, wie die Sowjetpropaganda immer behauptet hatte. Den russischen Demokraten wurde ganz schwindelig. »Wir fühlen, dass uns der Boden weggezogen wird«, sagte mir der europäisch gesinnte Schriftsteller und Menschenrechtler Anatolij Pristawkin. »Wir stehen auf einmal als die Bösen am Pranger, die zehn Jahre lang auf die Falschen gesetzt haben.« Westlich orientierte Intellektuelle wie Pristawkin, Journalisten und rational handelnde Politiker fürchteten, im neuen nationalen Einheitstaumel zunehmend isoliert zu werden.

Die Gegenreformation wurde von der unheiligen Dreifaltigkeit von Kommunisten, Nationalisten und Orthodoxie angeführt. Diese braun-rote Front entstand Anfang der 1990er-Jahre im Kampf gegen die Reformen von Boris Jelzin. Ich bat den Schriftsteller Alexander Prochanow um ein Gespräch. Unter dem letzten sowjetischen Generalsekretär hatte er die Zeitschrift *Sowjetskaja literatura* geleitet und den Afghanistankrieg der Sowjetarmee glorifiziert. Prochanow, ein Mann mit wild aufwachsenden Augenbrauen und einem großen Leberfleck an der Wange, hatte 1991 die Putschisten gegen Michail Gorbatschow und 1993 gegen Jelzin unterstützt. Den in Deutschland gefeierten letzten Generalsekretär der KPdSU nannte er später »das Synonym des Bösen«, weil er eine große Zivilisation zerstört habe. In Prochanows Büro wurde jene Dreifaltigkeit fassbar, die sich am besten mit »Nationalbolschewismus« zusammenfassen lässt.[5] Neben einem Ledersofa eine Bank mit rotem Sowjetstern, daneben in den Regalen Modelle sowjetischer Panzer, eine Buddhastatue, ein Zieraltar mit orthodoxen Kreuzen und Sowjetsternen zugleich. Das Prunkstück war eine pompöse Wodkakaraffe in Form eines Porzellanadlers in byzantinischem Gelb. Am Hals hatte der Adler rote Zwiebelturmkuppeln mit kleinen Kreuzen. Hob man sie ab und drehte sie um, konnte man daraus Wodka trinken. Prochanow hatte um das Schaustück eine rote Banderole gelegt, auf der »J. W. Stalin« stand. Der Altar zeigte das Weltbild russischer Nationalisten: den national-christlich-orthodoxen Stalinismus. Was für das ungeübte westliche Auge nicht zusammenpasste, ging in Moskau 1999 eine blühende Symbiose ein: das rote und das weiße Russland, Stalinismus und Zarenherrlichkeit, Sozialismus und Orthodoxie. Alles, was Russland groß wirken ließ, passte zusammen – oder wurde passend gemacht. Prochanow hielt den Liberalismus für »ausgedörrt«, den Westen für krank und die Sozialdemokratie für ein »politisches Prostataleiden«. Seine Zeitung *Sawtra* hatte in den 1990er-Jahren geringe Verkaufszahlen, lag aber in vielen Kiosken und Buchläden in Stapeln sichtbar herum und hatte offenbar reiche Sponsoren in nationalistischen und militärischen Kreisen.

Rot-braune Nationalisten wie Prochanow nährten den Traum von der verlorenen Einheit in Gerechtigkeit. Schemenhaft stieg 1999 aus den Trümmerfeldern des Postkommunismus wieder hervor, was das vorrevolutionäre Russland ehrfürchtig »sobornost« nannte, eine kirchlich inspirierte und staatlich organisierte Gemeinschaftlichkeit, die nicht zu begreifen, sondern nur zu erfühlen ist. Das »Wir« als Selbstzweck gerann zur neuen nationalen Idee. Häretiker wurden sofort verstoßen: Als auf einer der zahlreichen Anti-NATO-Demonstrationen eine resolute Frau rief, auch mal an die von Milošević vertriebenen Kosovo-Albaner zu denken, brandete ihr der Hass der Menge entgegen, der durchaus Züge des Autismus trug: »Unser Leid ist nicht ihr Leid.«

Diese Nationalisten litten ganz offensichtlich, aber weniger am Kosovo-Krieg selbst, sondern an einem Trauma, das im 20. Jahrhundert sowohl Russland wie Jugoslawien und die Türkei erfasste. Zwei dieser Staaten waren mächtige Imperien gewesen, Jugoslawien immerhin ein Königreich. Darin lebten viele Völker unter der mal mehr, mal weniger herabfahrenden Faust eines Herrschers. Alle drei Reiche waren untergegangen, sie hinterließen orientierungslose Untertanen, auflodernden Nationalismus und umstrittene Grenzen. Alle drei Staaten kämpften mit einer glorifizierten Vergangenheit und einer widerborstigen Gegenwart. Russische Nationalisten pflegten ihr doppeltes Trauma: Das zerbrochene russische Reich hatten die Bolschewiki wiederaufgerichtet, Stalin hatte es zu ihrer Freude gar bis Mitteleuropa vorgeschoben. Doch auch dieses Vielvölkerimperium implodierte 1991. Verlustgefühle und Angst vor weiterem Zerfall plagten viele Russen Ende der 1990er-Jahre. Vor allem aber in der Finanzkrise 1998 sahen viele die Einheit des Landes gefährdet. Das war zwar ein tiefes Missverständnis, denn Russland hielt in der Krise viel besser zusammen, als viele dachten.[6] Mit den Verträgen zwischen Moskau und den föderalen Subjekten, spätestens aber mit dem Ende des ersten Tschetschenien-Kriegs 1996 war eine erneute Spaltung des Landes abgewendet worden. Aber die

Zerfallsfurcht verging nicht. Entsprechend wuchs die Sehnsucht nach nationaler Einheit.

Ich war 1999 erstaunt, wie viele sich von dieser Sehnsucht anstecken ließen. Wjatscheslaw Nikonow war zwar der Enkel des ehemaligen sowjetischen Außenministers Molotow, aber ich hatte ihn Mitte der 1990er-Jahre als liberalen, scharfsinnigen Beobachter der Szene kennengelernt. Er beriet damals den Moskauer Bürgermeister. Mich überfiel er 1999 mit dieser Analyse: »Wir spüren zum ersten Mal, dass eine Aggression gegen unser Land möglich ist, wenn sich Russland aus der Sicht der NATO falsch verhält. Die Weltordnung, in der nur der UN-Sicherheitsrat über Krieg und Frieden entschied, existiert nicht mehr.« Russland müsse sich auf die neue Bedrohung einstellen, fuhr Nikonow fort. »Wir brauchen eine handlungsfähige, effektive Zentralmacht. Jelzins korruptes Regime ist unfähig. Für das Überleben Russlands sind sämtliche inneren Ressourcen zu mobilisieren. Man muss die Ausplünderung des Landes beenden, um Mittel für den wirtschaftlichen Aufschwung und die Stärkung der Verteidigungsfähigkeit freizustellen.« Nun riefen selbst Liberale nach der Kommandowirtschaft, um das Land zu retten. Auch Reformpolitiker legten sich ein antiwestliches Gewand um. Ein ehemaliger liberaler Ministerpräsident von Jelzin rief öffentlich nach einer Slawenunion von Russen, Weißrussen und Serben. Es war die Zeit vorauseilender Anpassung.

Im Kosovo-Krieg der NATO erkannten russische Militärs die Chance, ihre Rolle als vernachlässigte Stiefkinder der russischen Reformzeit abzuwerfen. Die regelmäßigen Treffen des NATO-Russland-Rats wurden ausgesetzt, Rüstungskontrollverträge überprüft. Verteidigungsminister Igor Sergejew erklärte, er wolle die geplante Verkleinerung der Armee stoppen und die Kampfeinheiten um Reservistenbataillone verstärken. Die Duma stellte sogleich einen Blankoscheck für höhere Militärausgaben aus. Rüstungslobbyisten und Kriegswirtschaftler sahen ihre Stunde gekommen.

Es war die Zeit, in der der alternde, erkrankte Präsident Boris Jelzin dringend nach einem Nachfolger suchte. Der Machtübergang aber ist in Russland kein erprobtes Ritual, sondern ein existenzielles Risiko, vor allem für denjenigen, der die Macht abgibt. Jelzin suchte nach einem Nachfolger, der ihn und seine Familie vor Verfolgung und Inhaftierung schützte, nach der linke und rechte Radikale schon lange riefen. Er probierte einen Ministerpräsidenten nach dem anderen aus. Einer von ihnen überraschte mit einer hellen Stimme und war so jung, dass die Russen ihn belustigt »Kinderüberraschung« nannten: Sergej Kirijenko. Einer hatte wirklich Gewicht, war lange Zeit führender Nahostexperte der Regierung und Außenminister gewesen, aber musste in einer Affäre, die er nicht verschuldet hatte, als Bauernopfer gehen: Jewgenij Primakow. Einer war Innenminister, mit voller Loyalität zu Jelzin, aber er galt als zu unentschieden und zu harmlos: Sergej Stepaschin. Boris Jelzin entließ sie alle, mit ungnädigem Schnaufen.

Der angeschlagene Präsident brauchte einen Nachfolger, der das Land hinter sich versammelte, der Wirtschaftsreformen vorantrieb, aber politisch überschießende Liberale eindämmte, der Nationalisten und Kommunisten das Wasser abgrub und der vor allem Jelzin und seiner Familie Freiheit von Strafverfolgung garantierte. War der wirklich nicht zu finden? Der blasse, eher klein gewachsene Mann, den Jelzin am 9. August 1999 aus dem Neonlicht der KGB-Kontore an der Moskauer Ljubjanka vor die Fernsehkameras der landesweiten Kanäle zerrte, wirkte auf den ersten Blick nicht viel überzeugender als seine Vorgänger. Doch dieser Eindruck trog: Wladimir Putin sollte im weiteren Verlauf seiner Karriere der Mann werden, der das kollektive Leidenserlebnis des Jahres 1999 politisch und mental verarbeitete und darauf später einen neuen Nationalismus gründete.

1 Oksana Antonenko: Russia and the Deadlock over Kosovo, in: Russie. Nei.Visions, Nr. 21, Juli 2007, S. 19.

2 Christian Schmidt-Häuer: Hotline für Staatsideen, in: Die Zeit, Nr. 33, 9. August 1996.

3 Kay Borowsky, Ludolf Müller: Russische Lyrik. Von den Anfängen bis zur Gegenwart (Philipp Reclam jun., Stuttgart 1983), S. 163.

4 Die Rede von Swetlana Aleksijewitsch: https://www.nobelprize.org/prizes/literature/2015/alexievich/25402-nobelvorlesung/, aufgerufen am 16. Oktober 2019.

5 Mischa Gabowitsch: Der russische »Nationalpatriotismus« der Gegenwart und sein Verhältnis zum Kommunismus, in: Rechtsextreme Ideologien in Geschichte und Gegenwart, hrsg. von Uwe Backes (Böhlau-Verlag, Köln 2003), S. 311–337, S. 331.

6 Michael Thumann: Das Lied von der russischen Erde, Moskaus Ringen um Einheit und Größe, (Deutsche Verlags-Anstalt, Stuttgart/München 2002), S. 132ff.

5. Eroberer: Wladimir Putin

Der Weg zu Russlands neuem Herrscher führte im Spätherbst 1999 an das Moskwa-Ufer. Es war ein regennasser, eiskalter Novembertag, als ich aus dem Wagen stieg. In einer Biegung des Flusses stand das Weiße Haus vor mir, ein massiver, weiß getünchter Kasten, in dem die russische Regierung saß. Damals saß Wladimir Putin nicht im Kreml, jener roten Festung, die er nach wie vor nur für öffentliche Auftritte nutzt und im Alltag meidet, wann immer er kann. Ein Protokollbeamter begrüßte mich und meine Kollegen auf den Stufen des Weißen Hauses und führte uns durch ein Labyrinth von Korridoren tief in das 20-stöckige Gebäude der Breschnew-Spätmoderne.[1]

Innen trug der Bau die alten russischen Herrschaftsinsignien. Putins Besprechungssaal war eine Art Pralinenschachtel, mit stuckverzierten Decken, holzvertäfelten Wänden, hohen Kassettentüren und einem auf Hochglanz polierten Edelholztisch mit Einlegearbeiten. Darauf eine Standuhr mit dem Wappen der Russischen Föderation und zwei Füllfederhaltern, daneben ein schweres Kristallglas mit Bleistiften. An der Wand hing ein Porträt von Peter dem Großen, dem legendären Zaren und Begründer von Putins Heimatstadt St. Petersburg. Ich saß auf einem lederbezogenen Holzsessel mit kleinen Raubtiertatzen auf den Armlehnen.

Wladimir Putin betrat den Raum, nur unwesentlich verspätet. Heute wartet man Stunden. Er ging schnellen Schrittes auf uns zu, mit seinem charakteristischen Entengang, den er auch heute noch im Georgsaal des Kremls vor einer großen Rede hinlegt. Er ist nicht groß gewachsen, aber Augenhöhe ist wichtig, deshalb stand er so gerade gereckt, wie es nur ging, drückte allen fest die Hand und sagte in einem nur leicht eingefärbten Deutsch: »Guten Tag, meine Herren.« Im Interview sprach er allerdings auf Russisch. Das macht er auch heute noch so. Aber in vielen anderen Dingen verhielt er sich ganz anders als heute.

Ich lernte einen eher schüchternen, bescheidenen Mann kennen, nicht laut, nicht muskelspielend, nicht autoritär respektheischend im Auftritt, sehr kontrolliert, fast ein bisschen linkisch in den Bewegungen. Er bemühte sich um Freundlichkeit und Gastfreundschaft, nicht um Einschüchterung. Der Putin von damals, in der ersten Phase seiner gedehnten Herrschaft, das war kein Mann, der – wie später so oft – mit nacktem Oberkörper auf Pferden saß, keiner, der im Froschmannkostüm Amphoren entdeckte, im Schutzanzug dem Coronavirus trotzte oder im Kampfjet über den Polarkreis donnerte. Der Putin von damals hatte sich den Staub seines mühevollen Aufstiegs aus den ärmlichen Hinterhöfen von Leningrad, der Ochsentour durch den Geheimdienst und der Zuarbeiterrolle in der Petersburger Stadtverwaltung noch nicht ganz aus dem Anzug geklopft. Der Putin von 1999 war ein eher unscheinbarer Bürokrat aus der Tiefe des Sicherheitsapparats, kein geborener Anführer. Ein Zufall hatte ihn, den ehemaligen Geheimdienst-Direktor, in diese Position gebracht. Eine kleine Schicksalswendung, das wusste er, konnte ihn auch wieder aus dem Zentrum der Macht vertreiben. Er war neu, angreifbar und suchte nach Zustimmung und Zusammenarbeit.

Heute attackiert Putin den Westen bei jeder Gelegenheit. Damals versuchte ich, ihm etwas Kritisches gegen Amerika oder die NATO zu entlocken, schließlich hatte die NATO im Kosovo-Krieg noch ein gutes halbes Jahr zuvor das russische Lieblingsbalkanland Serbien bombardiert. Russische Nationalisten und sogar Liberale beklagten die Arroganz des Westens. Und Putin? Er verkniff sich jedes kritische Wort. Nicht eine Sekunde entfuhr ihm eine nur im Ansatz nationalistische oder antiwestliche Bemerkung. Er warnte stattdessen vor dem internationalen Terrorismus, bei dessen Bekämpfung »die ganze Welt enger zusammenwirken muss«.[2] Er hatte damals ganz andere Sorgen als das Kosovo oder die Alleingänge der USA in weltpolitischen Fragen.

»Tschetschenien«, sagte er, die Faust auf dem polierten Edelholztisch geballt, »Tschetschenien ist zu einem Weltzentrum des internationalen organisierten Verbrechens und Terrors geworden.« Er erzählte von Menschenraub und Waffengeschäften, Anschlägen und Banditenüberfällen. Von Berufssöldnern, Diversanten und Terroristen. Der Marktplatz der tschetschenischen Hauptstadt Grosny, wo die russische Armee im Oktober 1999 ein Massaker mit über 100 Toten unter der Zivilbevölkerung angerichtet hatte, war für ihn nur ein »Waffenmarktplatz«.

Da war Putin auf einmal knallhart. Hier zeigte sich schon damals die andere Seite dieses scheinbar unscheinbaren Bürokraten. Im Krieg wurde Putin zum Putinator. Von dieser Action-Serie gibt es mehrere Folgen. Der Tschetschenien-Krieg war Putins Aufsteigerkrieg. Damals, 1999, wurden in Russland mehrere Wohnhäuser in die Luft gesprengt, angeblich von Terroristen, aber nicht wenige Spuren wiesen auch auf eine Verwicklung russischer Geheimdienste hin. Diese Spuren wurden nie richtig verfolgt und aufgeklärt. Die furchtbaren Anschläge und einen Angriff von kaukasischen Milizen in Dagestan nahm die russische Regierung zum Vorwand, nach dem ersten Krieg von 1994–96 erneut in Tschetschenien einzumarschieren. Auf den Schlachtfeldern am Nordkaukasus konnte Putin 1999 zeigen, dass er nicht irgendein blasser Nachfolger des kriegserfahrenen Präsidenten Boris Jelzin war, sondern der neue starke Mann an der Spitze. »Die Banditen haben zu viele Verbrechen zu verantworten«, sagte Putin im Interview. »Wenn die Macht Unentschlossenheit zeigt, wird ihr das Volk nicht verzeihen.« Sprach's und schaute, als hätte er nichts weiter Ernstes gesagt, wieder mit vorgeschobenen Schultern herunter auf die spiegelnde Tischplatte.

Wenn man den durchaus höflichen, nicht auftrumpfenden, geräuschlosen Geheimdienstmann von Ende 1999 in Erinnerung ruft, fällt auf, wie sehr der Putin von heute ein Konstrukt ist. Ein Mann, der von Spindoktoren, Maßschneidern, Polittechnologen, Rückenspezialisten, Typberatern, Schönheitschirurgen und Visagisten zu dem harten Macho-Präsidenten gemacht wurde, der heute Osteuropäern Angst einjagt und von Links- und Rechtsextremisten in Westeuropa angebetet wird. Putin hat nicht nur sein Äußeres in Form gebracht, sondern auch seine Ansichten.

Die große Putin-Story von 1999 bis heute zerfällt im Wesentlichen in drei Kapitel. Mein Interview fiel in die erste Zeit, in der der neue Mann an der Spitze versuchte, das Land und seine Herrschaft zu stabilisieren. Putin präsentierte sich den Russen als staatlicher Retter, der Ordnung bringt und die Autorität des Staates rettet, so lautete die offizielle Erzählung. Die zweite Phase war vergoldet vom Anstieg der Ölpreise und den Milliardensummen, die der Ölverkauf plötzlich in die russische Staatskasse spülte. Die überarbeitete Erzählung von Putin war die eines Mannes, der den Russen Wohlstand wie im Westen bietet. In der dritten Phase ersetzte der Stolz das Geld, wurde der Nationalismus zur herrschenden Ideologie. Die Wirtschaft ging in die Knie, aber Russland stürzte sich Hals über Kopf in Kriege, erst in der Ukraine, dann in Syrien. Und gegen den Westen sowieso. Putin bezeichnete sich als den »größten Nationalisten« von allen. Er entdeckte die Kraft dieser Ideologie und machte sie für sich nutzbar. Alle diese Narrative haben zu ihrer Zeit seine Herrschaft gesichert.

Der große Sprung von Boris Jelzin zu Putin bestand am Anfang darin, die russische Verfassung von 1993 neu auszulegen. In ihrem Zuschnitt auf einen starken Präsidenten bot sie einem Sicherheitsfanatiker wie Putin enorme Möglichkeiten. Er selbst nannte sein System die »Diktatur des Gesetzes«. Schon unter dem frühen Putin wendete sich Russland ab von dem gescheiterten Versuch, die westlichen Demokratien zu kopieren. Die einstigen Vorbilder dienten ihm nur mehr als Deko-Elemente für die Schauseite gegenüber dem Westen. Dagegen schälte sich aus dem Jelzinismus allmählich der Herrschaftsstil der frühen Putin-Phase heraus: weder Demokratie noch Diktatur alten Stils.

Um die Macht dauerhaft zu sichern, mussten selbst dem potenziellen politischen Gegner die Bühne geraubt, die Gegengewichte im Präsidialsystem beseitigt werden. Der erste Streich galt dem Parlament. Die Regierung zwang die einst widerspenstige Duma, sich zu reformieren. Parteien wurden erfunden, die der Regierung applaudierten oder Opposition im Grenzfall imitierten. In einem zweiten Streich entmachtete Wladimir Putin die autokratischen Gouverneure in den Provinzen, nahm ihnen die Immunität, später die Wählbarkeit und den Einfluss auf Bundesebene. Russlands Oberhaus, der Föderationsrat, degenerierte zu einer Versammlung von schnell ernannten und noch schneller abberufenen Bürokraten. Der dritte Streich traf die Medien. Zug um Zug übernahm der Staat direkt oder indirekt die Kontrolle über die drei landesweit ausstrahlenden Fernsehkanäle. Sie galten fortan als Träger der »nationalen Sicherheit«.

Anders als in westlichen Rechtsstaaten stand die Putin'sche Diktatur des Gesetzes unter dem ausschließlichen Primat der Politik. Die Staatsanwaltschaft handelte als eine Art Rechtsabteilung des Kremls. Sie nahm Ermittlungen auf und stellte sie ein, je nach politischer Notwendigkeit. Der Kreml und der geschmeidige Föderationsrat bestellten den Staatsanwalt – und setzten ihn, wenn nötig, ab. Mit ihren Strafverfolgungsbehörden ersetzte die Exekutive den Rechtsstaat. Putin drehte die Uhr nicht zurück, er und seine Mitstreiter schufen vielmehr ein neues System ohne die Gleichgewichte und halbdemokratischen Institutionen der Jelzin-Zeit. Die Polittechnologen im

Kreml bauten im noch unbesetzten Raum zwischen europäischen Werten und eurasischen Traditionen eine Fassadendemokratie auf. Dafür prägte der damalige Vizechef der Kremlverwaltung Wladislaw Surkow den Euphemismus »Souveräne Demokratie«, in der die erwünschte Harmonie von Regierung und Staatsvolk von oben angeordnet war.[3]

Putins Fassadendemokratie unterschied sich von westlichen Systemen, war aber damals noch nicht antiwestlich. In einem Interview mit russischen Journalisten sagte Putin: »Wir sind Teil der westeuropäischen Kultur, genau darin liegt unser Wert.«[4] Der Präsident wollte, dass Russland wieder zu den großen Mächten der Welt zählte und dass man ihm »auf Augenhöhe« begegnete. Der Weg dorthin, das wusste er, führte über wirtschaftlichen Erfolg, und der würde sich nicht in einem neuen Kalten Krieg erkämpfen lassen. Russlands staatlich dominierte Wirtschaft huldigte unter Putin weiter dem ökonomischen Liberalismus, der nötig war, um westliche Investoren anzuwerben.

Besonders Deutschland gegenüber zeigte sich Putin aufgeschlossen. Damals war nicht die Spur jener nationalpatriotischen Einschätzung späterer Jahre zu erkennen, dass der faktische Verzicht der Sowjetunion auf die DDR eine einseitige Aufgabe wichtiger Positionen gewesen sei. In unserem Interview 1999 qualifizierte er die DDR sogar als »unnatürlich« ab: »Ich glaube, dass ein starkes und unabhängiges Deutschland im russischen Interesse liegen muss. Und das war bis zum Mauerfall, bis zur Wiedervereinigung nicht zu erreichen. Alle unnatürlichen Prozesse können nicht günstig für die europäische Entwicklung sein.« Putin hielt im September 2001 eine Rede im deutschen Bundestag, zum großen Teil auf Deutsch; er bekannte, »gerührt zu sein«, er sprach von einer Ehre, in Berlin vor dem »Hohen Hause« sprechen zu können.[5] Es war der Reichstag, wo 56 Jahre zuvor ein sowjetischer Soldat für den Fotografen Jewgenij Chaldej die Sowjetflagge auf dem Turm gehisst hatte.

Putin unterhielt ein enges Verhältnis zu Bundeskanzler Gerhard Schröder; sie besuchten orthodoxe Gottesdienste, fuhren gemeinsam mit dem Schneeschlitten und tranken Rotwein im Hannoveraner Reihenendhaus. Das mündete später in Schröders lukrative Führungspositionen in russischen Energiekonzernen. Fast vergessen ist jedoch, dass Wladimir Putin damals auch zu George W. Bush ein gutes Verhältnis pflegte. Auf dem Gipfel in Slowenien im Juni 2001 bekannte Bush sein Vertrauen in Putin: »Ich schaute dem Mann in die Augen und wusste, ich kann ihm trauen.« Putin war der Erste, der Bush am 11. September nach den Anschlägen von Al-Qaida anrief und seine Hilfe im Kampf gegen den Terrorismus anbot. Wenig später, im November, übernachtete er auf der Ranch von Bush in Crawford, Texas, und versicherte, dass sich Russland und Amerika bräuchten: »Wir müssen den Sinn der Geschichte verstehen.«[6]

Putin suchte in diesen Jahren Anschluss an den Westen. Ihm schwebte eine internationale Allianz gleichberechtigter Großmächte gegen den Terrorismus vor. Er haderte nicht mit dem Kosovo-Krieg und der ersten NATO-Osterweiterung um Polen, Tschechien und Ungarn von 1999. An der NATO-Osterweiterung von 2004 übte er – im Gegensatz zu russischen Nationalisten – nur sehr verhaltene Kritik und lieferte der NATO bei einem Treffen mit dem NATO-Generalsekretär selbst das überzeugendste Argument dafür: »Jedes Land hat das Recht, die Form nationaler Sicherheit zu wählen, die ihm am besten erscheint.«[7] Auch störte sich Putin nicht an der Beteiligung Deutschlands an den Luftangriffen auf Serbien und erst recht nicht am besonderen deutschen Druck bei der Osterweiterung westlicher Bündnisse. Selbst die Kündigung des ABM-Abrüstungsvertrags durch George W. Bush im Dezember 2001 nahm Putin relativ gelassen hin. Er hörte damals nicht auf die schrillen Warnungen russischer Nationalisten und nahm sich zurück in der Kritik am Westen. Sein Schmerz schien begrenzt. Es dauerte Jahre, bis Putin begann, sich wirklich laut über das westliche Vorgehen zu beklagen, für westliche Ohren deutlich hörbar in einer Rede während der Münchner Sicherheitskonferenz 2007. Auf dem NATO-Gipfel in Bukarest 2008 versagte die NATO der Ukraine und Georgien den von beiden Ländern beantragten Beitrittsprozess, bot ihr aber, gleichsam als Trostpflaster, in einer Erklärung eine grundsätzliche Beitrittsperspektive an.[8] Russland war empört. In diesen Jahren begann Putins Revisionismus, die Revolte gegen die von seinen Vorgängern vereinbarte internationale Ordnung von 1990. Doch erst fünf Jahre später begann er, diesen Revisionismus nationalistisch aufzuladen.

Die zweite Phase der Herrschaftssicherung ab Mitte der 2000er-Jahre verdankte Wladimir Putin der OPEC und einem Hurrikan. Die OPEC einigte sich im Jahr des Machtantritts von Wladimir Putin auf einen Preiskorridor, um die historisch niedrigen Ölpreise der 1990er-Jahre nach oben zu korrigieren. Diese waren ein wesentlicher Grund dafür gewesen, warum Russland unter Jelzin in einer Dauerfinanzkrise steckte. Putin aber spürte nun den Rückenwind des Preisauftriebs. Die OPEC weitete ihre Produktion nur langsam aus, während die Nachfrage rasant stieg, insbesondere in China und den USA. Als der Hurrikan Katrina 2005 erhebliche Teile der US-Ölproduktion lahmlegte und die Nachfrage weiter zunahm, stiegen die Preise für ein Fass Öl bis 2008 auf weit über hundert Dollar. Unter Jelzin war es kaum ein Zehntel davon gewesen.

So konnte Putin mit seinem Volk Mitte der 2000er-Jahre einen neuen Gesellschaftsvertrag schließen: Wohlstand im Austausch für weitreichende Vollmachten für den Herrscher. Die Moskauer erlebten einen nie gekannten Aufschwung ihrer Stadt, überall entstanden neue Büros, Jobs, Shopping-Malls. Nicht nur Oligarchen und Millionäre kamen in den Genuss des neuen Wohlstands, es wuchs eine Mittelklasse, für die das eigene Auto, die Eigentumswohnung, der Sommerurlaub am Mittelmeer und der Einkauf in der Glitzermall zum Normalzustand wurde. Auch auf die Provinzstädte Russlands färbte der Wohlstand ab, Nischnij Nowgorod, Kasan, Jekaterinburg, Tjumen und Nowosibirsk blühten auf, auch wenn die Armut in den abgehängten Teilen Russlands fortdauerte. Putin, der »Überlebenskünstler«, wie ihn seine Biografin Fiona Hill nannte, ließ milliardenschwere Staatsfonds gründen, um das im Ölboom verdiente Geld für schlechtere Zeiten zurückzulegen.[9] Putin und der Petro-Reichtum, das war die zweite Erzählung für eine nachhaltige Herrschaftssicherung.

Doch zu Putins Überraschung ließ die Wirkung dieses Narrativs nach, als er sich im März 2012 erneut zum Präsidenten wählen ließ. Zum ersten Mal musste er erleben, wie eine Protestbewegung monatelang gegen Wahlmanipulationen und seine Rückkehr ins Präsidentenamt demonstrierte. In Moskau versammelten sich die Demonstranten auf dem Bolotnaja-Platz, es waren jene Programmierer, Manager, Juristen, Ingenieure, Journalisten und Banker, die jahrelang vom Aufschwung profitiert hatten.[10] Sie revoltierten gegen den Inhalt des Gesellschaftsvertrags, sie wollten sich nicht zufriedengeben mit Konsum statt Teilhabe, Wohlergehen ohne Mitsprache. Und in der Provinz standen obendrein noch jene auf der Straße, die vom Petro-Rausch der vergangenen Jahre nichts abbekommen hatten.

Für Putin war das ein großer Schock. Seine Popularität verfiel, im Januar 2012 wollten ihn nur noch 42 Prozent zum Präsidenten wählen;[11] nie zuvor war seine Beliebtheit so schnell abgesunken.[12] Die Wahl im März gewann Putin zwar dank der Mobilisierungs- und Manipulationsmittel der russischen »souveränen Demokratie« mit 76 Prozent. Doch gleich danach verlor er wieder an Popularität. Wenn er sich in der Welt umschaute, dann sah er Proteste und brennende Barrikaden in Tunesien, Ägypten, Bahrain, Syrien, Jemen, Libyen. Der postsowjetische Raum war schon vorher von Unruhen erschüttert worden. In den Jahren seit 2003 hatten Georgien, die Ukraine und Kirgisistan Aufstände erlebt, die jeweils zum Sturz des Präsidenten führten. Diese »Farbenrevolutionen« sah Putin als persönliche Bedrohung an. Er wusste: Seine

Herrschaft brauchte eine neue Begründung, er brauchte ein neues Narrativ. Und den Anstoß dafür gab nicht die Außenpolitik, nicht die »Enttäuschung« über den Westen, sondern seine Probleme in Russland, die Innenpolitik.[13]

Es begann die dritte Phase, in der Putin den russischen Nationalismus nationalisieren und die Krim erobern sollte. Er schaute auf genau jene Bewegungen, die Anfang der 1990er-Jahre gegen den Untergang des Sowjetreiches revoltierten, die 1999 gegen die Kosovo-Intervention der NATO demonstrierten[14] und die unter seinem Vorgänger Jelzin marginalisiert worden waren. Das rot-braun gesprenkelte Spektrum irrlichternder Eurasier, Russischnationaler, Slawophiler, Neobolschewisten, Stalinisten und Faschisten fand zunehmend Gehör in der russischen Elite. In ihren Botschaften fand sich eine Machtressource, mit der Putin sich von der demonstrierenden Mittelklasse absetzen und dem Volksempfinden politisch näherkommen konnte.

Im Januar 2012 verfasste Putin einen programmatischen Artikel in der *Nesawissimaja Gaseta*,[15] in dem er beschrieb, wie er sich Nationalismus vorstellte. Er versuchte sich einen Reim auf den Widerspruch zu machen, in einem Vielvölkerstaat wie Russland mit über 100 Ethnien und 85 Föderationssubjekten Nationalist zu sein. Die russische Sprache lässt einem die Wahl zwischen zwei Begriffen: zum einen »russkij« wie in »russkij narod«, was russisches Volk bedeutet, zum anderen »rossijskij«, was sich mit »russländisch« übersetzen lässt. Das Erste meint ausschließlich die ethnischen Russen, der zweite Begriff bezieht sich auf alle Bürger der Föderation oder aber auch den Staat. Putin verurteilte in seinem Artikel alle »Versuche, einen mono-ethnischen russischen Nationalstaat zu propagieren«. Da blieb er sich treu als jemand, der seit Beginn seiner Amtszeit seine Verbundenheit auch mit den nichtrussischen Völkern demonstrierte und oft den multikulturellen Charakter Russlands betonte.[16] Putin kannte die Sprengkraft des ethnischen Nationalismus im Vielvölkerstaat.

Wenn die Russen ethno-nationalistisch würden, das wusste er genau, dann könnten auch die anderen umschalten. Der Ausbruch des Ethno-Nationalismus war einer der Gründe für den Zusammenbruch der Sowjetunion. Deshalb verschob Putin in diesem Artikel die Tonart. Er bezeichnete Russland als Raum mit mehreren Völkern, aber als eine besondere »Zivilisation«, die von den Russen zusammengehalten werden müsse: »Kern und Bindegewebe dieser Zivilisation ist das russische Volk, die russische Kultur.« Das meinte er also, als er im selben Jahr behauptete, er sei der »größte Nationalist in Russland«.[17]

Dieser Russozentrismus von höchster Stelle kam den Vorstellungen russischer Nationalisten weit entgegen. Putin definierte die »Russländische« Föderation mit russisch-ethnischer Leitkultur als Gegenmodell zu multikulturellen Experimenten im Westen. So sollte er in den kommenden Jahren immer wieder sprechen, vor allem in seiner Rede nach der Besetzung der ukrainischen Krim-Halbinsel durch russische Truppen im März 2014 vor den beiden Häusern des Parlaments. Da bezeichnete er unter dem Jubel der Deputierten die Krim als »russisches Land von jeher« und pries Kiew als »die Mutter der russischen Städte«.[18] Später sprach er von der »russischen Welt«, die sich über die russischen Grenzen hinaus erstreckte.

Dies interpretierten einige als Putins Wende in den Ethno-Nationalismus.[19] Doch bei allen Verbeugungen vor dem russisch-völkischen Nationalismus blieb Putin dabei unscharf, wolkig und wechselhaft. Er warnte einerseits vor Fremdenfeindlichkeit und andererseits vor »Migranten, die morden, plündern und vergewaltigen«.[20] Er geißelte nationalen Chauvinismus, aber warnte auch vor einem multiethnischen Schmelztiegel wie in den USA.[21] Er schickte Truppen, um ethnische Russen auf der Krim zu »befreien«, aber er beförderte eurasische Allianzen aller Art auf dem Gebiet der ehemaligen Sowjetunion.

Putin entschied sich 2012 aus freien Stücken für den Nationalismus. Es war ein Nationalismus à la carte, dessen Inhalte er sich ganz nach Wahl zusammenstellte.[22] Er spielte mit den Zutaten. So konnte er ethnischen Nationalismus fördern oder verurteilen, je nachdem, wie es nötig erschien. Dafür griff er nach der bunten Mischung aus ethno-russischen, eurasischen, nationalstaatlichen und neoimperialen Geschmacksverstärkern.

Der russische Präsident ist kein in der Wolle gefärbter, genuiner Nationalist des 20. Jahrhunderts – wie Hitler oder Mussolini oder Karadžić es waren. Er hatte lange mit anderen Begründungen seiner Herrschaft gearbeitet, die sich mit Etatismus und Konsumismus überschreiben lassen. Nun fühlte er sich aus innenpolitischen Gründen gezwungen, eine neue zugkräftige Erzählung in die Welt zu setzen. Dabei stellte er den russischen Staat und sein politisches Überleben als Herrscher über das Wohlergehen des russischen Volkes. Wladimir Putin ist ein moderner Machtopportunist, der sich den Nationalismus als Herrschaftsmittel und Überlebenszweck zunutze machte: ein Vertreter des neuen Nationalismus.

Die Gelegenheit, diese Ideologie einzusetzen, war im Spätherbst 2013 gekommen, als sein Verbündeter, der korrupte, prorussische Präsident der Ukraine, einen Aufstand der Bevölkerung nicht unter Kontrolle bekam. Putins Popularität war angeschlagen, die von Wiktor Janukowitsch war zerstört. In Kiew hatten die Demonstranten den zentralen Platz, den Majdan, besetzt. Janukowitsch geriet ins Wanken, doch Putin hatte selbst dazu beigetragen. Er hatte Janukowitsch mit dem Angebot eines Milliardenkredits davon abgehalten, ein Abkommen über eine vertiefte Zollunion mit der EU zu unterzeichnen; stattdessen sollte die Ukraine das politische und ökonomische Bündnis mit Russland ausbauen. Der lavierende Janukowitsch ergab sich dem Druck, für die Ukraine drohte die Tür nach Westen zuzufallen. Daraufhin gingen die Menschen in Kiew und anderen großen Städten auf die Barrikaden. Schnell weitete sich der Protest zu einem landesweiten Aufstand gegen das korrupte Regime Janukowitsch aus. Der

Präsident floh aus Kiew und wurde am 22. Februar 2014 vom ukrainischen Parlament für abgesetzt erklärt.

In einem Dokumentarfilm hat Wladimir Putin den Einmarsch auf der Krim 2014 aus seiner Sicht beschrieben.[23] In der Nacht nach dem faktischen Sturz des ukrainischen Präsidenten habe er mit vier Getreuen durchgearbeitet. Als er sich um sieben Uhr morgens von ihnen verabschiedet habe, habe er sie wissen lassen: »In der Ukraine hat sich die Situation so verändert, dass wir gezwungen sind, mit der Arbeit für eine Rückkehr der Krim nach Russland zu beginnen.« Das war der Startschuss für eine Invasion, die Europa tiefgreifend veränderte, abgegeben von einem Mann allein. Putin entschied sich für einen Krieg, der seine neue nationalistische Agenda glaubwürdig erscheinen ließ. In den Monaten nach dem Einmarsch in der Ukraine schoss seine Popularität auf neue Höchststände bis zu 89 Prozent.[24]

Auf der Bühne stand der Nationalist neuen Typs. Der russische Präsident zelebrierte seine nationale Entscheidungskraft. Das Staatsfernsehen zeigte ihn auf Kommandobrücken, auf U-Booten und in Flugzeugcockpits. Wladimir Putin tauchte in Tiefseekapseln auf den Meeresgrund, um Russland zu lenken. Im Vorabendprogramm sang eine blonde Schlagersängerin im Röckchen mit nationalrussischen Farben: »Ich will so einen wie Putin.« Der Angebetete steuerte für sein Volk ein Kampfflugzeug, einen Helikopter, er fing einen vaterländischen Fisch in einem sibirischen Fluss, er erklärte seinen Generalen mit dem Stift auf der Landkarte, wo es langging, dann holte er die Krim »heim«. Der patriotische Draufgänger – das war sein Bild nach außen.

Nach innen führte Putin auf delikatere Weise. Sein ehemaliger Mitarbeiter und Spindoktor Gleb Pawlowski[25] beschrieb mir das so: Putin benutze keinen Befehlston, sondern lege Entscheidungen nahe, oft möglichst so, dass er zunächst keine Fingerabdrücke hinterlasse. Putin befehle nicht in grobem Ton:

»Schickt Panzer in die Ukraine!« Sondern der Verteidigungsminister sage: »Ich habe da zufällig zwei Dutzend Panzer in der Nähe der Grenze, die könnten vielleicht helfen, die Situation zu lösen.« Dann nicke Putin: *»Nu, dawaj, no ostoroschno«* – »Dann mach, aber vorsichtig!« Erst wenn die Entscheidung zum Erfolg führe, reklamiere er sie ganz allein für sich.

Von außen aber sah das Publikum nur Putins Faust auf dem Tisch. Eine der klassischen Szenen im russischen Irreality-TV zeigt, wie er einen raffgierigen Oligarchen oder einen schwerfälligen Bürokraten zur Schnecke macht. Am besten war die Entlassung vor laufenden Kameras, um dem Zuschauer eine Lösung für ungelöste Probleme vorzugaukeln. Putins Nationalismus knüpfte hier nicht an die sowjetische, sondern an die russisch-imperiale Tradition an: der gute Zar, der sich der Nöte des Volkes annimmt und einen bösen Bojaren oder Bürokraten in die Schranken weist. Putin vereinigt eine Macht in seiner Person wie keiner seiner Vorgänger seit Josef Stalin.

Um das System Putin und die von ihm ausgehenden Gefahren für Russlands Nachbarstaaten zu ermessen, lohnt an dieser Stelle ein kurzer Vergleich mit der späten Sowjetunion. In den 1970er- und 1980er-Jahren waren Herrschaft und Einfluss in Moskau auf viel mehr Schultern verteilt als unter Putin. Es wäre übertrieben, von »Checks and Balances« im Sowjetsystem zu sprechen, gegenseitige Kontrolle im Kollektiv trifft es besser. So hatte der Generalsekretär Leonid Breschnew bis zu seinem Tod 1982 verschiedene Kräfte auszubalancieren und traf seine Entscheidungen im Kreis der Politbüro-Mitglieder und Berater. Zum Beispiel jene für den Einmarsch sowjetischer Truppen in Afghanistan 1979, eine ähnlich folgenreiche Entscheidung wie die Invasion der Ukraine 2014. Der ehemalige KGB-Chef Wladimir Krjutschkow schreibt in seinen Erinnerungen,[26] dass es »keinen alleinigen Urheber dieser Entscheidung« gegeben habe. Stattdessen habe es in dem Gremium ein »allgemeines Verständnis gegeben, dass die strategischen Interessen der Sowjetunion und Afghanistans einen solchen schweren Schritt unausweichlich machten«. In der UdSSR kamen Entscheidungen auf eher schwerfällige Weise zustande. Da konnte keiner wie Putin im kleinen informellen Beraterkreis über Nacht auf Krieg umschalten. Die kommunistische Ideologie und die vielen Institutionen schafften einen Rahmen, der schnelle, unerwartete Wendungen erschwerte. Die Sowjetunion, der Todfeind des kapitalistischen Westens, gewann auf diese Weise in ihren letzten zwei Jahrzehnten sogar eine gewisse Berechenbarkeit. Nur so konnte sie für den Westen zum Verhandlungspartner werden, von der Schlussakte von Helsinki 1975 bis zur Pariser Charta von 1990.

Putins Herrschaft dagegen ist nach zwei Jahrzehnten stark personalisiert. Er hat die Institutionen Russlands ausgehöhlt und durch persönliche Beziehungen ersetzt. An die Stelle des Glaubens an den Marxismus-Leninismus ist die bedingungslose Loyalität zum Präsidenten getreten. Wo die Sowjetunion berechenbar aus Schwerfälligkeit war, handelt Putin überfallartig – und schreckt seine Gegner durch eine von ihm taktisch eingesetzte Unberechenbarkeit ab. Der Historische Materialismus, der von Marx bis Gorbatschow den gesetzmäßigen Fortschritt der Menschheit in eine lichtere Zukunft beschrieb, ist heute durch die Einsicht ersetzt, dass der Präsident Russlands alternativlos sei. Der einstige Chef der Kreml-Verwaltung und spätere Duma-Vorsitzende Wjatscheslaw Wolodin bemerkte einmal: »*Jest Putin, jest Rossija. Net Putina, net Rossii*« – »Wenn es Putin gibt, existiert auch Russland. Ohne Putin kein Russland.«[27] In der Sowjetunion stellte sich diese Frage gar nicht. Kaum hustete der KP-Chef, übernahm sogleich das Kollektiv. Wenn dagegen Putin für längere Zeit nicht im Fernsehen Kampfjets fliegt oder Generäle und Fabrikdirektoren belehrt, machen sich alle Sorgen – nicht nur um den verschwundenen Putin, sondern um ganz Russland. Die Angst um den geliebten Anführer wirkt übertrieben, denn es spricht viel dafür, dass die autoritäre Herrschaft Putins ihren Schöpfer überleben wird. Aber der Apparat und Putin selbst sind bereit, alles zu tun, um das Überleben zu sichern.

Die Krim und
das Donezbecken
BELARUS
POLEN
Kiew
Lwiw
UKRAINE
Odessa
RUMÄNIEN
Krim
Bukarest
BULGARIEN
Sofia

200 km
RUSSLAND
Kursk
Woronesch
Charkiw
Luhansk
Wolgograd
Donezbecken
Donezk
Mariupol
Rostow am Don
Schyrokyne
Asowsches
Meer
Kertsch
Krasnodar
SCHWARZES MEER
GEORGIEN
Tiflis
TÜRKEI

Eben dafür instrumentalisierten Putin und seine Polittechnologen den Nationalismus. Ihr neues Narrativ beruhte spätestens ab dem militärischen Konflikt mit der Ukraine auf drei Säulen: Russland ist eine konservative Macht, Russland führt Krieg für das eigene Überleben, Russland verteidigt sich gegen den aggressiven Westen.

Wladimir Putin hatte Russland bereits vor 2014 öfter als konservative Großmacht beschrieben. Er berief sich dabei auf den russischen erzkonservativen Philosophen Iwan Iljin, der 1922 als Gegner der Revolution die junge Sowjetunion verlassen musste. Iljin verdammte Kommunisten genauso wie Liberale und sah Russland als eigene konservative Zivilisation. Putin stand schweigend an Iljins Grab, als dessen sterbliche Überreste 2005 aus der Schweiz in das Moskauer Donskoj-Kloster überführt wurden. Mit der nationalistischen Wende ab 2012 schwenkte Putin ganz auf Iljins Tonlage ein: Er betonte die »traditionellen Werte« Russlands, seine »tausendjährige Geschichte« und Kultur, die »man gar nicht hoch genug bewerten kann, sie ist der Zivilisationscode unserer gesamten Nation«.[28] Putin, der ehemalige sowjetische Geheimagent, sprach regelmäßig von den »christlichen Werten« Russlands. Der Westen hingegen sage sich davon los, beklagte er in einer Rede vor dem Waldaj-Klub 2013: »Moralische Prinzipien und jegliche traditionelle Identität werden geleugnet: die nationale, die kulturelle, die religiöse, ja sogar die geschlechtliche.« Putin warf den westlichen Ländern eine Politik vor, »die kinderreiche Familien mit gleichgeschlechtlichen Partnerschaften, den Glauben an Gott und den Glauben an den Satan gleichsetzt«.[29] Er nutzte die christlich-orthodoxe Religion, so wie in der Türkei Präsident Tayyip Erdoğan den Islam für seine identitäre Politik einsetzte.

Russland als Antipode zum Westen, ein altes Leitmotiv der Slawophilen, wurde zum Schwerpunkt des neuen Nationalismus à la carte. In den Monaten des russischen Vormarsches in der Ukraine und der Annexion der Krim 2014 traf ich mich in Moskau regelmäßig mit dem Historiker und Politologen Dmitrij Trenin, einem klugen Beobachter des russischen Präsidenten. Er sah Putin auf der Suche nach einem festen Ort für Russland zwischen Europa und Asien. Putin hoffte, diesen Ort zunächst in einer Allianz mit den Staaten der ehemaligen Sowjetunion gefunden zu haben, nicht mit den Balten, aber vor allem mit der Ukraine. Diese Idee brach im Majdan-Aufstand 2014 zusammen. Seither sei Russland auf sich selbst zurückgeworfen, meinte Trenin. Putin baue deshalb einen nationalen Staat mit eigener Zivilisation aus nationalrussischen, slawischen und eurasischen Elementen auf. Das sei nicht nur eine Abkehr von der Politik seiner Vorgänger Boris Jelzin und Michail Gorbatschow, sondern auch von Putins früherem Vorbild Peter dem Großen, der einst für Russland »das Fenster nach Europa aufgebrochen« hatte.

Wladimir Putin schloss sich der Lesart an, die russische Nationalisten schon seit dem Kosovo-Krieg 1999 vertreten hatten. Er übernahm deren Opfererzählung und versetzte Russland in einen »geistigen Belagerungszustand«.[30] Nie wurde das sichtbarer als am 18. März 2014, dem Tag der Annexion der Krim durch Russland. Da wurden die ersten Früchte des Krieges geerntet. Im prächtigen Georgsaal des Kremls waren beide Häuser des Parlaments versammelt. Fahnen wurden von Soldaten im Stechschritt hineingetragen, Karten glattgestrichen, Dutzende Fanfaren geblasen. In den weiß-goldenen Hallen unterzeichnete Putin den Vertrag über den Anschluss der ukrainischen Krim an Russland. Seine Begründungsrede geriet zu einer schweren Anklage. Der Westen habe Russland betrogen. Der Westen habe Russland versprochen, die NATO nicht zu erweitern, und es dann doch getan. Der Westen überfalle fremde Länder. Der Westen ignoriere die Vereinten Nationen. Der Westen breche Verträge und stationiere illegal eine Raketenabwehr. Der Westen organisiere »kontrollierte« Farbrevolutionen. Der Westen sabotiere die eurasische Integration der Ukraine und Russlands. Der Westen habe Russland schon immer eingedämmt. »Wir haben allen Grund anzunehmen«, sagte Putin unter dem Beifall der russischen Elite im Kreml, »dass diese Politik des 18., 19. und 20. Jahrhunderts heute fortgesetzt wird.«[31]

In seinen frühen Jahren hatte es der Präsident vermieden, seine Kritik an der westlichen Politik zu äußern, zum Beispiel in meinem Interview von Ende 1999. Entweder hatte er nichts auszusetzen oder er heuchelte ohne Ende. Auch war damals nichts zu hören von dem später erfundenen Vorwurf, der Westen habe doch Gorbatschow versprochen, die NATO nicht zu erweitern.[32] Ab Mitte der 2000er, spätestens ab 2007 kritisierte Putin bestimmte Verhaltensweisen des Westens. Er begann, gegen die Ordnung von 1990 zu rebellieren. Erst ab 2014 aber machte er das Leidensnarrativ zum zentralen Bestandteil des staatlich verordneten neuen Nationalismus. Die Klage über den Verrat der NATO geriet zur nachträglich inszenierten Entrüstung, Putin kultivierte einen mit jahrelanger Karenzzeit aufgetretenen Phantomschmerz. Die Russen sollten ihr Glück als »ewiges Opfer des ihnen ewig feindlichen Westens« finden, urteilte der ebenso angesehene wie kritische Moskauer Philosoph Alexander Zipko 2017 über das offizielle Narrativ der russischen Regierung. Es sei ja auch viel einfacher, Opfer des Westens zu sein, als »Opfer der Torheit und des Egoismus der eigenen Herrschaft«.[33]

Diese Erzählung war ungemein erfolgreich, sie sicherte Wladimir Putin für Jahre die Macht und die ungefährdete Wiederwahl 2018. Damit auf keinen Fall etwas schiefging, legte er die Wahl auf den vierten Jahrestag der Annexion der Krim. Zwei Wochen davor rief er die Föderalversammlung zusammen und trieb das Leidensmotiv auf die Spitze, indem er endgültig mit dem Westen abrechnete.[34] 15 Jahre lang hätten »sie« versucht, Russland in einem Rüstungswettlauf zu überholen, mit Sanktionen zu überziehen und in seiner Entwicklung zu bremsen. Damit seien »sie« gescheitert. »Sie« hätten nicht mit Russland reden wollen. »Niemand hat uns zugehört«, klagte Putin, »dann hören sie jetzt mal zu!« Und dann lief ein Film ab, in dem Putin eine ganze Flotte neuer geplanter Atomraketen vorführte, die virtuell mit Hyperschallgeschwindigkeit und jenseits jeder Radarerfassung nach Europa und Amerika fliegen können. Die föderale Versammlung spendete minutenlang begeistert Applaus. So wurde die behauptete Erniedrigung Russlands zur Waffe.

Eine solche Vorführung wäre jedem westlichen Regierungschef als eine unverzeihliche Kriegstreiberei mit unlauteren Motiven ausgelegt worden. Doch in Russland zog die nationale Opfererzählung mit Aggressionspointe noch einmal bestens, zumal echte politische Konkurrenten nicht antreten durften[35] und das Staatsfernsehen jede abweichende Ansicht wegdrückte. Deshalb war es kaum überraschend, dass Putin im März 2018 das beste Wahlergebnis überhaupt erzielte. Erstaunlich war vielmehr, dass Putin mit seiner durchschaubaren Erzählung auch im Westen, vor allem in Deutschland, viele Anhänger gewann.[36] Nationalismus wirkt grenzüberschreitend.

1 Das Interview mit Wladimir Putin führte ich gemeinsam mit den *Zeit*-Redakteuren Christian Schmidt-Häuer und Thomas Brackvogel.

2 Da wird kein Krieg geführt. Wladimir Putin über Tschetschenien, Korruption und die Wirtschaftslage, Interview in: Die Zeit, Nr. 47, 18. November 1999, S. 3.

3 Ulrich Schmid: Technologien der Seele. Vom Verfertigen der Wahrheit in der russischen Gegenwartskultur (Suhrkamp Verlag, Berlin 2015), S. 97.

4 Ot perwogo liza. Pasgowory s Wladimirom Putinym (Wagrius, Moskau 2000), S. 156.

5 https://www.bundestag.de/parlament/geschichte/gastredner/putin/putin_wort-244966

6 Washington Post: https://www.washingtonpost.com/archive/politics/2001/11/15/im-thrilled-hes-here-bush-says-asputin-visits-his-texas-ranch/d9928257-b7e4–428c-9d44–865a1ce6e5f5/

7 Putin sagte das bei einem Treffen mit dem damaligen NATO-Generalsekretär Jaap de Hoop Scheffer am 8. April 2004 im Kreml. Putin hoffte, dass die Erweiterung der Nato um die baltischen Staaten, die Slowakei, Slowenien, Rumänien und Bulgarien »zur Stärkung des Vertrauens in Europa und der Welt führen« werde. Siehe: Putin – mechanitscheskoje

rasschirenie Nato ne effektivno, in: RIA Novosti, 8. April 2004. https://ria.ru/20040408/564462.html

8 Vor allem Deutschland und Frankreich waren 2008 dagegen, der Ukraine und Georgien den »Membership Action Plan« zu gewähren, wie von Washington und dem NATO-Generalsekretär vorgeschlagen. Die NATO-Erklärung über eine grundsätzliche Beitrittsperspektive der Ukraine und Georgiens war am Ende ein wolkiges, unverbindliches Versprechen für eine ferne Zukunft. In Russland aber, wo man sich über den amerikanischen Irak-Feldzug 2003 und den Unilateralismus der Bush-Administration empörte, war man für solche Differenzierungen kaum mehr empfänglich. Die grundsätzliche Beitrittsperspektive für die Ukraine wurde in Moskau als Provokation und Herausforderung verstanden.

9 Fiona Hill, Clifford G. Gaddy: Mr. Putin. Operative in the Kremlin (The Brookings Institution, Washington D. C., 2015), S. 88. Die Autoren benutzen den Begriff »survivalist«.

10 Hill/Gaddy, S. 233. Siehe auch Mischa Gabowitsch: https://www.dekoder.org/de/gnose/bolotnaja-bewegung

11 https://www.levada.ru/2012/01/13/levada-tsentr-za-putina-na-prezidentskih-vyborah-gotovy-otdat-svoj-golos-42-rossiyan/

12 https://www.levada.ru/2012/07/11/itogi-politicheskogo-sezona-granitsy-vlasti-putina/

13 In Deutschland führen eine Reihe von Publizisten den Sinneswandel Putins auf westliche Expansion, Geringschätzung und Erniedrigung Russlands durch den Westen sowie die Missachtung berechtigter russischer Interessen in Ost- und Mitteleuropa zurück. Exemplarisch: Gabriele Krone-Schmalz: Russland verstehen. Der Kampf um die Ukraine und die Arroganz des Westens (C. H. Beck, München 2015).

14 Siehe Kapitel 4: Lust am Leiden.

15 Wladimir Putin: Rossija – nationalnyj vopros, in: Nesawissimaja gaseta, 23. Januar 2012.

16 Auf einem traditionellen Fest in Tatarstan im Juni 2000 fischte er zur Freude der Tataren mit Zunge, Lippen und Nase eine Rubelmünze aus einer Schale Sauermilch. Siehe: Michael Thumann: Das Lied von der russischen Erde. Moskaus Ringen um Einheit und Größe (DVA, Stuttgart/München 2002), S. 275.

17 Putin: Samyj bolschoj nationalist v Rossii – eto ja, in: Wedemosti, 24. Oktober 2014, https://www.vedomosti.ru/politics/news/2014/10/24/putin-ya-samyj-bolshoj-nacionalist-v-rossii

18 Obraschtschenie Presidenta Rossijskoj Federazii, 18. März 2014: http://kremlin.ru/events/president/news/20603

19 So die Direktorin des Harriman Institute der Columbia-Universität New York, Kimberly Marten: Vladimir Putin. Ethnic Russian Nationalist, in: Washington Post, 19. März 2014.

20 Vladimir Putin says liberalism has become obsolete, in: Financial Times, 28. Juni 2019.

21 Uwe Halbach: Russisch oder Russländisch. Putin und die nationale Frage, SWP-Aktuell Nr. 9 (Stiftung Wissenschaft und Politik, Berlin, Februar 2012).

22 Michael Thumann: Nationalism By Choice. How the Presidents of Turkey and Russia Take Advantage of National Feelings to Stay in Power (IPC Policy Brief, Istanbul Mai 2020).

23 Krim. Woswraschtschenie na rodinu. Dokumentalnyj film Andreja Kondraschowa, ausgestrahlt am 15. März 2015.

24 https://www.levada.ru/indikatory/odobrenie-organov-vlasti/

25 Gespräch mit Gleb Pawlowskij in Moskau am 22. Juli 2015.

26 Wladimir Aleksandrowitsch Krjutschkow, Litschnoje delo (Isdatelstwo Eksmo, Moskau 2003).

27 Wolodin podtwerdil swoi tesis o tom, schto »net Putina, net Rossii«, in: Tass, 18. Oktober 2015, https://tass.ru/politika/4658232

28 Zitiert nach Helge Blakkisrud, Zaur Gasimov: Tradition, Nation und der böse Westen, in: Osteuropa (Heft 10–12, Berlin 2018), S. 131–146, S. 136.

29 Blakkisrud/Gasimov, S. 136.

30 Ulrich Schmid, S. 159.

31 Obraschtschenie presidenta Rossijskoj Federazii, 18. März 2014: http://kremlin.ru/events/president/news/20603

32 Die These, westliche Politiker hätten dem sowjetischen Präsidenten Michail Gorbatschow zugesichert, die NATO nicht über Deutschland hinaus zu erweitern, wenn Deutschland wiedervereinigt würde, wird auch in deutschen Talk-Shows und Zeitungsartikeln gern bemüht. Die US-Historikerin Mary Sarotte schreibt dagegen, der damalige Außenminister James Baker habe sich zwar Anfang 1991 kurzzeitig so geäußert, dass es als Versprechen gedeutet werden konnte. Sie sagt allerdings auch, dass es »niemals eine formelle Zusage über eine Nicht-Expansion der NATO« gegeben habe, »wie Russland behauptet«, siehe: Mary Elise Sarotte: Versprochen und gebrochen?, in: Die Zeit, Nr. 41, 1. Oktober 2014. Die These des gebrochenen Versprechens ist mittlerweile von den damaligen Akteuren widerlegt worden. Siehe Horst Teltschik: Die Legende vom gebrochenen Versprechen, in: Die Zeit, Nr. 29, 10. Juli 2019, https://www.zeit.de/2019/29/nato-osterweiterung-versprechen-1990-usa-sowjetunion. Und Horst Teltschik: Russisches Roulette. Vom Kalten Krieg zum Kalten Frieden (C.H. Beck, München 2019), S. 52–56. Michael Gorbatschow selbst nennt die Behauptung, er sei vom Westen betrogen worden, einen »Mythos«. In seinen Verhandlungen sei es ausschließlich um Deutschland gegangen, nicht um das östlich davon gelegene Gebiet des damals noch existierenden Warschauer Paktes: https://www.zeit.de/politik/ausland/2014–11/natoosterweiterung-gorbatschow

33 Alexander Zipko: Kogda russkije isbawjatsja ot kompleksa shertwy?, in: Nesawissimaja gaseta, 26. Juli 2017

34 Poslanie presidenta federalnomu sobraniu, 1. März 2018: http://kremlin.ru/events/president/news/56957

35 Der populäre Aktivist und Anti-Korruptionskämpfer Alexej Nawalnyj wurde von der Kandidatur für die Wahlen 2018 von der zentralen Wahlkommission ausgeschlossen.

36 Exemplarisch dafür: Adelheid Bahr (Hrsg.): Warum wir Frieden und Freundschaft mit Russland brauchen (Westend Verlag, Frankfurt/Main 2018). In einem Interview mit dem »Economist« im Oktober 2019 zeigte sich sogar der französische Präsident Emmanuel Macron beeindruckt von einigen Aspekten der Putin'schen Sicht auf die NATO-Erweiterung: https://www.economist.com/europe/2019/11/07/emmanuel-macron-in-his-own-words-french

6. Nationalismus-Produzenten

Mein Gesprächspartner bat mich, in sein Büro ans Moskauer Frunse-Ufer zu kommen. Bei der Adresse musste ich kurz innehalten, ich war dort schon einmal gewesen. Am Frunse-Ufer steht ein riesiges Gebäude in kolossalem Stalin-Barock: das Oberkommando des russischen Heeres. Zu meiner Studentenzeit in Moskau war es auch schon Teil des sowjetischen Verteidigungsministeriums gewesen. Damals ging ich an einem eiskalten Herbsttag des Jahres 1986 am Ufer der Moskwa spazieren und fragte einen der Wachsoldaten etwas naseweis, was sich wohl in dem interessanten Gebäude befinde und warum es kein Schild gäbe. Statt zu antworten verlangte der Soldat meinen Pass und nahm mich fest. Fünf Soldaten führten mich mit vorgehaltener Kalaschnikow ab und geleiteten mich über endlos lange Korridore in einen Kellerraum des Gebäudes. Das war kein gutes Gefühl, zumal der damalige Kanzler Helmut Kohl den sowjetischen Generalsekretär Michail Gorbatschow soeben mit Goebbels verglichen hatte. Die Beziehungen zwischen Bonn und Moskau waren auf dem Nullpunkt, und ich saß als Häufchen Unglück in einem Verhörraum des sowjetischen Verteidigungsministeriums. Fünf Stunden lang wurde ich von zwei Stabsoffizieren und einem KGB-Offizier vernommen, mit immer denselben Fragen. Am Ende befanden sie, dass ich doch wohl nur ein langweiliger Westberliner Student und kein heißer BRD-Spion war, und ließen mich wieder frei.

Nun ging ich also wieder dorthin, als Korrespondent im Juli 2014. Russische Truppen standen in der Ukraine, Deutschland und Europa hatten gerade Sanktionen gegen Russland verhängt. Offenbar kam ich nur in Eiszeiten an diesen von der Moskauer Metro etwas abgelegenen Ort. Die Adresse meines Gesprächspartners lag direkt neben dem gigantischen Stalin-Bau, den ich so gut von innen kannte. Doch auch daneben, in einem geduckten Haus im Schatten des Verteidigungsministeriums, konnte nur arbeiten, wer beste Beziehungen zum Heer hatte. Und in der Tat arbeiteten hier die wahren Fachleute für Russlands Überlebenskampf 2014.

Andrej Fefelow, stellvertretender Chefredakteur der Zeitung *Sawtra*, begrüßte mich mit spürbarer Skepsis. »Ihr führt einen massiven Propagandakrieg gegen Russland«, urteilte er über die westlichen Medien. *Sawtra* ist die Zeitung, die ich schon in der russisch-nationalen Aufwallung um den Kosovo-Krieg 1999 besucht hatte, und Fefelow ist der Sohn des Chefredakteurs und Schriftstellers Alexander Prochanow, den ich damals traf. Die Auflage war 2014 deutlich größer, Fefelow sprach von hunderttausend Exemplaren. Aber die Redaktion war klein und lag in einer dunklen, unscheinbaren Erdgeschosswohnung, die das Verteidigungsministerium zur Verfügung gestellt hatte. »Wir bereiten uns im Land auf eine Blockade vor«, sagte Fefelow. Russland werde dämonisiert und isoliert. Aber der Westen solle sich keine Hoffnungen machen, man gebe nicht nach. In der Ukraine versuchte die ukrainische Armee in diesen Tagen, die von Separatisten und russischen Soldaten besetzte Stadt Donezk zurückzuerobern. Fefelow erinnerte an die eingekesselten sowjetischen Städte im Zweiten Weltkrieg. Wenn die Ukrainer in die Stadt einrücken, prophezeite er, werde »der Partisanenkrieg beginnen.« Der Krieg gegen die Ukraine sei »unausweichlich«. Erst in Donezk, dann im ganzen Osten und Süden der Ukraine.

Krieg lässt sich nie planen, selbst nicht von einem so mächtigen Mann wie dem russischen Präsidenten. Der Abschuss des malaysischen Passagierflugzeugs MH17 im Juli 2014 durch eine russische Rakete war eine solche Kriegsüberraschung.[1]

Die Weltpresse kochte 2014 vor Empörung über Russland. In Moskau wuchs die Wut gegen die Welt. Seit der Annexion der Krim wehte ein gewaltiger Sturm des Nationalismus über Russland. Putin hatte ihn gezielt angefacht und gedachte ihn zu kontrollieren. Er hatte Hoffnungen bei denen geweckt, von denen er sich die Ideen borgte, mit deren Ideologien er nun spielte. Sie waren *die* Nationalismus-Produzenten. Der Präsident, so schien es, machte endlich das, was sie schon seit vielen Jahren forderten. Und jetzt wollten sie mehr. Das konnte auch für Putin gefährlich werden: Wer gab nun den Ton an, wer lief wem hinterher – Putin den Nationalisten oder die Nationalisten Putin?

Die Zeitung *Sawtra* vertrat vor Jahren als marginales Blatt Ansichten jenseits dessen, was die meisten Russen dachten. Jetzt waren diese Meinungen der Redaktion Allgemeingut geworden. Fefelow und ich saßen im Büro seines Vaters Alexander Prochanow, der auf Reisen war. Der wuchtige Großliterat hatte in sein Büro am Verteidigungsministerium seinen halbhohen Schrank mitgenommen, der wie ein Altar hergerichtet war. Der große, byzantinische Doppeladler aus Porzellan mit Stalin-Banderole stand dort als Sinnbild des christlich-orthodoxen Stalinismus von Zarengnaden. Prochanow empfing zum Geburtstag auch Glückwünsche von Wladimir Putin, der seine »staatsbürgerlichen Ideale« würdigte und ihm wünschte, dass »sich seine Pläne erfüllen«. Prochanow hatte vor Jahren prophezeit, was im Jahr 2014 über die Ukraine hereinbrach: Russland sei »von Natur aus ein Imperium, dessen Grenzen atmen«.

Russische Nationalisten standen in der Ukraine an vorderster Front. Sie befehligten die Separatisten in Donezk, nannten sich Ministerpräsidenten, Minister und Kommandeure. Andrej Fefelow kannte sie alle, sie waren gemeinsam auf Universitäten gegangen und über Schlachtfelder gestapft. Mit dem Separatistenkommandeur von Donezk, dem legendären Igor Girkin alias Strelkow, fuhr Fefelow vor 14 Jahren in einem

UAS-Geländewagen durch das zerstörte tschetschenische Grosny. »Der kannte dort jeden Stein.« Strelkow war Militärhistoriker, genauso wie der selbsternannte Ministerpräsident der Separatistenrepublik von Donezk. Wenige Wochen vor unserem Treffen hatte Fefelow mit Freiwilligen »Material« über die russische Grenze in den Donbass gebracht. »Vier große Lkws«, sagte Fefelow. Mit ihnen kamen Kämpfer aus Grosny, die der tschetschenische Diktator Ramsan Kadyrow schickte. In den 90er-Jahren begeisterten sich diese Leute mit befreundeten Schriftstellern, Regisseuren, Philosophen am Nachstellen historischer Schlachten. Geübt haben sie in echten Kriegen. Einige von ihnen schossen an der Seite der Serben in Bosnien und im Kosovo, andere in Tschetschenien. In den innerrussischen Auseinandersetzungen standen viele aufseiten der Opposition, etwa in der Verfassungskrise im Herbst 1993, als Kommunisten und Nationalisten im Parlament gegen Präsident Boris Jelzin revoltierten. Fefelow und Strelkow kämpften mit den Rebellen gegen Jelzin. Früher galten sie als schräg und extrem, jetzt spielten diese russischen Radikalen die Hauptrolle im Krieg gegen die Ukraine – und kämpften für ein ephemeres Traumland, das sie »Noworossija« (Neurussland) nannten.[2]

Die Neurussland-Patrioten trafen sich gern im Zentralen Haus der Literaten in Moskau. Hier empfing der Schriftsteller Sergej Schargunow regelmäßig seine Gäste – auch ein Freund von Fefelow. Der Salon wirkte wie eine vergilbte Postkarte aus der späten Stalin-Zeit: dunkle Holzvertäfelung, abgelaufenes Parkett, beige bespannte Lampenschirme mit Troddeln, Kellnerinnen mit weißer Schürze und Spitzenhäubchen im aufgesteckten Haar. »Frollein!«, rief Schargunow eine Kellnerin herbei. »Sie sind doch Ukrainerin. Was bedeutet die russische Welt für Sie?« Sie musste nicht lange nachdenken: »Russland hat uns immer verteidigt.« Als Napoleon kam, habe Russland ihn vertrieben. Als Hitler kam, ebenso. Und heute, angesichts der amerikanischen Bedrohung, stehe Russland wieder zu den Ukrainern. »Da seh'n Sie mal«, sagte Schargunow befriedigt zu mir.

Schargunow hatte kurz zuvor mit Andrej Fefelow und anderen Enthusiasten die ukrainische Stadt Donezk besucht, vor allem deren besetztes Zentrum. Sie hatten dort die russischen Freischärler getroffen. »Diese Leute haben das, was der russische Bürokrat nicht hat: Überzeugungen«, sagte Schargunow aufgekratzt. Ihre Ideen verbreiteten sich wie ein Feuer. Selbst Präsident Putin habe im April, einen Monat nach dem Anschluss der Krim, von »Neurussland« gesprochen, in der Ostukraine werde ein »russischer Traum« wahr. »Neurussland ist ein Experimentierfeld neuer Ideen. Es kommt, wie eine historische Gesetzmäßigkeit. Gegen die Ungerechtigkeit der Bürokratie, gegen die Abhängigkeit von außen und von den Oligarchen.« War der Abschuss des Flugzeugs MH17 auch so ein Experiment? »Keiner wollte es abschießen«, sagte Schargunow. Der Absturz sei eine Folge des Krieges, der alle Grenzen sprenge. »Das war fast zu erwarten.«

Der Krieg in der Ukraine war für den Schriftsteller Schargunow Teil des »Russischen Frühlings«: Es sei ein Aufstand gegen die Ukraine, den Westen, russische Beamte und ihre Schmiergeldzahler zugleich. Auf der Krim sei Patriotismus eine Religion. Der russische Frühling vereine Linke und Rechte, Stalinisten, orthodoxe Christen, Russen und verbündete Ukrainer. Eine Radikalopposition, die sich gleich gegen zwei Regierungen auflehne: direkt gegen die in Kiew und mittelbar auch gegen Kremlbeamte. Ihre Bataillone standen damals in Donezk, ihre Ideen im Internet, wo Kommentatoren schon vom Dritten Weltkrieg schwadronierten.

Ein paar Tische weiter saß der Schriftsteller Jurij Poljakow, einer der meistgedruckten Literaten der Gegenwart und Chefredakteur der ultranationalistischen *Literaturnaja Gaseta*. Er wurde in den 1980er-Jahren mit dem Buch »Hundert Tage bis zum Befehl« berühmt. Damals diente er in der Westgruppe der Sowjetischen Streitkräfte in der DDR. Er arbeitete seither daran, Russland und den Westen als unvereinbare Gegensätze erscheinen zu lassen. Für ihn war der Abzug aus Deutschland

1994 ein Trauma. Der damalige Präsident Jelzin sei ein guter Deutscher gewesen, aber ein schlechter Russe. »Wir gaben alles dahin, die Deutschen nahmen es. Wir zogen uns zurück, die Amerikaner blieben. Wir verzichteten, sie erweiterten die NATO.« Mit dem Krieg in der Ukraine würde sich Russland endlich wieder konsolidieren. Die sowjetische Zivilisation sei der organische Vorgänger der »russischen Welt«, die sich jetzt herausbilde. Schon die Sowjetunion sei eine konservative Weltmacht gewesen, sie habe dem »mächtigen Staat« als ewigem russischem Wert gehuldigt. Heute würden die sowjetische Erinnerung, die russische Zivilisation und die orthodoxe Kirche das geistige Bollwerk gegen den Westen bilden.

Mit einem wie Poljakow konnte Putin gut leben. Der breit pinselnde Literat bediente das staatlich gewünschte Ressentiment gegen Europa und Amerika, ohne dem Kreml stets und ständig die Nichterfüllung der patriotischen Pflicht vorzuhalten. Ganz anders verhielt es sich mit dem russischen Einfluss-Philosophen Alexander Dugin, den ich 2014 an der Lomonossow-Universität wiedertraf. Kennengelernt hatte ich ihn Mitte der 1990er-Jahre in Kasan am Rande einer Konferenz über Föderalismus. Kasan ist die Hauptstadt der Republik Tatarstan und Symbol für Russlands multiethnischen Charakter.[3] Dugin hatte schon immer etwas übrig für die nichtrussischen Völker Russlands, seine Ideologie überführt die Tradition des russischen Eurasismus in die neoimperiale Gegenwart.[4] Dugin besetzt das eine Ende des russischen Nationalismus und sieht Russland als eurasische Führungsmacht mit vielen Völkern. Russland werde »entweder groß oder gar nicht sein«.[5] Seine Schrift »Geopolitika« wurde zum Lehrbuch, das Generationen russischer Politiker inspirierte.[6] Auch Putin borgte bei ihm so manchen Gedanken, zum Beispiel nahm die Regierung mit dem Projekt einer Eurasischen Wirtschaftsunion diese Begrifflichkeit auf. Die scharfe ideologische Grenze zieht Dugin nicht gegen asiatische oder nordeuropäische Nichtrussen, sondern gegen den Westen. Er ist der Vordenker des »ewigen« Gegensatzes von Ost und West.

Sein Koordinatensystem setzt Russland gegen Amerika, Eurasien gegen die atlantische Welt, die Landmacht gegen die Seemächte, die heilige Kreuzes-Prozession der orthodoxen Kirchen gegen die skandalumwitterten Love-Parades der Schwulen im Westen. Zwischen diesen rivalisierenden Identitäten gäbe es keine Brücke, noch nicht mal einen wackligen Steg, glaubt Dugin. Es sei ein »Konflikt ewiger Werte«.

Dugin war bei unserem Treffen nicht so enthusiastisch wie andere Nationalisten, im Gegenteil, er war alarmiert. Bei unserem Treffen im Juli 2014 war der Vormarsch in der Ukraine ins Stocken geraten. Er fand, Moskau helfe den bedrängten Brüdern in Neurussland nicht genügend. »Wenn wir Neurussland verlieren, werde die ukrainische Regierung die Krim angreifen«, warnte er. Neurussland müsse mit allen Mitteln befreit werden. Doch es fehle an militärischen Mitteln. Das war eigentlich eine deutliche Kritik an Putin. Aber Dugin wollte das so nicht sagen, er schob die Schuld auf andere. »Das liegt an der sechsten Kolonne im Kreml«, befand er. Dugin meinte damit die Geschäftsleute im Dunstkreis Putins, die Wirtschaftsliberalen und Polittechnologen. Er schimpfte über Putins Ukraine-Berater Wladislaw Surkow, einen Rivalen Dugins bei der Herstellung massentauglicher patriotischer Ideologie. Der Mann erfinde »nationale Bewegungen, wie er sie sterben« lasse. Er warf Surkow »Lügenpatriotismus, Verrat und Zerstörung« des Nationalgefühls vor. Im Kreml merkte man sich diese Kritik, Dugin sollte das später zu spüren bekommen.

Nicht weniger besorgt über den korrekten chauvinistischen Kurs Russlands in der Ukraine war ein Gegenspieler des eurasischen Vordenkers Dugin. Jegor Cholmogorow stand am anderen Ende des nationalistischen Spektrums, er plädierte für einen ethnisch-russischen Nationalismus. Er gehörte lange Zeit zu den ideologischen Einflüsterern der Putin-Partei »Einheitliches Russland«, hatte sich aber bei unserem Treffen längst entnervt abgewandt und organisierte sogenannte

»Russische Märsche«. Cholmogorow unterstützte die Annexion der Krim, weil sie ein »Kernland russischer Identität« sei. Aber die ganze »neurussische Kampagne« ging ihm viel zu weit. Dort lebten Russen, aber eben auch Ukrainer, es gebe gemischte Identitäten. »Wir sollten ein russischer Nationalstaat sein«, erklärte Cholmogorow. Der Staat der Russen würde durch diese Vielvölkerexperimente »verwässert«. Er lehnte die ganze Neurussland-Euphorie genauso ab wie den Eurasismus. Das seien keine nationalen, sondern geopolitische Erwägungen. Russland gehöre nicht Eurasien, sondern der »Euroarktis« an, es sei ein Nationalstaat des Nordens. »Unser demographisches Gleichgewicht wird durch all diese Erweiterungen durcheinandergebracht«, schimpfte Cholmogoworow. Die Schuld gab er Dugin und all den anderen »Träumern« – und natürlich Putin, der mit diesen wild blühenden Ideologien Politik mache.

Solche Attacken wurden allmählich gefährlich für Putin. Er konnte sich nicht damit beruhigen, dass die Nationalisten in Literaturklubs, Universitäten und Salons in relativer Ferne vom Volk vor sich hin palaverten, denn ihre Gedanken verbreiteten sich rasch. Den Neurussland-Kämpfern waren die Sympathien der meisten Russen sicher. Nach Umfragen des unabhängigen Lewada-Instituts fanden 2014 ganze 64 Prozent der Bevölkerung Gefallen an der Rolle der russischen Freiwilligen in der Ukraine, fast ebenso viele unterstützten den Krieg gegen die Ukraine. Zwar lehnte die Mehrheit einen richtigen Einmarsch der russischen Armee ab, doch die Zahl derer, die ihn wünschten, wuchs an. Immerhin 35 Prozent befürworteten mehr Waffen für Strelkow und seine neurussischen Bataillone. Längst wuchs ein Mann wie der selbst ernannte Separatisten-»Generalissimus« Strelkow in Russland zum nationalen Helden.[7] Er kämpfte in Donezk unter Beschuss der Ukrainer, derweil Putin unter Assistenz eines Zoowärters Leopardenbabys für die Abendnachrichten streichelte. Putin lenkte von fern das Drama Neurussland, Strelkow lebte es in vollen Zügen aus. Putin taktierte im Krieg gegen die Ukraine, manipulierte die öffentliche Meinung, bugsierte sie mal hierhin, mal dorthin. Strelkow schoss konsequent in eine Richtung – auf »ukrainische Faschisten«. In keinem der Putin'schen Kriege, ob Tschetschenien oder Georgien, geschweige denn später in Syrien, hatte ein einzelner Soldat solche Popularität genossen.

Der von Putin mutwillig entfesselte russische Nationalismus brachte immer wildere Blüten hervor. Als im Mai 2014 in Odessa bei Zusammenstößen prorussischer und proukrainischer Aktivisten Dutzende Menschen ums Leben kamen, rief Alexander Dugin öffentlich: »Ich glaube, man muss töten, töten, töten. Ich sage das als Professor.«[8] Der Vizesprecher des Föderationsrates warb ungeniert für russische »Präzisionsschläge« gegen die ukrainische Armee. Ein Putin-Berater überlegte laut, wann der beste Zeitpunkt für eine große Invasion der russischen Armee sei, um die ukrainischen Streitkräfte kampfunfähig zu machen. Die Zeit laufe davon, weil die Ukrainer aufrüsteten. Putins Sprecher dementierte eilig, das sei aber nicht die Meinung des Präsidenten. In der sonntäglichen Rabauken-Talk-Show auf dem ersten staatlichen Fernsehkanal sagte ein leitender Forscher des russischen Instituts für strategische Studien: »Das Ukrainertum ist die Ideologie des Russozids, es verlangt die Vernichtung der Russen.«[9] Umgekehrt schlug ein »Zentrum für eurasische Landwirtschaftspolitik« vor, die Hauptwasseradern der Zentralukraine zu blockieren. Russland solle mit Dämmen die Zuflüsse des Dnjepr sperren und dessen westlich von Moskau gelegene Quelle umleiten. Die Zentralukraine würde dann von lang anhaltenden Dürren im Wechsel mit katastrophalen Unwettern heimgesucht, so die Hoffnung der eurasischen Landwirtschaftsplaner. Mehrere Ministerien in Moskau, behaupten sie, hätten bereits Interesse an der Studie gezeigt.[10]

Die Dinge liefen ganz offensichtlich aus dem Ruder. Dieser russische Frühling bedrohte Wladimir Putins Ansehen und stellte ihn vor ein Dilemma: Einerseits musste er die Nationalisten unterstützen, um sein eigenes Feldherren-Image zu pflegen. Andererseits musste er die Nationalisten zähmen, weil sie ihm die Politik diktieren wollten. Der Nationalismus, der Putins Macht sichern sollte, wurde langsam zum Machtproblem. Je höher die patriotische Welle anschwoll, desto besser für die Neurussland-Enthusiasten, aber nicht für Putin. Der Präsident geriet international unter immer stärkeren Druck. Die Annexion der Krim, die Kämpfe in der Ukraine, der Abschuss der MH17-Maschine mit 298 Passagieren an Bord, all das addierte sich im Ausland zu einer Empörung, welche die russisch-staatliche Gegenpropaganda nicht mehr zerstreuen konnte. Die USA und die Europäische Union fanden zu einer Einigkeit, mit der Putin nicht gerechnet hatte. Obwohl er in Italien und den Visegrád-Staaten zumindest Sympathisanten hatte und Europa auch sonst selten eine gemeinsame Außenpolitik vorzuweisen hatte, entschloss sich die EU im Juli 2014 zu spürbaren Wirtschaftssanktionen gegen Russland. Diese trafen Russland in einer ohnehin schweren Wirtschaftskrise. Bei einem weiteren Vormarsch der von Russland gepäppelten Separatisten in der Ukraine war mit weiteren Sanktionen zu rechnen. Es war die Zeit, in der sich Putin zum Abbremsen seines ukrainischen Abenteuers entschloss. Die Operation Neurussland wurde abgeblasen, der Traum von Odessa aufgegeben, die Separatistenbataillone gruben sich im Donbass ein.

Im Innern Russlands wurde der Schalter umgelegt. Das Putintreue Staatsfernsehen begann, sich auf den Volkshelden Strelkow einzuschießen. Ein kremlnaher, einflussreicher Theatermacher beschuldigte den Neurussland-Generalissimus, ohne Not zwei Städte in der Ostukraine aufgegeben zu haben. Die TV-Propagandisten erklärten dem Publikum, warum die Forderung der Separatisten und Nationalisten nach einem offenen Einmarsch Russlands in die Ukraine falsch sei: Damit gehe man bloß den Amerikanern auf den Leim, die Russland als Aggressor darstellen wollten. Das Fernsehen folgte Putins taktischen Volten und ging vorsichtig auf Distanz zu den Kämpfern in der Ostukraine.

Das bekam auch der »Ständige Vertreter der Volksrepublik Donezk« zu spüren, der Botschafter der Aufständischen in Moskau; Andrej Rodkin war für ein Gespräch nicht leicht zu finden. Alle Internetadressen der »Botschaft« führten ins Leere, Rodkin hatte kein festes Büro. Würde der Kreml das wollen, hätte er längst ein solches. Über Mobiltelefon verabredeten wir uns in einem Café im Moskauer Zentrum. Dort war sein mobiles Büro eingerichtet, bestehend aus Rodkin und seinem Laptop an Tisch zwölf halblinks vor der Toilette. Rodkin ist ehemaliger Soldat, Ex-Militärkorrespondent der *Komsomolskaja Prawda,* er war auch mal im Pressereferat von Putins Partei Einheitliches Russland. Er beklagte sich, nicht als Botschafter akzeptiert zu werden. Die Regierung hielt ihn auf Abstand. Die Volksrepublik Donezk (DNR) wurde von Moskau lediglich unterstützt, aber nicht anerkannt, der einzige Staat, der die DNR anerkannte, war Südossetien, ein von Georgien abgespaltener Landstrich, der wiederum zwar von Moskau, sonst aber von niemandem anerkannt wurde. Solidarität der Aussätzigen: Mehr gestand Putin der brüchigen Staatlichkeit im Donbass nicht zu.

Die Regierung nahm den unkontrollierbaren Nationalisten zielstrebig die Luft zum Atmen. Nachdem Alexander Dugin sich mit »Töten, töten, töten!« rhetorisch verausgabt hatte, entstand plötzlich aus dem Nichts eine Bewegung, die seine Absetzung als Professor an der Lomonossow-Universität forderte. Ohne Gönnerschaft des Kremls hätte sie nicht in kürzester Zeit eine Petition mit mehr als 10000 Unterschriften hervorgebracht. Dugin verlor daraufhin seinen Job und durfte privat dozierend weiter granteln. Generalissimus Strelkow kehrte unverrichteter Dinge aus Neurussland zurück und bekam in Russland Fernsehverbot. Er warf Putin irgendwann »Ideenlosigkeit« und »Versumpfung« vor, aber das hörte schon keiner mehr. Später bot er seine vom russischen Nationalismus-Mäzen Konstantin Malofejew gesponserte Medaille für die Heimholung der Krim für eine Million Rubel auf dem Devotionalienmarkt an. Strelkow hatte nach eigenem Bekunden »materielle Probleme, die sich mit (seinem) Bargeld nicht mehr lösen ließen«.[11]

Die Moskauer Polizei löste das Nationalismus-Problem des Staates ab der zweiten Hälfte 2014 durch gezielte Verhaftungen. Viele Anführer von kleinen nationalistischen Gruppen wurden mit Strafverfahren überzogen, oft wurden ihnen kriminelle Straftaten zur Last gelegt, was zu langen Haftstrafen führte. Die »russischen Märsche« von Jegor Cholmogorow wurden so lange behindert, bis kaum noch einer hinging. Die

Intellektuellen, die ich in Salons und Redaktionen gesprochen hatte, sahen sich mit Ausgrenzung, Jobverlust und Auftrittsverboten konfrontiert.[12] So konnte Putin weiter behaupten, er sei »der größte Nationalist«. Die russische Regierung förderte den Nationalismus, aber nur solange er geschmeidig, kontrolliert und regimekonform war.

Dafür hatten Polittechnologen in Moskau einst die Partei Rodina geschaffen, die von Beratern und engen Mitarbeitern Putins geführt wird. Dafür gibt es den Politclown Wladimir Schirinowskij, der krakeelenden Nationalismus als zynische Ein-Mann-Show in Endlosschleife aufführt. Dafür gibt es Karriere-Nationalisten wie Wjatscheslaw Nikonow, den ich in den 1990er-Jahren noch als Mitglied einer liberalen Partei kennengelernt hatte. Nikonow erkannte den Trend der neuen Zeit und sattelte auf patriotische Themen um. Er wurde Leiter der Stiftung *Russkij Mir*. Was die Regierung 2007 als Verein für die Förderung der russischen Sprache und Kultur gegründet hatte, verwandelte sich unter Nikonows Führung in ein Vehikel zur Unterminierung der Nachbarstaaten. Ich traf Nikonow im Herbst 2014, als er im Hotel National vor den Gefahren für seine Landsleute im postsowjetischen Raum warnte. »Russen leben heute in Weißrussland, der Ukraine, in Kasachstan, den baltischen Staaten und Zentralasien – und ihre Probleme wachsen!« Er rief dazu auf, sie zu schützen. Russland dürfe sich nicht erst einmischen, »wenn sie umgebracht werden«. Minderheitenrechte, Gerichte, die »inhaltsleere OSZE« würden ihnen nicht helfen, das könne nur die Moskauer Regierung. Doch war jemand auch Russe, wenn er zum Beispiel einen kasachischen Pass hatte, aber russisch sprach?, fragte ich ihn. Ein Russe könne jeder sein, der sich als »Russe begreift«, der sich der russischen Sprache, Kultur und Vergangenheit zugehörig fühlt, antwortete Nikonow.[13] Das war natürlich so weit gefasst, dass 2014 nicht nur die Ukrainer, sondern auch die Kasachen sehr unruhig wurden. Zumal Putin bei einem Gespräch mit Jugendlichen im September 2014 bemerkte, dass Kasachstan »nie eine Staatlichkeit« gehabt habe, es sei »Teil der großen russischen Welt«. Ich fragte Nikonow, was seine und Putins Äußerungen denn für die Nachbarstaaten bedeuteten. Würde das Schicksal der Ukraine jetzt zur Zukunft der anderen? Nikonow überlegte kurz und sagte: »Der Maßstab für russisches Eingreifen ist der drohende Genozid an den Russen außerhalb Russlands.« So klang der staatliche kontrollierte Nationalismus 2014 – von dem unkontrollierten kaum zu unterscheiden.

Wladimir Putin hat den aus der Spur geratenen Nationalismus marginalisiert, indem er seine Inhalte von zuverlässigen Politikern und Aktivisten übernehmen ließ – nach seiner Wahl selbstverständlich. Einige Nationalisten hat er isoliert oder inhaftiert. Andere, wie Alexander Prochanow von der Zeitung *Sawtra*, hat er sich einverleibt. Die künftige patriotische Volkserziehung jedoch vertraute er einer altbewährten russischen Institution an.

1 Siehe den Abschlussbericht der internationalen Untersuchung, veröffentlicht vom Dutch Safety Board: MH17 Crash, Den Haag, Oktober 2015. Fortlaufend aktualisiert das Recherchenetzwerk Bellingcat die neuesten Erkenntnisse: https://www.bellingcat.com/tag/mh17/

2 »Noworossija« umfasste in der Vorstellung der Nationalisten wesentliche Teile der Ukraine, ein Gebiet vom Donbass bis an die moldauische Grenze unter Einschluss von Odessa. Diese Gebiete bildeten im 18. Jahrhundert die Militärgrenze gegen das Osmanische Reich. Die Zarin Katha-

rina die Große ließ nach den Eroberungen der russischen Armee 1764 das neurussische Gouvernement (noworossijskaja gubernija) gründen.

3 Die Bedeutung Kasans ist ausführlich beschrieben in: Michael Thumann: Das Lied von der russischen Erde. Moskaus Ringen um Einheit und Größe (Deutsche Verlags-Anstalt, Stuttgart/München 2002), S. 25ff.

4 Der Eurasismus wurde in der russischen Emigration in den 1930er-Jahren begründet und betonte die Verbundenheit Russlands mit Asien. In den 1950er-Jahren belebte der Sohn der Dichterin Anna Achmatowa, Lew Gumiljow, diese Denkschule neu. Er betonte die turko-slawische Schicksalsgemeinschaft und den natürlichen Gegensatz zu Europa, siehe: Marlène Laruelle: Russian Eurasianism. An Ideology of Empire (Johns Hopkins University Press, Baltimore 2008).

5 Ulrich Schmidt, S. 214.

6 Alexander Dugin: Geopolitika. Utschebnoje posobije dlja wusow (Gaudeamus, Moskau 2011).

7 Für die Popularität Strelkows siehe die Umfragen des Lewada-Instituts: https://www.levada.ru/2014/11/07/navalnyj-izvestnee-strelkov-populyarnee/

8 Ulrich Schmidt, S. 211.

9 Oleg Nemenskij in der Talk Show von Wladimir Solowjow am 16. Februar 2015, Kanal Rossija 1.

10 Andrej Serenko: Bitwa za Dnjepr, in: Nesawissimaja Gaseta 10. Juli 2014. Schon früher in der Sowjetunion dachte man groß und klimagefährdend. So plante man die Umkehr der sibirischen Flüsse von Norden nach Süden, um Zentralasien genügend Wasser für den Baumwollanbau zur Verfügung zu stellen. Das allerdings war ein Entwicklungsprojekt, keine Militärstrategie.

11 Igor Strelkow reschil prodatj medal, in: Nowaja Gaseta, 9. März 2019.

12 Alexander Verkhovsky: Russischer Nationalismus unter Putin, in: Journal Exit-Deutschland. Zeitschrift für Deradikalisierung und demokratische Kultur (Band 2, Berlin 2016), S. 10–39, S. 36.

13 Wjatscheslaw Nikonow nannte es im Gespräch mit mir in Moskau am 15. November 2014 »Samoidentitschnost«, was sich mit selbstgewählter Identität übersetzen lässt.

7. Geschichts-Produzenten

Die Reise ins 10. Jahrhundert dauerte vom Moskauer Zentrum aus keine Viertelstunde. Ich fuhr mit der Moskauer Metro und stieg an der Station WDNCh aus. An diesem Halt lag früher die Ausstellung der Errungenschaften der sowjetischen Volkswirtschaft. Diese scheinen der Stadtregierung heute weniger rühmenswert zu sein: Sie hat einen Erholungspark und ein Messegelände für allerlei Ausstellungen daraus gemacht. Die für den Staat wichtigste davon heißt »Meine Geschichte«, eine monumentale Historienschau in vier Teilen, die erst in Moskau gezeigt wurde und dann durch das ganze Land zog. »Meine Geschichte« erzählt die Staatswerdung Russlands von den mittelalterlichen Vorgängerstaaten im 10. Jahrhundert über das erste Zarenreich bis in die Gegenwart.

Ich erlebte ein gewaltiges Sinnstiftungsprojekt des staatlich kontrollierten Nationalismus, organisiert von Putins Beichtvater Pater Tichon Schewkunow. Millionen Russen haben die Schau bis heute gesehen. Um hineinzugelangen, standen die Menschen anfangs stundenlang Schlange, Schulen, Kasernen und Universitäten organisierten Ausflüge. Präsident Putin persönlich warb für die Reise tief zurück in die russische Vergangenheit. Selbstverständlich besuchte er die Ausstellung auch selbst und befand, dass sie gut war, die Historiker rief er zur »Objektivität« auf und warnte sie vor »kriminellen Verdrehungen« der Geschichte. Putin, so hatte er selbst einmal verraten, war schon in der Schule geschichtsbegeistert. Nun sollten die Russen es ihm gleichtun. Diese wuchtige Volkserziehungsaufgabe hatte der Präsident nicht dem Bildungsministerium anvertraut, nicht den Schulen, nicht den Historikern an den Universitäten. Er hatte die Orthodoxe Kirche damit betraut. Denn hier ging es um mehr als bloße Wissensvermittlung und historische Fakten.

Es ging um Russland, eine heilige Angelegenheit. »Die Religion der Erde« sei »sehr stark im russischen Volk« verankert, beobachtete einst der russische Philosoph Nikolaj Berdjajew, »sie ist in einer sehr tiefen Schicht der russischen Seele angelegt.« Wladimir Putin verinnerlichte diese Tradition, als er die Krim zur heiligen Stätte Russlands erklärte, »so heilig wie der Tempelberg für Muslime und Juden«. Etwas Quasi-Religiöses lag schon in der Sinnsuche der 1990er-Jahre, als Präsident Boris Jelzin mit einem landesweiten Preisausschreiben dazu aufrief, die »russische Idee« zu ergründen. In Moskau wurde damals gerade die Erlöser-Kathedrale am Moskau-Fluss wiedererrichtet. Das Land fragte nach seiner Identität. Heute bemühen sich der Präsident, das staatstreue Fernsehen und die Orthodoxe Kirche erst recht um Antworten. Mit allen Mitteln versuchen sie, das Vakuum zu füllen, das sich nach dem Ende des Sowjetkommunismus aufgetan hat. Deshalb produzieren Politiker, die Kirche und das staatliche Fernsehen eine Vielzahl von Reden, Fernsehserien und Ausstellungen, die von der vergangenen Größe des Landes erzählen. Sie hämmern den Nationalismus Putin'scher Prägung ins Tiefenbewusstsein der Bevölkerung ein. Die Geschichtslektionen sollen das Selbstgefühl der Nation heben und damit auf Dauer Putins Herrschaft sichern. Russlands Zukunft liegt in der Vergangenheit, so fasst die angesehene Autorin Masha Gessen das neue Selbstverständnis der Staatselite zusammen.[1] Die Kirche propagierte in diesen Ausstellungen eine neue »russische Idee«, die den Besucher auf vier Prinzipien einschwor: Das russische Volk vereint sich hinter einem starken Anführer, Russland wird vom Westen bekämpft, das Volk trägt heldenhaft seine Opferrolle, bis in den unvermeidlichen Krieg, und als Quintessenz: Warum Stalin auch heute noch gebraucht wird.

Im Anfang war die heilige Taufe Russlands. Am Eingang zur Ausstellung verteilten junge Geistliche Eintrittskarten und Kopfhörer. Sie gehörten zum Priesterseminar Pater Tichons im Moskauer Sretenskij-Kloster. In langen schwarzen Gewändern führten sie ihre Gäste durch die Räume: Mädchen und Jungen, Waisenkinder und Sprösslinge reicher Familien, Soldaten und Krankenhauspersonal. Es begann mit den Rurikiden, der ersten Dynastie des Reiches bis zum 16. Jahrhundert. An Schautafeln, Filmleinwänden, Malereien und Karten vorbei führte die Ausstellung zum ersten Höhepunkt: In einer grellbunten historisierenden Malerei sahen die Besucher Fürst Wladimir, der sich im Jahr 988 auf dem Gebiet der heutigen Ukraine taufen ließ. Seither galten die ostslawischen Fürstentümer als christianisiert. Über der Szene wölbten sich Kuppeln mit Mosaiken aus der Hagia Sofia in Konstantinopel – Byzanz war zwar weit weg, ließ aber grüßen. Gegenüber verdeutlichte eine Schautafel das Heidentum in Russland und die Schrecken, die Fürst Wladimir überwunden hatte, zum Beispiel die Opferung von Menschen. Zu sehen war auch ein Mann mit rot geränderten Augen, Ohrringen, Hakennase und schwarzem Haar, der ein blondes, slawisches Mädchen entführte. Die holde Maid trug einen Jungfernkranz, der rohe Mann alle Züge einer antisemitischen Karikatur; er sah einem Juden aus dem Schtetl ähnlich.

Die christliche Tradition Russlands, die hier aufgerufen wurde, war in vieler Hinsicht eine Projektion. Denn eine ungebrochene kirchliche Kontinuität über mehr als 1000 Jahre gab es nicht. In der Sowjetunion führte die Kirche ein Randdasein, sie war dem säkularen Staat unterworfen. Den Menschen wurde Lenin statt Christus angedient, viele Kirchen hatte man zu Werkstätten und Lagern umfunktioniert, andere einfach zugenagelt und verfallen lassen. Hohe Geistliche arbeiteten oft im Außenamt der Kirche und zugleich für den Auslandsdienst des KGB. Der lastende Druck der Sowjetideologie ließ erst unter Michail Gorbatschow nach. Unter seiner Ägide wurde 1988 feierlich an die Christianisierung Russlands vor tausend Jahren erinnert. Seither weitete die Kirche ihren Einfluss stetig aus, bis sie unter Putin zum sakralen Rückgrat des Staates wurde.

Ich fragte Pater Wsewolod Tschaplin, den Sprecher der Orthodoxen Kirche bis Ende 2015, ob die Kirche hier nicht vom Staat ausgenutzt würde. »Wir fühlen uns als Teil eines großen einheitlichen Organismus«, erwiderte er. Eine Indienststellung des Glaubens für eine nationalistische Lesart der Geschichte konnte er nicht erkennen: »Wenn wir Russen uns unterwerfen mussten, etwa unter den Bolschewismus 1917 oder unter den Marktliberalismus 1991, dann dauerte das nur kurz. Auf Dauer unterwerfen wir uns nur dem Evangelium.«[2] Tschaplin musste von seinem Sprecherposten Ende Dezember 2015 zurücktreten, weil er sich nach dem Geschmack des Patriarchen zu sehr für die Kriegführung in der Ukraine eingesetzt hatte. Außerdem wurde er in der Fastenzeit beim Verschlingen eines Burgers in einer amerikanischen Fastfood-Kette erwischt. Aber seine Unterwerfungstheorie teilte der Patriarch.

Als die Rurikiden-Schau im November 2014 eröffnet wurde, trat Kyrill I. in der Uspenski-Kathedrale des Kremls vor das Volk und sprach: »Russland hat sich nie vor dem äußeren Feind gefürchtet, wir haben immer gesiegt, auch wenn wir geschwächt waren.« Die Schwäche habe dabei stets denselben Grund gehabt: »Rasdroblennost« – Zersplitterung. Dieses Wort führte Putin oft im Mund, um zu warnen, vor Revolutionen, Aufständen und vor Protesten wie denen auf dem Maidan in Kiew 2013/14 oder im Frühjahr 2012 vor seiner Wiederwahl zum Präsidenten.

Die Ausstellung diagnostizierte am Schicksal der Rurikiden-Dynastie, wie innerer Zerfall wirkt. Eine große Tafel zeigte die Krankheitssymptome: Familien, die sich rücksichtslos bereichern und den Staat ausplündern, Bürger, die ihrem Land entfremdet sind, Machtzentren, die miteinander im Zwist liegen, Bevölkerungsrückgang, Egoismus, Brudermord. Ein

Geistlicher im Auftrag des Patriarchen erklärte einer Schülergruppe von Mädchen mit blonden Zöpfen und karierten Kleidchen: »Der Verlust der staatlichen Einheit schwächte Russland und machte es anfällig für äußere Aggression.« Die Ausstellung wartete dazu mit einer Vielzahl von Landkarten auf, jeweils versehen mit einer Skala, welche die Quadratkilometerzahl der ostslawischen Fürstentümer zeigte, einem »Territoriometer«. Dieses einzigartige, nur in Russland gebräuchliche Messinstrument zeigt Glück und Unglück des Patrioten an. Die Skala verzeichnete vom 10. Jahrhundert an eine kontinuierliche Ausdehnung – bis die Fürstentümer im 12. Jahrhundert plötzlich vom Spaltpilz befallen wurden.

Die Ausstellungsmacher rührten damit an aktuelle Traumata der russischen Eliten und auch der einfachen Menschen. Die 1990er-Jahre erlebten viele als ein Jahrzehnt des Niedergangs und des Kampfes um die Einheit Russlands. Die Sowjetunion zerfiel 1991 in 15 Staaten und noch mehr Rumpfterritorien. Es folgten der Tschetschenien-Krieg und die Angst, Russland könne sich weiter aufsplittern. Jeder, der das Territoriometer der Rurikiden-Dynastie betrachtete, tat dies in dem Wissen, dass Russland mit der Eroberung der Krim 2014 erstmals seit 1945 wieder gewachsen ist, Putin und der Einheit des Volkes sei Dank. Die Zustimmungsrate für den Präsidenten schoss 2014 auf nahezu 90 Prozent.

Doch mit der Ausdehnung erwuchs Russland aus Sicht der Ausstellungsmacher ein neuer, alter äußerer Feind: der Westen. Und auch hier diente die Ausstellung über weit zurückliegende Ereignisse eigentlich nur als Folie zur Erklärung von Russlands Gegenwart.

Die Rurikiden-Dynastie hatte, obwohl selbst europäisch, ein gespaltenes Verhältnis zum übrigen Europa. Die Ausstellung führte dies an zwei historischen Heldenfiguren vor, Alexander Newskij und Iwan IV., genannt »der Schreckliche«. Alexander Newskij machte sich seinen Namen im Kampf gegen

Europäer. Erst besiegte er an der Newa die Schweden, dann 1242 die Ritter des Deutschen Ordens in der Schlacht am Peipus-See. Um seinen Bruder im Kampf um die Macht auszustechen, tat er sich schließlich mit dem Mongolen-Khan zusammen. Auf einer Schautafel wird er so zitiert: »Man muss die Verteidigung im Westen stärken und die Freunde im Osten suchen.«

Schon während des Zweiten Weltkriegs verklärte die Sowjetpropaganda Newskij zur Lichtfigur. Auf Geheiß Stalins verfilmte Sergej Eisenstein das Leben des Fürsten, der das Rurikiden-Reich zu neuer Größe führte. Die Ausstellung überhöhte Newskij nun ein weiteres Mal und malte ihn als Vordenker der heutigen russischen Außenpolitik aus. Auf einer Schautafel pries Patriarch Kyrill Newskij für seine »strategische Weitsichtigkeit«, Außenminister Sergej Lawrow erblickte in ihm einen geistigen Vorfahren: »Newskij schuf die Grundlage für die mehrpolige russländische Diplomatie.« Und beim Rundgang durch die Ausstellung erzählten die Geistlichen vom Priesterseminar, dass die Mongolen, nicht die Europäer, den Russen halfen, zu nationaler Größe zurückzufinden. Man musste für das Mongolische Reich nur China einsetzen, um die heute vom Kreml gewünschte Lesart internationaler Beziehungen zu verstehen.

Die zweite Identifikationsfigur, Iwan IV., stammte aus dem 16. Jahrhundert, es ist Russlands erster gekrönter Zar. In einem Raum zeigten zeitgenössische Zeichnungen Quälereien jener Zeit, Folter und Enthauptungen. Alles Propaganda, wie die Ausstellungsmacher behaupteten. »Diese Zeichnungen sind deutsche Flugblätter aus dem 16. Jahrhundert«, sagte der Geistliche, der einer Schulgruppe die Exponate erläuterte. Das seien Lügen, um das Bild Russlands zu verdunkeln. »Der Westen hat schon damals unsere Realität verdreht.«

Im 16. Jahrhundert ermöglichte die gerade aufkommende Buchdruckerkunst, solche Szenen nach Erzählungen von Augenzeugen zu verbreiten. Die Ausstellung stellte diese Flugblätter unter die Überschrift »Die ersten Informationskriege der europäischen Presse«, oder: »die ersten westlichen Sanktionen gegen Russland«. Eine weitere Schautafel rückte die westlichen »Mythen« über *»Ivan the Terrible«* in einer Weise zurecht, die stutzen macht: Weder sei Iwan IV. schrecklich gewesen noch habe seine Leibgarde, die Opritschniki, das Land ausgeplündert. Und dass er seinen Sohn umgebracht haben soll, sei noch so eine westliche Legende!

Diese Rehabilitierung muss jeden Russen erstaunen. Die klassische russische und die sowjetische Geschichtsschreibung waren sich einig, dass Iwan seinen Sohn – wohl im Streit – umgebracht habe. In der Tretjakow-Galerie in Moskau hängt ein berühmtes Gemälde von Ilja Repin aus dem Jahr 1885, das zeigt, wie Iwan nach der Tat neben dem blutüberströmten Leichnam hockt. Warum sollte das unter Putin nun nicht mehr wahr sein?

Weil es den Eliten so gefiel. Die Rurikiden-Ausstellung lobte Iwan IV., weil er sich, genau wie Newskij, bestens dazu eignete, die aktuelle Politik zu legitimieren. Dagegen verblasste, was Historiker vor zehn, zwanzig oder hundert Jahren geschrieben hatten. Iwan IV. sei gewiss »etwas grausam« gewesen, sagte einer der Geistlichen vor den Schülern – fuhr jedoch sogleich fort: »Aber er hat unseren Staat gerettet.« Der erste Zar eroberte Kasan und Astrachan am Kaspischen Meer. Da schlug das Territoriometer nach oben aus. Iwan IV. gehört zu jenen starken Männern an der Staatsspitze, die das russische Territorium beständig erweitert haben.

Wohin dagegen ein schwacher Herrscher das Land führen kann, demonstrierte die Geschichtsschau am Beispiel der Nachfolger. Als Iwan 1584 starb, war das Reich von Kriegen erschöpft, nun brauchte es eine starke Hand. Doch auf dem Thron saß Iwans geistig unterentwickelter Sohn. 1598 schließlich griff Boris Godunow nach der Macht und ließ sich zum Zaren ausrufen. Fortan herrschte Zwietracht im Reich. Godunow musste sich gegen die mächtigen Moskauer Adligen, die Bojaren, erwehren, gegen einen falschen Zarensohn und gegen die eigene körperliche Gebrechlichkeit. Es kam, wie es kommen musste: Godunow, der erste Nicht-Rurikide auf dem Thron, verstarb frühzeitig, und Russland versank für Jahre in einer »Zeit der Wirren«. Das Reich begann zu zerfallen. Merke: Unter Iwan dem Schrecklichen war's besser.

Die moderne »Zeit der Wirren« – das sind nach Lesart der russischen Staatsmedien unter Putin jene Phasen der russischen Geschichte, in denen Russland im 20. Jahrhundert demokratische Gehversuche machte. Die Revolution von 1905, die bürgerliche Februarrevolution 1917, vor allem aber die 1990er-Jahre unter Boris Jelzin. Eine Zeit des Chaos, des Banditentums und Zerfalls, so hörte man es allenthalben in den Staatsmedien. Das war natürlich eine grobe Verzerrung dieser wirtschaftlich schwierigen Jahre, in denen der Staat unter einem extrem niedrigen Ölpreis litt – und Russland trotz Finanzkrach und Tschetschenien-Krieg nicht auseinanderbrach. Putin bestritt zu Beginn seiner Amtszeit übrigens die These von Wirren und Zerfall in den 1990er-Jahren.[3] Doch später – vor allem nach dem Tod Jelzins 2007 – merkte er, wie gut die Diffamierung seines Vorgängers beim Volk zog, und setzte sie strategisch ein.

Als ich nach vielen Sälen von »Meine Geschichte« bis zum 20. Jahrhundert vorgedrungen war, lernte ich eine neue Auslegung der Revolution von 1917 kennen. Eine Schautafel klärte darüber auf, dass Russland im Ersten Weltkrieg von der »ganzen Welt angegriffen« worden sei.[4] Den Krieg habe das Land am Ende verloren, weil »Chaos und Uneinigkeit herrschten«, die unter Putin gängige Übersetzung von Revolution. Diese Uneinigkeit sei von außen gefördert worden. »Die Briten gaben Geld für die Februarrevolution«, erzählte einer der Geistlichen den Schülern und mir, »die Oktoberrevolution wurde durch deutsche Agenten ermöglicht, die Wladimir Lenin und seine Leute bezahlten und ihm einen Zug Richtung Russland zur Verfügung stellten.« Auf Schautafeln wurden ähnliche Halbwahrheiten mit Dreiviertellügen verpackt und den Besuchern als unerschütterliche Einsichten serviert.

Einer von Putins Spindoktoren erklärte mir 2015 die neue kritische Sicht auf die Revolution von 1917, die immerhin achtzig Jahre lang der Stolz der Russen war. Wer Lenin huldige, könne Putin nicht preisen, wer auf Revolutionen stehe, könne die Regimestabilität von heute nicht schätzen – so lässt sich der Vorbehalt zusammenfassen. Konstantin Kostin, Chef der kremlnahen Stiftung für die Entwicklung der Zivilgesellschaft, erklärte, die »bezahlten Staatsstreiche von 1917« seien die Vorläufer der modernen »Farbenrevolutionen«.[5] In den 2000er-Jahren hätten westliche Agenten Aufstände in Georgien und der Ukraine angezettelt. »Orange Technologien« seien in der slawischen und arabischen Welt angewandt worden, um »verdiente Herrscher« zu stürzen. Russland sei gewarnt, sagte Kostin. Die Bolschewiki unter Lenin seien wie die Führer des Majdan in Kiew 2014 gewesen. Sie hätten unrechtmäßig und gewaltsam die Macht ergriffen. »Wir haben die Epoche des Chaos hinter uns gelassen«, eine Revolution werde es in Russland nicht mehr geben. Um dann in fast marxistischer Diktion fortzufahren: »Wir sind in einer höheren, in einer fortgeschrittenen Etappe.«

Das erklärt, warum das Jahr 1917 hundert Jahre später unter Putin nicht groß gefeiert wurde. Ein paar Ausstellungen, ein paar Fernsehsendungen, ein paar Reden, das war es schon. Putin hatte mit Lenin ein Spezialproblem. Er hielt seinem Vorgänger vor, in der Sowjetunion zahlreiche Autonomien und Republiken für die nichtrussischen Minderheiten geschaffen zu haben. Putin störte sich ausdrücklich an der antinationalistisch programmierten Nationalitäten-Politik Lenins. »Damit legten sie eine Atombombe unter das Gebäude Russlands, die später explodierte«, urteilte der russische Präsident und meinte den Zusammenbruch der Sowjetunion 1991[6] – ein Ereignis, das für Putin »die größte Katastrophe des 20. Jahrhunderts« war. Die Balten und Ukrainer sahen es genau umgekehrt. Eigentlich hätte Putin als Gegner der Oktoberrevolution es genauso wie die Balten empfinden müssen: Was Lenin schuf, ging endlich unter. Doch hier liegt der tiefe Widerspruch in der verdrehten Geschichtssicht des Kremls. Lenin war schlecht und konnte entsorgt werden, da war man sich einig, nur sein Nachfolger Josef Stalin, der wurde noch gebraucht.

Die Orthodoxe Kirche drückte sich in der Ausstellung »Meine Geschichte« nicht um die Stalin-Zeit herum. Schließlich saßen in dieser Epoche Geistliche genauso wie Millionen anderer Sowjetbürger in Arbeitslagern, wurden gefoltert, in Zwangsarbeit aufgerieben oder ermordet. Man müsste meinen, der Blick auf Stalin sei entsprechend kritisch. Die Kirche arbeitete die Verbrechen auf mit Zitaten der inhaftierten Popen, die nach eigenem Bekunden »nie so viel Licht und Freude hatten wie im Gefängnis«. Hier schien die Lust am Leiden wieder auf, die von Innerlichkeit gesättigte Opferrolle, die den Menschen zu einem höheren Wesen mache. Stalin selbst wurde in einem Film gewürdigt, in dem die kolossalen Verbrechen erwähnt, aber die Kollektivierung und Industrialisierung gepriesen wurden. Stalin habe das »Potenzial des enthusiastischen Sowjetmenschen befreit«, lobte der Sprecher. »Kultur und Industrie, alles nahm einen Aufschwung.« Diese Ambivalenz ist Programm.

Zu tief sind die Wunden, die Josef Stalin dem Land geschlagen hat, als dass man seine Verbrechen einfach unter den Tisch kehren könnte. Die offizielle russische Lesart schließt sich nicht den zahlreichen lokalen Aktivisten an, die Stalin-Büsten und Stalin-Statuen enthüllen, die Wolgograd wieder in Stalingrad umbenennen wollen. Aber Stalins Verbrechen werden eingerahmt durch eine Erzählung, die genau die toxische Ambivalenz befördert, ganz nach dem Putin'schen Satz: »Unsere Geschichte hat tragische und brillante Seiten.« So klingt dann auch das offizielle Narrativ, wie ein russischer

Vergangenheitsbewältiger der oppositionellen Geschichtsgesellschaft Memorial beklagt: Stalin habe »Fehler« gemacht, es sei »eine schwere Zeit,«[7] aber so sei es damals eben gewesen, geht diese Erzählung weiter. Die Verbrechen seien »notwendig« gewesen, um die gigantischen Herausforderungen zu meistern. Stalin habe brutal gehandelt, aber viel erreicht, seine Säuberungen seien gegen eine »potenzielle fünfte Kolonne« gerichtet gewesen.

Solche Sichtweisen wurden spätestens ab 2015 auch in die Schulen getragen. Ein neues Geschichtslehrbuch brachte die Hirne von Millionen Schülern auf Linie. 2015 segnete Russlands Bildungsministerium die neuen einheitlichen Geschichtslehrbücher ab. Ziel war ein »nationaler Konsens« über die Vergangenheit. Die »Schulbuchbereinigung« lag besonders dem Präsidenten am Herzen, der die Geschichtsbücher von »ideologischem Müll« und dem »Kleinreden« und »Herabsetzen« des Kampfes des sowjetischen Volkes gegen den Faschismus befreit sehen wollte. Der »korrekte« Gebrauch der Geschichte sei in Russland eine Sache des nationalen Interesses.[8]

Die Teilrehabilitierung Stalins als »effektiver Manager« hatte im revolutionären Erinnerungsjahr 2017 bereits tiefe Spuren hinterlassen. Während 2007 noch 72 Prozent aller Russen Stalins Repression als nicht zu rechtfertigende Verbrechen verurteilten, sank diese Zahl 2017 auf nur noch 45 Prozent. Die Rechtfertiger Stalins wuchsen in derselben Zeit von 9 auf 26 Prozent. Ganze 54 Prozent maßen dem Diktator eine »wenigstens teilweise positive Rolle« in der russischen Geschichte zu.[9] Wie sich die neuen Geschichtsbücher langfristig auswirken würden, war noch nicht absehbar.

Doch eine für den Nationalismus entscheidende Akzentverschiebung ist allen neuen Narrativen gemein: Geschichte, das ist eine Abfolge von gloriosen Siegen unter militärischen Führern, die das Volk einigen – oder Geschichte führte zu schmählichen Niederlagen in Zeiten der Zersplitterung. Geschichte, das ist die Vergrößerung oder Verkleinerung des russischen Territoriums. Geschichte feiert Triumphe – und geht über die Verluste hinweg. Im Jahr 2016 waren 76 Prozent der russischen Bevölkerung stolz auf die territorialen Erweiterungen ihres Landes seit dem 15. Jahrhundert.[10] Der wichtigste Grund, warum Stalin nicht als größter Massenmörder der russischen Geschichte verdammt wird, ist der Sieg über das nationalsozialistische Deutschland im Zweiten Weltkrieg und damit die enorme Ausdehnung der Sowjetunion 1945. Die neuen Geschichtsbücher an den Schulen konzentrieren sich auf die heroische Seite des Krieges.[11] Sowjetische Repressionen oder der verbrecherische Hitler-Stalin-Pakt, in dem die Diktatoren 1939 Osteuropa zwischen sich aufteilten, werden ignoriert oder als notwendig dargestellt. Wladimir Putin schrieb Mitte Juni 2020 einen Artikel über den Zweiten Weltkrieg, in dem er die Fakten dermaßen virtuos herumwirbelte, dass in Ostmitteleuropa die Empörung groß war. Er rechtfertigte den Pakt, der Grundlage des sowjetischen Einmarsches in Polen und den baltischen Staaten war, als »alternativlos« und »defensive Maßnahme«. Sie sei im Einklang mit internationalem Recht erfolgt. Sowjetische Truppen seien damals erst vorgerückt, als die polnische Regierung die »Kontrolle über das Territorium verloren« habe.[12] Aus Sicht der russischen Elite darf Geschichte nicht deprimieren, sie soll Stolz auf die Nation und gute Laune verbreiten, sie muss ein unterhaltsamer Zeitvertreib sein wie ein Videospiel.

Vor den Toren Moskaus haben russische Streitkräfte einen Vergnügungspark errichtet, der ein beliebtes Wochenendziel der Moskauer ist. Der »Patrioten-Park« ist ein viele Hektar großes Areal mit historischen Panzern, Flugzeugen, Haubitzen. Die russischen Rüstungsfirmen unterhalten daneben Verkaufshallen für ihre modernen Waffen. In Simulatoren können Besucher Kampfflugzeuge fliegen, Bomben werfen, mit der Kalaschnikow auf Menschen schießen. Ein großer Spaß vor allem für Jugendliche, die gern den ganzen Tag an den Simulatoren verbringen. Eine besondere Attraktion ist ein real existierendes Übungsgelände für Panzer, ein von Ketten zerfurchtes Feld, in dessen Mitte eine Nachbildung des Berliner Reichstags steht. Die Besucher können hier die Schlacht um Berlin nachspielen und mit dem Panzer um das Pappmaché-Parlament kurven. Krieg als Freizeitvergnügen. Das Schöne dabei: Opfer kommen nicht vor. Wer auf den Bildschirmen von Kugeln oder Granaten getroffen zusammensackt, löst sich mit einem digitalen Spritzer auf – rückstandsfrei. Der Park Patriot ist die digital verspielte Variante der Ausstellung »Meine Geschichte«, man hat es hier nicht mit Toten und Verletzten, sondern nur mit Siegern zu tun.

Dabei böte gerade der Zweite Weltkrieg Gelegenheit, die Rolle der Sowjetvölker als Opfer der deutschen Aggression ausführlich zu beschreiben. Im Vernichtungskrieg der deutschen Wehrmacht starben geschätzt knapp 27 Millionen Sowjetbürger. Die Deutschen verübten einen Völkermord an den sowjetischen Juden, sie zerstörten den Westen der Sowjetunion systematisch, sie löschten in genozidartigen Aktionen weißrussische, ukrainische und russische Städte und Dörfer aus. Slawen sahen sie als »Untermenschen« an. Dieser schlimmste Auswuchs des Nationalismus aller Zeiten wäre Anlass, nicht nur über den Sieg über den Faschismus, sondern über die Opfer nachzudenken. Vor allem über die barbarische Kriegführung der Nazis wäre zu reden. Doch im Abwehrkampf gegen die Deutschen nahm auch Stalin keine Rücksicht auf Menschenleben, Millionen Russen starben für sinnlose Befehle und unfähige Kommandeure.[13] Darüber haben Historiker nach dem Zerfall der Sowjetunion ausführlich geschrieben. Anlass zu trauern bietet die deutsch-russische Vergangenheit im Übermaß.

Die Unfähigkeit der Deutschen in den 1950er-Jahren, über ihre Verbrechen im Zweiten Weltkrieg zu trauern, haben Alexander und Margarete Mitscherlich in einem epochalen Buch beschrieben. Sie haben dieses Phänomen »erfolgreiche Abwehr einer Melancholie der Massen« genannt. Sie zeichneten die Mechanismen nach, wie sich die Deutschen im Wiederaufbau-Rausch der Nachkriegszeit gegen die Trauer verpanzerten. »Wenn überhaupt Erinnerung«, schrieben sie, »dann als Aufrechnung der eigenen gegen die Schuld der anderen. Manche Gräuel seien unvermeidbar gewesen, weil die Gräuel der Gegner das Gesetz des Handelns vorgeschrieben haben. Schließlich löst sich eine besondere Schuld auf dem eigenen Konto vollends auf.«[14]

Die Unfähigkeit zu trauern ist heute zum Bestandteil des neuen Gelegenheitsnationalismus geworden. Er braucht Sieger, keine Verlierer. Eine Vergangenheitsbewältigung mit Trauer und Reue, mit Selbstzweifeln und Zerknirschung ist unerwünscht. Das offizielle Russland blickt zurück, um sich selbst in der Gegenwart festzuzurren. Ausstellungen wie »Meine Geschichte« bieten keine fest gefügte Ideologie, wie die Sowjetunion sie hatte, sondern eher eine Kollektion von Mythen und Bildern, die das Volk um die Fahne scharen und so dem Staat nützlich sind. In ihren groben Umrissen lassen sie erkennen, wie sich Russland seine Zukunft vorstellt: Die neue »russische Idee« soll Staat, Gesellschaft, Armee und Kirche zugleich zusammenschweißen. Sie setzt das nationale Kollektiv dem Individualismus westlicher Prägung entgegen. Unter diesem großen Dach haben viele Platz: Nationalisten und Wirtschaftsliberale, Zarenverehrer und Sowjetbürger, Kommunisten und Kirchenmänner. Sie alle sollen dem quasisakralen Staat huldigen.

Die Geschichte ist dabei mehr als nur Dekor: Mit der Grundgesetzänderung vom Juli 2020 hat der russische Präsident seiner Sicht auf die Geschichte Verfassungsrang gegeben. Der Staat soll von nun an die »historische Wahrheit schützen«. Der Blick auf die Geschichte ist nicht mehr Ergebnis einer freien Diskussion der Zivilgesellschaft, sondern ein staatliches Diktat. Das glorifizierte Gestern verleiht Putins Herrschaft den Charakter einer Mission, die größer ist als die Gegenwart. Dass die Elite dazu nun tausend Jahre weit zurückblickt, zeigt die Ausmaße der Selbstüberhöhung, aber auch die Überzeugung, Russlands Zukunft solle sich am Gestern und Vorvorgestern orientieren. Die Vergangenheit ist eine der wenigen nichtmineralischen Ressourcen, über die Russland derzeit im Übermaß verfügt. Sie könnte den Nationalismus noch lange brennen lassen.

1 Masha Gessen: The Future is History. How Totalitarianism Reclaimed Russia (Riverhead Books, New York 2017), S. 285ff.

2 Gespräch mit Pater Wsewolod Tschaplin am 13. November 2014 in Moskau.

3 Da wird kein Krieg geführt. Wladimir Putin über Tschetschenien, Korruption und die Wirtschaftslage, Interview in: Die Zeit, Nr. 47, 18. November 1999, S. 3.

4 Tatsächlich war Russland mit den damaligen Weltmächten Frankreich und Großbritannien verbündet. Die Sicht, dass Russland schon 1914 allein gestanden hätte, ist neu. Bisher hatten die sowjetische und russische Geschichtsschreibung betont, dass nur die junge Sowjetmacht ab 1918 gegen ausländische »Invasoren« zu kämpfen hatte, das imperiale Russland aber über Verbündete verfügte. Die Orthodoxe Kirche und die von ihr beauftragten Historiker weiteten in der Ausstellung das Opferbild »Allein gegen alle« aus.

5 Michael Thumann: Lieber nicht an Lenin denken, in: Zeit-Online, 20. Oktober 2017, https://www.zeit.de/amp/politik/ausland/2017–10/russland-kommunismus-oktoberrevolution-wladimir-putin-wladimir-lenin-5vor8

6 Wladimir Putin rasskasal utschonym o podrywnoj roli Lenina v rossijskoj istorii, in: Interfaks, 21. Januar 2016. Siehe http://www.interfax.ru/russia/490856

7 Nikolai Petrov: Don't Speak, Memory. How Russia Represses its Past, in: Foreign Affairs, Januar/Februar 2018, S. 16–21, S. 17.

8 Golineh Atai: Die Wahrheit ist der Feind. Warum Russland so anders ist, (Rowohlt, Berlin 2019), S. 177f.

9 Andrej Kolesnikow: Istoritscheskaja politika w Rossii. Potschemu ona rasobschtschajet, a ne objedinjajet, in: Moskowskij Zentr Karnegi, August 2017, S. 3.

10 Kolesnikow, S. 2.

11 Félix Krawatzek: Geschichtsloyal? Wie die Jugend in Russland die Geschichte bewertet, in: ZOiS Spotlight, Nr. 39, Berlin 2018, S. 2.

12 Opublikovana statja Vladimira Putina: 75 let Velikoj Pobedy: obschtschaja otveststvennost pered istoriej i buduschtschim. http://kremlin.ru/events/president/news/63527

13 Ein Beispiel ist die überaus verlustreiche Rückeroberung der russischen Stadt Rschew, wo die sowjetische Generalität den Mangel an technischem Gerät, an strategischer Planung und Führung dadurch ausglich, dass sie möglichst viele Soldaten gegen die deutschen Stellungen anrennen ließ. Damals starben nach Schätzungen russischer Historiker unnötigerweise über eine Million sowjetischer Soldaten. Siehe Christian Neef: Ostfront, Attacke um jeden Preis, Der Spiegel, 6. Juli 2010.

14 Alexander und Margarete Mitscherlich: Die Unfähigkeit zu trauern (Piper-Verlag, München 1977), S. 36.

8. Instinktherrscher: Tayyip Erdoğan

An diesen Erdoğan können sich heute nur noch wenige erinnern. Ich traf den aufstrebenden Politiker zum ersten Mal 2002 in Ankara. Kaum zu glauben, dass der pragmatische Mann von damals dieselbe Person ist wie der türkische Präsident von 2020. Recep Tayyip Erdoğans Büro lag damals nicht in einem osmanisch-barocken Tausend-Zimmer-Palast wie heute, sondern in einem modernen Bau aus Glas und Stahl. Vor der Parteizentrale hingen, als improvisierte anatolische Draufgabe, kunterbunte Wimpel mit einer aufgedruckten Glühbirne, dem Wahrzeichen der gerade gegründeten konservativen AKP.

Ich betrat einen Konferenzraum, sachlich, schnörkellos, neutürkisch. Vorbei an der Phalanx der Berater ging ich auf den Vorsitzenden zu. Alles im Raum war auf ihn ausgerichtet, den aufsteigenden Politstar in der Türkei. Erdoğan stand am Ende der fast salutierenden Beraterreihe, hochgewachsen, mit knallroter, goldnadelfixierter Krawatte. Man sah gleich, dass er Wert auf Hierarchien legte, sie waren dem Mann aus kleinsten Verhältnissen im Istanbuler Werftenviertel schon damals wichtig. Er gab mir kurz und fest die Hand und wies auf den Stuhl zu seiner Linken. Dann setzte er sich und löste zwei Zuckerwürfel in einem dampfenden Glas Tee auf. Er war freundlich, vergleichsweise entspannt und ganz das Gegenbild zum heutigen türkischen Präsidenten, der bei jedem Auftritt so gereizt und überspannt wirkt. Gelassen klang vor allem, was er damals sagte.

Tayyip Erdoğan plädierte für einen abgeklärten »angelsächsischen Säkularismus« für die Türkei: »Ich darf meine Religion praktizieren, aber zwinge sie dir nicht auf.« Er wollte sein Land für »die Märkte und die Investoren öffnen« und wünschte sich eine enge Zusammenarbeit mit dem Internationalen Währungsfonds. Besser hätte es ein Prediger der Globalisierung nicht sagen können. Die Türkei hatte damals gerade eine schwere Finanzkrise hinter sich und baute ihr Bankensystem neu auf. In den USA bereitete Präsident George W. Bush den Irak-Krieg vor, in Deutschland regierte die rot-grüne Koalition unter Kanzler Gerhard Schröder. Erdoğan versprach demokratische Reformen für sein Land, das in fünfzig Jahren nicht weniger als vier Militärputsche erlebt hatte. »Die Türkei hat ein ernstes Problem mit Freiheitsrechten«, sagte er. Er sei für die volle Durchsetzung der EU-Gesetze, sie hälfen dem Land auf dem Weg zu einer besseren Demokratie. »Wir wollen alles dafür tun, um beitrittsreif für die EU zu werden, auch wenn es wehtut.«[1] So redete der Mann. Keine Spur von Islamismus. Keine Spur von Nationalismus.

Mein Interview widersprach vielem, was ich damals in der Türkei über Erdoğan hörte und las. Der junge Tayyip war im Haus eines Fährmanns aufgewachsen. Geld war in der Familie immer knapp, ähnlich wie bei Wladimir Putin, der sich in ärmlichen Verhältnissen in Leningrader Hinterhöfen durchschlug. Erdoğan wollte raus aus der Misere und versuchte es auf mehreren Wegen. Erst spielte er Fußball, sehr gut sogar, bis seinem konservativ-autoritären Vater und der religiösen Umgebung die ultrakurzen Hosen des jungen Stars missfielen. Der Vater schickte ihn auf eine religiöse Schule. Erdoğan gewann einen nationalen Wettbewerb im Gedichtvortrag.[2] Seine Fähigkeiten als Redner blitzten da schon auf. Als Student trat er in die islamistische Nationale Heilspartei ein und redete nach Meinung seiner enthusiasmierten Zuhörer so, »als säße er auf einem sich permanent aufbäumenden Pferd«.[3] Erdoğan war auch in der Milli Türk Talebe Birliği aktiv, einem nationalistisch-religiösen Studentenbund. Er geriet unter den Einfluss religiöser Prediger, islamistischer Bruderschaften und sunnitischer Salon-Bohemiens.[4] Einige von ihnen predigten türkischen Nationalismus in einer islamisch grundierten Variante. Erdoğan saugte alles auf, aber schloss sich nie nur einer Lehre, einem Lehrer an, er vermied ideologische Festlegungen.

Von da an ging es mit Erdoğan zügig aufwärts, bis er in den 90er-Jahren Bürgermeister von Istanbul wurde. Dort erwarb er sich durch populistische Sprüche und pragmatische Politik einen guten Ruf bei den konservativen Türken. Doch was er in Wahlkämpfen und Interviews von sich gab, erregte die säkularen Klassen und sollte ihn schließlich 1999 für 120 Tage ins Gefängnis bringen. Gegenüber der Zeitung *Milliyet* verglich er die Demokratie mit einem Vehikel, »von dem wir abspringen, wenn wir am Ziel sind«.[5] Das ließ die streng säkulare Justiz ihm gerade noch durchgehen, weil es nicht religiös gefärbt war. Verurteilt wurde er, als er den türkischen Nationaldichter Ziya Gökalp mit dem nationalpathetischen Reim zitierte, dass »die Minarette unsere Bajonette« und die »Kuppeln unsere Helme« seien.

Hatte Erdoğan also nur Kreide gefressen, als er mit mir im Interview sprach? Als er europäische Politiker überzeugte, dass er es bitterernst meinte mit den EU-Reformen? Als er sie tatsächlich einführte? War alles nur Täuschung, wie seine politischen Gegner, die säkularen Kemalisten, meinen? Wollte er schon immer einen zweiten Iran errichten? Der Streit über Erdoğans langfristige politische Absichten ist müßig, die Vorstellung aber, dass Erdoğan seit seiner Wahl 2002 nur ein islamistisches Drehbuch ablaufen lief, ist zutiefst unpolitisch. Das Erste, was in einer Demokratie beim Regierungsantritt eines Politikers im Papierkorb landet, ist das Drehbuch. Wer Erdoğan nicht nur aus dem Fernsehen, sondern aus nächster Nähe kennt, erzählt eine andere Geschichte. Politiker und Berater, die ihn lange begleitet haben, sehen in Erdoğan einen ruchlosen Pragmatiker, einen Instinktpolitiker, der jedes

Mittel nutzt, um politisch zu überleben. So habe auch ich ihn kennengelernt: Ideologisch ist er biegsam, aber starr im Griff nach der Macht. Erdoğan rollte 2002 keinen lang gehegten Plan aus. Er hatte vielmehr mächtige Gegner, die er als brillanter Taktiker mit überfallartigen Reaktionen ausspielte. Erdoğan hat dabei sein Land erst mit Reformen verändert und dann mit Repressionen überzogen. Er hat jahrelang Frieden mit den Kurden gesucht und dann schließlich im Bündnis mit Ultranationalisten Krieg in den Kurdengebieten der Türkei und Syriens geführt. Seither gebärdet er sich wie

ein Nationalist. Wann und warum ist der Mann gekippt?

Drei Perioden lassen sich unterscheiden: Zunächst betrieb Erdoğan die Annäherung an den Westen und pflegte die Erzählung vom wirtschaftlichen Aufstieg der Türken. Danach, ab 2010, begann er mit dem Ausbau des autoritären Staates, während er in einer neuen Initiative den Kurden Frieden und Rechte versprach. Die dritte Phase begann 2015, als Erdoğan die Erzählung von der »Neuen Türkei« in die Welt setzte. Er war kein genuiner Nationalist, sondern ein Machtmensch, der den neuen Nationalismus zur Herrschaftssicherung wählte, als sich die Gelegenheit bot.

Nach dem Wahlsieg seiner Partei 2002 war Erdoğan klug genug, den wirtschaftsliberalen Kurs des säkularen türkischen Weltbank-Reformers Kemal Derviş fortzusetzen. Der neue Premier krempelte das Strafrecht um und modernisierte die Richterausbildung. Er erweiterte die Rechte nichtmuslimischer religiöser Minderheiten und der Frauen, auch der Kopftuch-Trägerinnen. Das kam seinen tiefgläubigen Anhängern zugute, gefiel aber auch Liberalen, die plötzlich die islamisch-konservative AKP unterstützten. Viele von ihnen sahen eine Chance, dass aus der fehlerhaften, von Putschen zerrütteten türkischen Dreivierteldemokratie ein moderner Rechtsstaat werden könnte. War es möglich, dass ausgerechnet ein konservativ-populistischer Premier das Werk des Republikgründers Mustafa Kemal Atatürk ausbauen würde? Aus der

EU kamen scharenweise Berater, um zu helfen; die deutsche Regierung unter Bundeskanzler Gerhard Schröder schätzte Erdoğan für seine Reformen. Die Türkei drehte auf. Der Premier erreichte Ende 2004 in Brüssel den Beschluss, ab dem Folgejahr Beitrittsverhandlungen zwischen der EU und der Türkei aufzunehmen. Sein Land wurde gerühmt als Beispiel für die Demokratisierung eines muslimischen Landes.

Doch noch wichtiger als der Beifall von außen war der Boom im Innern. Erdoğan entfesselte die Kräfte eines brach liegenden Potenzials: den Geschäftssinn der gläubigen Unter- und Mittelschichten der Türkei. Sein Aufstieg stehe für ihren Aufstieg, rief er ihnen zu. Das wachsende Selbstbewusstsein führte zu einer wirtschaftlich fruchtbaren Konkurrenz mit den klassischen säkularen Eliten. Die gläubigen Türken begehrten, nicht mehr als rückständig abgestempelt zu werden. Sie bauten die Handwerkerbetriebe ihrer Väter zu global exportierenden Unternehmen aus. Sie gründeten Banken und Konzerne, ein Bauboom erfasste das Land. In den großen Städten wuchsen die Hochhäuser und die begrünten Villenviertel für die neuen Aufsteiger. Auch verarmte Türken fanden zu bescheidenem Wohlstand, die Armutsrate halbierte sich. In den Jahren 2002 bis 2007 verdreifachte sich die Wirtschaftsleistung der Türkei.[6] Mit den neuen Ressourcen führte die Regierung eine neue, flächendeckende Krankenversicherung ein. Erdoğans Erzählung ähnelte der von Wladimir Putin in Russland zu derselben Zeit – dem Narrativ von Glückseligkeit durch Aufstieg und Wohlstand. Mit Gläubigen, Aufsteigern und Liberalen im Schlepptau gewann Erdoğan auch die nächste Wahl 2007.

Warum aber ging die Erfolgsgeschichte so nicht weiter? Das ist nicht zu verstehen ohne die Niederlagen und Gegenspieler Erdoğans. Der Mann drehte sich nicht von allein. Druck von außen entstand durch den Machtwechsel in der EU. In Frankreich eroberte Nicolas Sarkozy das Präsidentenamt, ein populistischer Konservativer, der mit einer antitürkischen

Kampagne Wahlkampf gemacht hatte. In Deutschland löste die CDU-Vorsitzende Angela Merkel den Sozialdemokraten Schröder im Kanzleramt ab. Merkel sprach sich für eine »Privilegierte Partnerschaft« statt eines EU-Beitritts aus, bald darauf blockierte Sarkozy die EU-Türkei-Verhandlungen über zentrale Beitrittskapitel. Merkel ließ ihn machen. Der Weg der Türkei in die EU war versperrt.

Doch entscheidend war der Gegenwind in der Türkei. Die kemalistischen Institutionen, Armee und Justiz, versuchten, Erdoğan mit undemokratischen Methoden zu stürzen. Sie konspirierten gegen den Premier, während er reformierte. Nach jeder gewonnenen Wahl Erdoğans versuchten seine Gegner, das Resultat umzudrehen. Kemalisten und Linksnationalisten prophezeiten düster, Erdoğan würde die Türkei in einen zweiten Iran verwandeln. Sie fürchteten um ihre angestammten, teils ererbten Positionen in Verwaltungs- und Justizapparaten.

Der Angriff des alten Regimes begann an einem sonnigen Freitag Ende April 2007 in Ankara. Erdoğan hatte gerade seinen Parteifreund Abdullah Gül zum Präsidenten nominiert, als ein Mitarbeiter in der AKP-Zentrale ihn alarmierte. Die Armee drohte per Internet-Erklärung mit Putsch. Erdoğan stand plötzlich mit dem Rücken zur Wand. Auf den Straßen demonstrierten Hunderttausende Türken gegen ihn, von der Armee und kemalistischen Vereinen mobilisiert. Sie forderten seinen Rücktritt. Erdoğan aber blieb einfach sitzen. Da holten die Kemalisten zum nächsten Schlag aus. Die Justiz bereitete ein Parteiverbot für die AKP und ein Politikverbot für Gül und Erdoğan vor – ein neuer Putschversuch mit juristischen Mitteln. Das Verfassungsgericht lehnte die Verbote mit nur einer Stimme Mehrheit ab.

»Erdoğan lebte ständig in der Unsicherheit, von den alten Eliten abgeräumt zu werden«, erinnert sich ein Weggefährte, der ihm in jenen Jahren nahestand.[7] Er wurde hochempfindlich gegen Widerspruch, abweichende Meinungen und Kritik. Er wusste, dass die Hardliner der Kemalisten, Juristen und Generäle, allein in Wahlen nicht zu schlagen waren. Erdoğan sann auf Immunisierung seiner Macht.

Ich traf den Premier 2010, als er den entscheidenden Schlag gegen die alten Mächte der Türkei vorbereite. Er bestellte mich und eine Kollegin in die AKP-Zentrale, die mittlerweile durch Säulen, Kuppeln und Bögen neoosmanisch verkitscht worden war. Ich musste drei Stunden im Büro seines alten Mitstreiters Cüneyd Zapsu warten und vertrieb mir dort die Zeit mit AKP-
Zeitungen und einem zu Tee und Saft gereichten Linsengericht. Als ich Erdoğan endlich sah, war er seit unserem Treffen 2002 um Jahrzehnte gealtert. Scharfe Gesichtszüge, schmaler Mund, tief geränderte Augen, daraus ein herrischer Blick, der einschüchtern sollte. Doch als wir zum Gespräch auf einem ausladenden violetten Diwan in Bananenform Platz nahmen, war er unerwartet gut gelaunt. Er hatte soeben eine Sitzung der AKP-Führung hinter sich, in der er den Schlachtplan gegen die alten Eliten entworfen hatte: eine Verfassungsänderung. Damit wollte er das kemalistische Kartell aus hoher Justiz, Bürokratie und Militär sprengen. »Nächste Woche werden wir die Verfassungsänderung ins Parlament einbringen«, sagte er, lehnte sich zurück und schlug lässig die Beine übereinander. »Das Paket enthält die Reform der Justizorgane, des höchsten Gerichts der Türkei und die Möglichkeit, Militärangehörige vor Zivilgerichte stellen zu können.«[8] Was sich technisch anhörte, war eine Revolution. Sie bedeutete das Ende der kleinen juristischen Kaste, die seit Beginn der türkischen Republik Herrscherin über das Recht war. Die Möglichkeit, Soldaten vor Zivilgerichten abzuurteilen, sollte zusammen mit weiteren Reformen die Oberhoheit des Militärs über die politische Klasse brechen. Erdoğan brachte die Reformen erst durchs Parlament und stellte sie danach dem Volk zur Abstimmung: Die Türken stimmten für seinen Vorschlag. Künftig hatten der Präsident und die Regierung einen wesentlich größeren Einfluss auf die Bestellung der Richter. Erdoğan ent-

schied sich nicht für eine weitere Demokratisierung, die auch eine mögliche Konsequenz aus der Verfassungsänderung gewesen wäre, sondern für die Machtübernahme. »Das war der Wendepunkt«, erinnerte sich ein Mitarbeiter. Erdoğan habe die Gegner weggeräumt, aber ein neues Problem geschaffen: »Es fehlte ihm jetzt ein Gegengewicht.«

Der Staat – das war nun Erdoğan und die mit ihm verbündete Gülen-Bewegung, deren Vertreter wichtige Posten in der Justiz und den Sicherheitsorganen eroberten. Eine Verhaftungskampagne gegen mutmaßliche Putschisten machte Richter, Journalisten und Militärs mundtot. »Erdoğan wurde immer selbstbewusster, schließlich anmaßend«, verriet ein ehemaliger Berater. »Er wusste alles besser und ließ sich nichts mehr sagen.« Der Chef verbarrikadierte sich. Er hasste Widerspruch, er zoffte sich mit allen, die ihn bis dahin begleitet hatten. Er schickte langjährige Weggefährten in die Wüste, er tauschte viele AKP-Abgeordnete bei der Wahl aus, er machte Jagd auf Journalisten. Er stellte Ja-Sager und Lakaien ein. Zum Machtsystem von Erdoğan gehörte das Freund-Feind-Denken. Abhängigkeiten auch, Loyalität und Verrat. Erdoğan ließ einen Biochemiker als Vorkoster einstellen, vervielfachte das Heer der Personenschützer und beklagte sich bei einem Parteikollegen: »Sie wollen mich alle stürzen!« Doch auch Paranoiker werden manchmal verfolgt.

Es war zweieinhalb Jahre nach Beginn der arabischen Aufstände und eineinhalb Jahre nach den Bolotnaja-Protesten gegen Wladimir Putin, als auch Tayyip Erdoğan den Ansatz einer »Farbenrevolution« erlebte. Ein Teil der Türken ging im Sommer 2013 gegen den zunehmend autoritär-autistischen Premier auf die Straße. Was mit einem kleinen Protest gegen die Abholzung einiger Bäume im Gezi-Park von Istanbul begann, weitete sich infolge von Erdoğans Provokationen zum explosiven und bedeutendsten Protest der türkischen Zivilgesellschaft aus. Gefährlich waren die Demonstrationen auch, weil sie den Humor als Verstärker nutzten. Die Macht wurde verlacht. Erdoğan sah sich in die Ecke getrieben und griff in seine Werkzeugkiste: polarisieren und siegen. Er gab abwechselnd den zornigen Tyrannen und den gütigen Herrscher, mal feuerte er die brutal dreinschlagende Polizei an, mal traf er sich mit einer Protest-Delegation. Als keine Taktik mehr half, ließ er am Ende alles im Reizgas ersticken. Mit Polizeigewalt überleben, so hatte auch Putin in Russland die Bolotnaja-Aufstände niedergeschlagen. Was blieb, war die Verunsicherung, mit der jeder der beiden Herrscher auf seine eigene Art umging.

Es war ausgerechnet die Bewegung seines engsten Verbündeten Fethullah Gülen, die Erdoğans Albträume bestätigte. Die Organisation des islamischen Predigers lieferte ihm die gut ausgebildeten Kader für die Bürokratie und war die Speerspitze im Kampf gegen Kemalisten und Militär. Ihre Ermittler und Polizisten verhafteten in den Jahren seit 2008 massenhaft Gegner der AKP. Doch je mehr Macht Erdoğan in seiner Person konzentrierte, desto mehr geriet er in Konflikt mit den machthungrigen Gülen-Bürokraten. Vendetta à la turca: Gülen-Anhänger in der Staatsanwaltschaft versuchten Erdoğans Vertraute zu verhaften, daraufhin schlossen Erdoğan-Gefolgsleute die Gülen-Schulen, Stolz und Geldquelle der religiösen Bewegung. Als Antwort nahmen Gülen-nahe Ermittler das Umfeld des Premiers ins Visier. Erdoğans Familie, hochrangige Politiker, Minister und deren Söhne wurden mit Korruptions- und Geldwäschevorwürfen überhäuft. Im Haus des Direktors der staatlichen Halkbank fanden sich Schuhkartons voller Geld. Erdoğan selbst geriet durch abgehörte Telefongespräche in den dringenden Verdacht, sich persönlich zu bereichern. Es wurde gefährlich für ihn, weshalb er die beschuldigten Verwandten und Mitarbeiter sicherheitshalber aus dem Blickfeld räumte. Dann rüstete er zum Gegenangriff. Seit 2014 war er auf dem Feldzug gegen die Gülen-Bewegung, ließ Schulen, Zeitungen und Banken schließen. Er bezeichnet die Korruptionsvorwürfe als »Putschversuch« – drei Jahre vor der Verschwörung des Militärs von 2016, für die er ebenfalls

Gülen verantwortlich machte. Für den Kampf gegen die Gülen-Anhänger verbündete sich der Präsident paradoxerweise mit seinen alten Feinden, den Kemalisten und dem Militär. Erdoğan, der Pragmatiker, kennt keine ideologische Grenze.

Doch die wichtigste Grenzüberschreitung war jene, die ihn mit den türkischen Nationalisten in Konflikt brachte. Erdoğan hatte den nationalistischen Konsens der Türkei schon 2005 gebrochen, als er offiziell anerkannte, dass die Türkei ein Kurdenproblem habe. Damals hatte er bei einer Kundgebung in Diyarbakir in die jubelnde kurdische Menge gerufen: »Es ist auch mein Problem!«[9] In den folgenden Jahren entspannte Erdoğan die militärische Lage im Osten des Landes und erweiterte die kulturellen Freiheiten der Kurden. Den chronischen Krieg mit der PKK-Miliz zu beenden war damals einer der Wege, das türkische Militär schrittweise zu entmachten. Mit der »kurdischen Öffnung« ab 2009 ging er das Kernproblem an: die Entwaffnung der PKK im Tausch für mehr Freiheiten und begrenzte Formen lokaler Selbstverwaltung in den Kurdengebieten im Osten. Doch die Verhandlungen darüber zogen sich Jahre hin, wurden von Nationalisten, der PKK und Gülen-Anhängern sabotiert und endeten im Nichts. Erdoğan unternahm ab 2013 einen neuen Versuch. Da schockierte er wieder einmal die Nationalisten und rief im von ihm zunehmend verwendeten Pluralis majestatis: »Wir sind eine Macht, die alle Arten von Nationalismus mit den Füßen tritt.«[10] Wenig später beschuldigte er die Nationalisten, den Menschen »die Identität aufzudrücken und zu bestimmen, wie ein genehmer Staatsbürger auszusehen hat.«[11] Der folgende »Lösungsprozess« war eine Mischung aus konspirativen Treffen der Kurdenführer, offiziellen Gesprächen mit der Regierung und von Boten überbrachten Briefen des PKK-Führers Abdullah Öcalan. Der hatte in der Dauerhaft auf der Gefängnisinsel İmralı im Marmarameer den Einbruch des digitalen Zeitalters verpasst und schrieb viele Briefe an seine Kurden. Der Vorteil der analogen Kommunikation war, dass sie allein die Adressaten erreichte. Öcalan, der Aussätzige, empfing regelmäßig Besucher vom Festland. Doch viele türkische Nationalisten erregten sich über Erdoğans Ausgleichspolitik.

Erdoğans Interesse an der Gefängnispost und der kurdischen Selbstfindung in der Sprechstunde von İmralı hatte wiederum viel mit seiner eigenen Karriere zu tun. Er war des eingeengten Daseins als Präsident in einem parlamentarischen System überdrüssig und wollte als Regierungschef und Präsident in einer Person herrschen – so wie der legendäre Gründervater Mustafa Kemal Atatürk. In der türkischen Verfassung war der Präsident mit viel weniger Vollmachten ausgestattet als
der vom Volk gewählte Regierungschef. Es brauchte eine weitere Verfassungsänderung: also weg mit dem Premiersposten, her mit der rigorosen Beschränkung von Parlamentsrechten, alle Macht in die Hände des Präsidenten. Gewaltenteilung war nicht nötig, Erdoğan wollte über allem schweben.

Für den Weg in den Ein-Mann-Staat brauchte Erdoğan die Mitarbeit von mindestens einer Oppositionspartei, die mit seiner AKP die neue Verfassung verabschieden würde. Säkularisten und Nationalisten winkten ab. Erdoğan umwarb deshalb zunächst die prokurdische HDP mit dem charismatischen Führer Selahattin Demirtaş, und der war anfangs durchaus aufgeschlossen. Demirtaş träumte von einem historischen Ausgleich zwischen dem türkischen Zentralstaat und der PKK-Miliz, die endlich die Waffen abgeben sollte. Seine Idee war, »Erdoğan zum ersten Mal genauso an konkrete Abmachungen zu binden wie die Führer der PKK«.[12] Das hätte den türkischen Hyperzentralismus aufgeweicht und die PKK gezähmt. Aber seine Hoffnungen erfüllten sich nicht. Die PKK war nicht bereit, sich selbst aufzugeben, und sabotierte die Verhandlungen. Doch auch Erdoğan taktierte und sah in der politischen Vertretung der Kurden zunehmend eine Konkurrenz für die eigene Partei. Zum Bruch kam es, als Erdoğan sich weigerte, ein Kompromissdokument vom 28. Februar 2015 abzusegnen. Der enttäuschte HDP-Chef Demirtaş trat darauf am 17. März 2015 vor die eigene Fraktion und wiederholte in einer Ultrakurzrede drei Mal diesen Satz: »Sehr geehrter Tayyip Erdoğan, wir werden nicht zulassen, dass du Präsident wirst.«[13] Ein Satz, der zum populären Slogan auch bei Nicht-Kurden wurde. Der Charismatiker Demirtaş wurde Erdoğan gefährlich, bei der Parlamentswahl im Juni holte er sensationelle 13,2 Prozent für seine HDP. Die AKP dagegen sank um fast 10 Prozent ab und verlor die absolute Mehrheit. Das war Erdoğans bis dahin schlimmste Niederlage.

Nach der Wahl versank die Türkei in einer Welle der Gewalt. Sie erlebte die größten Anschläge seit Jahrzehnten: Im Juli kamen bei einer Bombenexplosion in der Stadt Suruç nahe der syrischen Grenze 33 Sympathisanten der HDP ums Leben; im Oktober starben bei einem Anschlag in der Hauptstadt Ankara 102 Menschen, über 500 wurden verletzt, allesamt Angehörige der HDP und anderer linker Parteien. Die Anschläge wurden nach allem, was wir heute wissen, von der Terrorgruppe »Islamischer Staat« verübt. Auffällig war, dass die türkischen Sicherheitskräfte sowohl bei der Verhinderung wie der Aufklärung der Angriffe komplett versagten. Stattdessen verbreitete Erdoğan die Verschwörungstheorie, dass sich die PKK mit dem IS verbündet hätte, um die Türkei zu schwächen. Ein Waffenstillstandsangebot der PKK-Führung ließ er unbeantwortet.[14] Gedungene Schläger verwüsteten Hunderte von HDP-Büros in der Türkei. Die radikalen Kader der PKK freuten sich, dass die politische Mission von Demirtaş gescheitert war, und die PKK verübte wieder Terroranschläge.

Erdoğan erlebte im Jahr 2015 einen mehrfachen Schock, der dem Putins 2012 ähnlich war. Der Plan, mithilfe der Kurden das politische System zu ändern, scheiterte. Sein Versuch, die Türkei zu befrieden, ging in Bombenexplosionen unter. Die türkische Wirtschaftsmaschine fraß sich fest, Arbeitslosigkeit und Inflation wuchsen, Erdoğans großes Wohlstandsversprechen zog nicht mehr. Was er am meisten hasste: Seine AKP war nach der Wahlniederlage auf eine Koalition angewiesen, der Umbau der Türkei in ein Präsidialsystem rückte in weite

Ferne. Alle Erzählungen seit 2002 hatten ihre Wirkmächtigkeit verloren: Erdoğan als proeuropäischer Reformer und Garant des Aufstiegs der einfachen Türken, die AKP als unbesiegbare dominierende Kraft, Erdoğan als der Mann, der die kurdische Frage endlich beantwortet. Noch in der Wahlnacht im Juni 2015 brach die Paranoia wieder aus, erläutert ein ehemaliger Mitarbeiter, »fühlte sich Erdoğan von allen Seiten verfolgt«: von den Europäern, die ihn abgewiesen hatten, von den Kurden, die ihn nicht zum Präsidenten machen wollten, von den Säkularen, die ihn lieber heute als morgen im Gefängnis sähen. Im Nachbarland Ägypten hatte das Militär den islamistischen Präsidenten gestürzt; Mohammed Mursi, ein Freund des türkischen Premiers, saß im Gefängnis. Unwillig ließ Erdoğan seinen Premier Ahmet Davutoğlu mit der Opposition monatelang über eine Regierungsbeteiligung verhandeln, tatsächlich aber steuerte er auf eine Korrektur des Wahlergebnisses hin. Im November kam es zwischen Terroranschlägen, Todesdrohungen und Kriegsgeschrei zu einer Neuwahl. Diesmal gewann die AKP. Doch Erdoğans Problem war nicht gelöst: Er brauchte einen Partner, der ihm half, die Verfassung zu ändern. Da machte ihm ein fast scheintoter Mann ein Angebot.

Devlet Bahçeli, der alternde Führer der rechtsextremen Partei der nationalistischen Bewegung MHP, wetterte jahrelang gegen Erdoğan, der die Türkei »an die PKK verkaufen« wolle. Der Kollaps der Kurdengespräche änderte die Lage. Erdoğans Allmachtsträume, so ließ Bahçeli beim Termin im Herrscherpalast durchblicken, waren für die MHP kein grundsätzliches Hindernis. Das war die Rettung für Erdoğan. Der Präsident bekam Hilfe ausgerechnet von der Partei der Grauen Wölfe, die er zuvor immer aus dem Parlament drängen wollte. Die Europagegner, die Kurdenfeinde, die Militärfreunde, die härtesten aller türkischen Nationalisten. Als ich den damaligen stellvertretenden MHP-Fraktionsvorsitzenden Oktay Vural traf, freute er sich, wie schnell man sich einig war. Die MHP indes hatte eine klare Bedingung: »Wir waren gegen jegliche

Zugeständnisse an die PKK und gegen jede Einschränkung der staatlichen Einheit.«[15] Das bedeutete: keine Dezentralisierung, keine Selbstverwaltung, keine kulturellen Freiheiten! Die MHP verlangte das Ende aller Verhandlungen mit der PKK. Und die AKP schlug ein, erinnerte sich Vural.

Tayyip Erdoğan, der flexibelste aller Islamisten, der biegsame Nationalistenkritiker, wankelmütige EU-Reformer und Kurdenversteher, hatte in seiner Karriere schon viele Wege ausprobiert, um an der Macht zu bleiben. Nun ließ er sich auf eine Ideologie ein, die er zuvor oft genug verdammt hatte. Er nutzte die Gelegenheit, seine Herrschaft durch den neuen Nationalismus zu festigen.

Damit überraschte er manche seiner Anhänger, doch in der politischen Landschaft der Türkei war sein Umschwung gar nicht so außergewöhnlich, denn fast alle Parteien haben den Nationalismus in der einen oder anderen Spielart auf ihre Fahnen geschrieben.[16] Die Kemalisten der CHP hielten den offiziellen Nationalismus türkisch-republikanischer Tradition hoch. Als Teil oder jenseits der CHP pflegten die antiwestlichen Ultranationalisten ihre Spielart eines mediterranen Linksnationalismus[17]. Türkische Mitte-Rechts-Politiker werben für sich mit einem nationalistisch aufgeladenen Wirtschaftsliberalismus. Die Rechtsextremisten der MHP vertreten einen ans Rassistische grenzenden Ethno-Nationalismus – und religiöse Parteien vermischen ihren islamisch gefärbten Nationalismus mit imperialen Versatzstücken aus den Schatzkammern des 1920 untergegangenen Osmanischen Reiches. Auffällig sind in der Türkei eigentlich eher Politiker, die ausdrücklich nicht nationalistisch sind. Erdoğan reihte sich jetzt ein, aber auf seine Weise.

Ganz wie Wladimir Putin entschied sich Erdoğan für einen Nationalismus à la carte, er spielte mit verschiedenen Varianten, die zur Wahl standen.[18] Dabei kam ihm zugute, dass er in jungen Jahren den religiös getränkten Nationalismus ganz unterschiedlicher Prediger inhaliert hatte. Was er damals mit-

nahm, war ein von Ingrimm gegen den Westen, Stolz auf das Türkentum und die imperiale Vergangenheit gesättigtes Ressentiment. Das entsprach ganz und gar dem Bauchgefühl des türkischen kleinen Mannes, dem immer irgendwie übel mitgespielt wurde. Diesem schaute er nun aufs Maul, wenn er in seine Reden nationalistische Parolen einstreute, einer scharfen anatolischen Pfefferwürze gleich, je nach dem rhetorischen Menü, das er servieren wollte. Erregte er sich über die Proteste der Kurden, erklärte er: »Wir sagen: eine Nation, eine Flagge, ein Land, ein Staat. Wem das nicht passt, der kann gehen!« Empfing er eine afrikanische Delegation, sagte er: »Wir haben
niemals Leid über andere Völker gebracht, die Türkei hat keinen Flecken von Kolonialismus in ihrer Geschichte!«[19] Reiste er nach Kirgistan, nahm er seinen Sohn Bilal mit, den Bogenschützen und Präsidenten des Ethno-Sport-Verbands, und beschwor in panturkistischer Manier den Zusammenhalt der Turk-Völker. Sprach er zu Arabern, pries er die Gemeinschaft türkischer und arabischer Gläubiger in einer islamischen Nation: »Zuerst sind wir Muslime und dann Türken, Araber, Perser …«.[20] Redete er vor AKP-Anhängern, erinnerte er an die Heere gläubiger Soldaten, die vor tausend Jahren in der Schlacht von Manzikert 1071 das byzantinische Reich schlugen. Um die radikalen Sunniten hinter sich zu scharen, ließ er 2020 die Haghia Sophia in eine Moschee verwandeln. Damit beendete er den 86 Jahre währenden Status dieser größten aller byzantinischen Kathedralen als Museum und belebte den Kulturkampf neu. Sehr oft bediente sich Erdoğan der antiwestlichen Reflexe türkischer Nationalisten. In seinen Reden rechnete er ab »mit den Zentralmächten dieser Welt«, den amerikanischen »Imperialisten«, dem »Christenklub Europa«, der die Türkei ablehne.[21] Doch die Welt bestehe aus mehr als fünf Vetomächten im Sicherheitsrat, sagte er und versprach: »Die Türkei wird eine führende globale Macht sein.«[22] Was diese wilde Mischung nationalistischer Aufwallungen zusammenhielt, war vor allem das Gefühl, ein neuer Nationalismus der Emotionen.[23] Erdoğan, der Abgehobene, kam darin seinen Wählern auf einmal wieder sehr nahe.

So mobilisierte er seine Anhänger für das Referendum über die neue Verfassung, den Umbau des politischen Systems und die darauffolgenden Neuwahlen; zugleich unterdrückte er die Opposition mit Terrorvorwürfen.[24] Erdoğan hielt das Land in einem permanenten Zustand der Generalmobilisierung um seiner Karriere willen. Dabei standen ihm die rechtsextremen Nationalisten der MHP fest zur Seite. Bei den Wahlen bildeten sie eine Volksallianz. »Das wurde nur möglich, weil Erdoğan die Gespräche mit den kurdischen Parteien abbrach«, erläuterte mir der Ex-Fraktionschef der MHP, Oktay Vural. Aber den neuen Nationalismus nahmen echte Nationalisten wie er nicht ernst. Er bekämpfe endlich die Terroristen, sagte Vural, »aber wir werden sehen, ob er noch nationalistische Politik betreibt, wenn die Gefahr der PKK gebannt« sei. Ihm fehle der Stallgeruch. Der »echte Nationalismus« wolle die Gesellschaft immun gegen diese Angriffe machen und die Türkei in eine »echte Unabhängigkeit« führen. Eine Mitgliedschaft in der EU oder in der NATO vertrage sich damit nicht, meinte Vural. Auch die Anwesenheit von Millionen Flüchtlingen reize die MHP, im Gegensatz zu Tayyip Erdoğan, der die Türkei für mehr als drei Millionen Syrer geöffnet hatte. Die MHP störte sich auch an Erdoğans liberalem Kurs gegenüber der christlichen Minderheit in der Türkei. Im August 2019 wohnte er der Grundsteinlegung des ersten Kirchenbaus der Türkei seit 1923 bei. Das konnte nur ein Gelegenheitsnationalist, kein genuiner Nationalist übers Herz bringen. Doch nun gehe es um den Sieg gegen den Terror, sagte Vural, und solange der nicht besiegt sei, halte man zusammen. Eine Kriegskoalition.

Von dieser war Tayyip Erdoğan nun abhängig. Er hatte die Säkularisten verschreckt, die islamistischen Intellektuellen vergrätzt, die Liberalen vertrieben, die Gülenisten eingesperrt, die Kurden verprellt. Einer der vielen Mitstreiter, die sich in den Jahren seit 2016 von ihm abgewandt haben, sah ihn in einem »Tunnel, aus dem er nicht mehr herauskommt«.[25] Es ging um viel mehr als Politik und Amt: Es ging ums schiere Überleben. Erdoğan habe große Angst um seine Familie, sagte der abgefallene Mitstreiter. Es gebe zu viele Eingeweihte, zu viele kompromittierende Dokumente, zu viel Geld in der Familie und zu viele Fragen, wo das alles herkam. Er musste sich nur in der Region umsehen: der ägyptische Herrscher Hosni Mubarak, der tunesische Diktator Ben Ali, der islamistische Freund Mohammed Mursi, der libysche Staatschef Muammar Gadhafi. Wo waren sie geblieben? Erdoğan, gefangen in seinem Palast, hatte keine Option mehr außer der Macht.

1 Michael Thumann: Mit dem Kopftuch nach Westen, in: Die ZEIT, Nr. 45, 31. Oktober 2002.

2 Ruşen Çakir, Fehmi Çalmuk: Tayyip Erdoğan. Bir dönüşüm öykүsü (Metis, Istanbul 2001), S. 21.

3 So ein Kommentator der islamistischen Zeitung Sebil, zitiert nach: Çakir/Çalmuk, S. 30.

4 Letzterer war der rechtskonservative Schriftsteller und Salonprediger Necip Fazil Kisakürek, auf den sich Erdoğan in seinen Reden immer wieder bezog.

5 Nilgün Cerrahoğlu: Veliaht Tayyip Erdoğan'a göre RP hepimizin partisi: Demokrasi bizim için araçtir, in: Milliyet, 14. Juli 1996.

6 World Bank Data: https://data.worldbank.org/indicator/NY.GDP.MKTP.CD?end=2010&locations=TR&start=2002

7 Solange Erdoğan an der Regierung ist, kann die Preisgabe von Namen solcher Gesprächspartner aus dem inneren Kreis der Macht schwerwiegende Folgen für die Betroffenen haben. Deshalb muss die Anonymität gewahrt bleiben.

8 Der Premier der Türkei im Gespräch: Im Finale halte ich zu Deutschland, in: Die Zeit, Nr. 13, 25. März 2010. Das Interview führte ich gemeinsam mit meiner Kollegin, der *Zeit*-Redakteurin Özlem Topçu.

9 Kürt sorunu benim sorunum, in: Hürriyet, 12. August 2005. http://www.hurriyet.com.tr/gundem/kurt-sorunu-benim-sorunum-341847

10 Erdoğan: Milliyetçilik ayak altında, in: Hürriyet, 18. Februar 2013. http://www.hurriyet.com.tr/gundem/erdogan-milliyetcilik-ayak-altinda-22621388

11 Tayyip Erdoğan: Millet ne dediyse biz onu yapıyoruz, 30. September 2013, zitiert nach Tanıl Bora: Die Osmanen und »mein Volk« (Anm. 16).

12 Gespräch mit Selahattin Demirtaş am 6. September 2015.

13 Demirtaş'tan Tek Cümlelik Grup Toplantısı: Seni Başkan Yaptırmayacağız, in: Bianet Haber Merkezi, 17. März 2015. http://bianet.org/bianet/siyaset/163076-demirtas-tan-tek-cumlelik-grup-toplantisi-seni-baskan-yaptirmayacagiz

14 Günter Seufert: Erdoğans Lohn der Angst, in: Le Monde Diplomatique, 12. November 2015.

15 Gespräch mit Oktay Vural am 22. Oktober 2019 in Istanbul.

16 Tanıl Bora: Die Osmanen und »mein Volk«. Der populistisch-nationalistische Diskurs in der Türkei unter der AKP-Regierung, unveröffentlichtes Manuskript, das der Autor mir bei einem Gespräch übergab.

17 Auf Türkisch nennt man diese Richtung »ulusalcı«. Linksnationalismus kennt man auch aus Griechenland bei den Sozialisten des früheren Premiers Andreas Papandreou, aus Frankreich beim Parteichef von La France Insoumise, Jean-Luc Mélenchon, oder in einer besonderen arabischen Spielart bei der Baath-Partei in Syrien und Irak.

18 Michael Thumann: Nationalism By Choice. How the Presidents of Turkey and Russia Take Advantage of National Feelings to Stay in Power (IPC Policy Brief, Istanbul 2020).

19 Presidency of the Republic of Turkey, Speeches of the President: https://www.tccb.gov.tr/en/news/542/44358/turkeyhas-no-stain-of-colonialism-in-its-history

20 https://www.tccb.gov.tr/konusmalar/353/92190/musluman-azinliklar-zirvesinde-yaptiklari-konusma.html

21 https://www.tccb.gov.tr/haberler/410/29719/gelecegin-turkiyesine-mevcut-sistemle-ulasamayiz

22 https://www.tccb.gov.tr/en/news/542/98891/-turkey-is-becoming-a-global-power-with-its-democracy-and-economy-

23 Nagehan Tokdoğan: Yeni Osmanlıcılık. Hınç, Nostalji, Narsisizm (Iletisim, Istanbul 2018), S. 15.

24 Günter Seufert: Ein Präsidialsystem »türkischer Art«. Konzentration der Macht auf Kosten politischer Gestaltungskraft (Stiftung Wissenschaft und Politik, Berlin, März 2019), S. 14 u. 15.

25 Auch dieser Erdoğan lange sehr nahestehende Zeuge muss aus Gründen des Persönlichkeitsschutzes anonym bleiben.

9. Opferkult auf Türkisch

Der Präsident liebt diesen Film: Helikopter kreisen über den Hochhäusern von Istanbul. Verschwörer stecken die Köpfe zusammen. Flugplätze werden besetzt. Soldaten kämpfen auf Bosporus-Brücken gegen Männer mit Jeans und Gewehren. Panzer kreuzen in der Stadt. Flugzeuge im Tiefflug öffnen ihre Bombenschächte. Das Parlament ist schwer getroffen. Die Bösen scheinen die Oberhand zu gewinnen. Bis *er* das Wort ergreift. Präsident Tayyip Erdoğan spricht über FaceTime zur Nation, zu sehen im Fernsehen auf dem Mobiltelefon einer Moderatorin. Er ruft sein Volk auf, die Plätze der Städte zu besetzen, Widerstand zu leisten. Und das Volk steht auf. Märtyrer fallen für die Nation. Die Putschisten werden eingekreist. Die guten Soldaten verhaften die bösen Soldaten. Sie führen die Verschwörer mit verschwitzten T-Shirts in Handschellen ab. Der gute Herrscher ist gerettet. Die Demokratie siegt. Dann kommt noch der Abspann, und ein Mann klatscht.

Der Chef der türkischen Informationsbehörde hatte zwei Monate nach dem Putschversuch 2016 eine Gruppe von ausländischen Journalisten nach Ankara eingeladen. Seinem Beifall konnten wir uns nicht anschließen, aber der Film war schon allein wegen seiner Machart beeindruckend. Im Parlament rauchten noch die Trümmer, da hatte die türkische Regierung schon ein perfektes Filmspektakel parat, um ein blutiges, traumatisches Ereignis in der Geschichte der Türkei in einer Viertelstunde mediengerecht auszuleuchten. Dazu verteilte der Chef reich bebilderte Kataloge, die keine neun

Wochen nach dem Coup auch jene Fragen beantworteten, die noch gar keiner gestellt hatte. Die Regierung wusste genau, wer geputscht hatte, warum, mit welchen Hintermännern, aus welchen Ländern – und warum der Westen ihr nicht geholfen hatte. Anstelle von unabhängigen Ermittlern ermittelte die Exekutive des Landes, in Abwesenheit von investigativen Journalisten enthüllte das Amt für Presse und Information. Information war Regierungssache, die türkischen Medien dienten nur noch als Verstärker. Der Geheimdienstchef, der als Erster von den Putschvorbereitungen erfuhr, der Generalstabschef, der den Putsch niederschlagen ließ, standen weder Staatsanwälten noch Untersuchungsausschüssen für Auskünfte zur Verfügung – und schon gar nicht uns. Wir angereisten Journalisten sollten nur konsumieren, was man für uns in leicht verdaulichen Happen vorbereitet hatte.

Es war eine säkularisierte Passionsgeschichte, in der das türkische Volk und vor allem natürlich der türkische Präsident stellvertretend für alle litt. Während des Putschversuchs, in dem Mitglieder der Gülen-Bewegung wahrscheinlich eine führende Rolle innehatten,[1] sind 241 Menschen ums Leben gekommen; sie hätten allerdings eine längere, transparentere und umfassendere Aufklärung ihrer Todesursache verdient. Aber um Aufklärung ging es nicht, sondern um ein fugenfreies Opfer-Narrativ für die Gründungslegende eines neuen Staates, der »Neuen Türkei« von Tayyip Erdoğan. Diese Erzählung sollte fortan den Gelegenheitsnationalismus des türkischen Präsidenten unterfüttern. Sie eignete sich bestens, um die Feinde und die Schuldigen zu identifizieren, den Herrscher von jedem Zweifel zu entlasten, die Sieger zu feiern, Aggression nach innen und außen zu rechtfertigen und die Opfer des nationalistischen Regierungskurses schlicht und schleunigst zu vergessen.[2]

Wir sahen diese Betroffenen nicht auf der Reise, die die türkische Regierung für uns organisiert hatte. Wir trafen Tijen Karakaş. Sie war die Moderatorin des Staatssenders TRT in der Putschnacht, eine blonde Frau Mitte dreißig mit einer dunklen Fernsehstimme. Mit der musste sie in der Putschnacht am 15. Juli eine mehr als fünfminütige Erklärung der Verschwörer verlesen. »Vor Angst stießen meine Beine an den Moderationstisch, ich dachte, das seien die letzten Stunden meines Lebens«, sagte sie uns vor dem Sendestudio von TRT in Ankara. Die Putschisten drohten, sie zu erschießen, wenn sie nicht lesen wolle. Die Soldaten saßen im Regieraum und im Studio. Sie musste die Deklaration fünfzehn Mal live vorlesen, während ihre Kollegen mit Plastikhandschellen in einen Nebenraum gesperrt wurden. Tijen Karakaş wurde zwei Mal zum Opfer: zum ersten Mal, als die Putschisten sie zum Verlesen der Erklärung zwangen, und zum zweiten Mal, als die Regierung ihre Geschichte nach allen Kräften vermarktete.

Die Pressereise hatte den Titel »Begegnung mit der Geschichte und der nationalen Einheit«, was sich im Programm insofern niederschlug, als wir Journalisten von allen dieselbe Geschichte hörten – ganz gleich, ob vom Fernsehchef, Parlamentspräsidenten, Informationsminister, handverlesenen Putschopfern oder Präsidentenberatern. Der Putsch wurde allein der Gülen-Bewegung angekreidet, die man in der Türkei fortan »Fethullah-Gülen-Terror-Organisation« (Fetö) nannte. Ungenannte ausländische Kräfte hätten die Putschisten unterstützt. Die USA böten Fethullah Gülen Herberge und lieferten ihn nicht aus, Europa habe der Türkei im Putsch nicht geholfen. Auch wir Journalisten seien eigentlich viel zu spät gekommen. Der Westen insgesamt habe sich an der Türkei schuldig gemacht. Ein Großkommentator der regierungstreuen islamistischen Zeitung *Yeni Şafak* schrieb, dass die USA den Coup mit den Gülenisten durchgeführt und die EU-Staaten ihn unterstützt hätten. Nun beginne ein »neuer Unabhängigkeitskrieg«, der ohne nationale Wachsamkeit nicht zu gewinnen sei.[3] So und ähnlich lauteten die Erzählungen, die türkische Medien seit Juli 2016 täglich verbreiteten und die wir in Form eines Hochglanzkatalogs und einer Film-DVD geschenkt bekamen.

Die türkische Klage, dass der Westen sich stark zurückhielt mit seinen Reaktionen auf den Staatsstreich oder einfach nur abtauchte, war nicht ganz falsch. Angela Merkel war in der Putschnacht in Ulan-Bator bei einem europäisch-asiatischen Gipfeltreffen, in einer Erklärung unterstützte die Kanzlerin die »demokratisch gewählte Regierung der Türkei«, genauso formulierte es der amerikanische Präsident Barack Obama. Aber danach folgte erst mal: nichts. Kein Besuch der Außenminister, keine Gespräche mit Erdoğan, keine Einladungen. Das war rückblickend ein diplomatischer Fehler, aber ein erklärbarer. Die NATO-Partner der Türkei waren entsetzt über die gewaltige Welle von Verhaftungen, Entlassungen und Verhören, die sofort am Tag nach dem 15. Juli 2016 begann. Der Staatsstreich wuchs sich für die Türken zu einem doppelten Trauma aus: Erst putschten Teile des Militärs gegen die Regierung, am Tag danach aber begann die Regierung mit einer Jagd auf Teile der Bevölkerung. So muss man es wohl nennen, wenn zwischen 2016 und 2019 fast hunderttausend Türken verhaftet wurden, gegen eine halbe Million Menschen Ermittlungen liefen, 150000 Beamte und Angestellte entlassen wurden. Die Regierung ließ über 3000 Schulen und knapp 200 Medienorganisationen schließen, über 4000 Richter und 6000 Akademiker verloren ihre Arbeit. Über 300 Journalisten wurden verhaftet. Die meisten Entlassenen konnten das Land nicht verlassen, ihre Bankkonten wurden eingefroren, niemand stellte sie mehr ein. Man hungerte sie buchstäblich aus. Wenn man die Familien dahinter mitzählt, waren mehrere Millionen Türken von den politischen Säuberungen betroffen.

Aus der Sicht des Präsidenten indes gab es neben den 241 Märtyrern des 15. Juli nur ein Opfer: ihn selbst. Gegen ihn war der Putsch gerichtet, gegen ihn kämpften Gülenisten, Putschisten, Terroristen – und für ihn stand das Volk. Tayyip Erdoğan ist ein Meister der Opfererzählung, die er schon für seinen politischen Aufstieg instrumentalisierte. Er persönlich beschrieb sich oft als Leidtragender von Verfolgung durch die kemalistischen Oberschichten, das Militär und die hohe Richterschaft. In seinem politischen Narzissmus sah er sich als Opfer zahlreicher Verschwörungen – und erweiterte diesen Status auf seine Anhänger. Seine gläubigen Wähler seien Opfer der herrschenden Schichten in der Türkei geworden, seine politische Partei die Geschädigte eines unfairen politischen Wettbewerbs im Land. Kurz nach seinem Amtsantritt im Mai 2003 sprach Erdoğan von den benachteiligten »schwarzen Türken« und meinte die Religiösen, die von den herrschenden Schichten in den Küstenstädten unterdrückt würden. »Diese Leute konnten sich nicht ausdrücken, sie bekamen keine Chance auf eine Ausbildung, sie wurden systematisch verdrängt und erniedrigt«, sagte Erdoğan.[4] »Sie versuchten, unser Selbstwertgefühl zu brechen.«

Auch dieses Narrativ hatte einen wahren Kern. In der Tat sperrte die kemalistische Justiz Erdoğan 1999 nur wegen Verlesens eines Gedichts für vier Monate ins Gefängnis. Im türkischen Alltag vor Erdoğans Amtsantritt wurden Absolventen religiöser Schulen im Militär und im Staat abgewiesen, in öffentlichen Gebäuden und an Universitäten herrschten rigorose Kopftuchverbote, das Militär filterte religiöse Soldaten in Alkoholgelagen heraus, das Raki-Trinken artete in Glaubens- und Gesinnungsprüfungen aus. Die säkularen Klassen schlossen die Reihen, wenn religiöse Türken versuchten, in Staat und Gesellschaft aufzusteigen. Das war alles richtig.

Doch was nicht stimmte, war die Hülle um diesen wahren Kern. Geschickt vermischte Erdoğan seinen politischen Aufstieg mit der Biographie seiner Wähler – so wie viele Populisten es tun. Sein Leiden war ihr Leiden, sie sollten unzertrennlich werden, vor allem, wenn es ans Wählen ging. Doch war Erdoğan schon als Bürgermeister, vor allem aber als Premier kein Ausgegrenzter mehr, sondern verkörperte die neue Elite. Als Präsident wurde er selbst zum Ausgrenzer. Nach dem Verfassungsreferendum von 2010 demokratisierte er die Türkei nicht mehr, sondern errichtete Zug um Zug ein autoritäres System. Er und seine politischen Mitstreiter waren nicht mehr von Politikverbot und Verhaftung bedroht. Nun ließ er verhaften. Er war nicht mehr verfolgt, sondern ließ verfolgen. Das selbsterklärte Opfer suchte sich seine Opfer. Was man ihm angetan hatte, zahlte er mit dem Vielfachen zurück. Und der von ihm zelebrierte Opferkult legitimierte seinen Rachefeldzug, auch gegenüber dem Westen.

Denn natürlich hatte er nicht vergessen, wie der französische Präsident Nicolas Sarkozy 2007 mit dem Spruch »Die Türkei hat keinen Platz in Europa« die Beitrittsverhandlungen zwischen Ankara und Brüssel zerrüttete. Frankreich blockierte einseitig und gegen den Beschluss der EU mehrere zentrale Kapitel der Verhandlungen. Bundeskanzlerin Angela Merkel erklärte damals, sie bevorzuge eine privilegierte Partnerschaft, sie blockierte keine Kapitel. Dieser klare Bruch mit dem Geist der 2004 vereinbarten Verhandlungen traf Erdoğan in einer Zeit, in der ihm das Militär unverhohlen mit einem Putsch und die Justiz mit Politikverbot und Absetzung drohten. Seither begann er von dem »Christenklub« zu reden, der keine Muslime wolle. Später kam die Erzählung von der »Islamophobie« Europas hinzu. Mit Erdoğans Wende in den Nationalismus wurde der antiwestliche Diskurs zu einem festen Bestandteil seiner Reden. Er erinnerte dann an die großen Schlachten der Vergangenheit, in der muslimische Türken christliche, westliche Truppen schlugen oder zurückwarfen: die Schlacht von Manzikert 1071, in der die Byzantiner den nach Anatolien drängenden Seldschuken unterlagen; die Eroberung Konstantinopels 1453; die Schlacht von Gallipoli 1915, wo sich osmanische und westlich-alliierte Truppen einen grausamen Stellungskrieg lieferten.[5] Die Schlacht von Manzikert ließ der Präsident 2017 in einem großen Spektakel feiern, der seldschukische Sieg wurde als Zeitenwende gepriesen, in der die Muslime »Anatolien ihren türkisch-islamischen Stempel aufdrückten«. Die Staatsmedien soufflierten, das türkische Volk habe heute wie damals die »Mission«, sich gegen die »Zentralmächte« der Welt aufzulehnen. In neuen Schulbüchern wurde das Osmanische Reich als »zivilisatorische

Alternative zum Westen« gerühmt. Was früher einmal Byzanz war, sind heute die USA.[6] Erdoğan redete in Kategorien des Kulturkampfes, Muslime gegen Christen, Ost gegen West, Gut gegen Böse, häufig ohne zu sagen, wen er genau meinte. Der Westen trat bei ihm in vielen Fällen nur in der dritten Person Plural auf. Während einer Frühstücksrede vor Wirtschaftsvertretern in der westanatolischen Stadt Balikesir 2015 sagte er allen Ernstes: »Sie wollen, dass wir unsere Geschichte vergessen, sie wollen unsere Werte zerstören, sie wollen Verzweiflung und Pessimismus unter uns säen. Sie haben uns nie erlaubt, etwas selbst zu produzieren, sie wollten uns nur als Konsumenten, sie wollten uns als Markt.«[7]

Erdoğan rührte an alten Ressentiments türkischer Nationalisten, aber auch an die allgegenwärtigen Ängste der Türken. Die Furcht, vom Westen ausgenutzt, unterworfen und aufgeteilt zu werden, wird in Schulbüchern und Medien vielfach genährt. Beinahe alle Türken kennen den Vertrag von Sèvres, jenen Diktatfrieden, in dem die Siegermächte des Ersten Weltkriegs das Osmanische Reich in einem kolonialistischen Durchmarsch unter sich aufteilten.[8] Auch wenn die Türken diesen Vertrag durch ihren Sieg im darauffolgenden Befreiungskrieg unter Mustafa Kemal Atatürk auf den Trümmerhaufen des Weltkriegs verbrannten, lebt er bis heute in den Köpfen nach: als Dokument westlicher Bösartigkeit, der die Türken immer wieder zum Opfer fallen.

Diese Gemütslage machte sich Erdoğan zunutze, als er dem Westen bei jeder Gelegenheit »kolonialistisches Verhalten« vorwarf und insbesondere den Deutschen den Genozid an den Hereros und Nama vorhielt. Gleichzeitig aber reklamierte er für die Türkei, »keinen Flecken Kolonialismus in ihrer Geschichte« aufzuweisen. Das sehen natürlich die arabischen Völker nach jahrhundertelanger Zugehörigkeit zum Osmanischen Reich ganz anders. Und auch Türken können leicht darauf kommen, wenn sie im Archäologischen Museum von Istanbul die antiken Attraktionen betrachten und die Provenienzhinweise lesen. Der legendäre Alexander-Sarkophag zum Beispiel, das fantastische Prunkstück der Sammlung, wurde 1887 von dem türkischen Archäologen Osman Hamdi Bey in der Königsnekropole von Sidon im Libanon gefunden und von dort in die Hauptstadt des Osmanischen Reiches verbracht – in der gleichen Art und Weise wie gut achtzig Jahre zuvor, als der britische Botschafter an der Hohen Pforte, Lord Elgin, in Athen Marmorskulpturen aus dem Parthenon herausbrechen ließ und sie nach London verschleppte, wo sie heute im Britischen Museum stehen. Oder der deutsche Archäologe Carl Humann, der – gemäß einer Übereinkunft mit den osmanischen Behörden – den Fries des Pergamon-Altars aus Westanatolien nach Berlin transportierte. Die Großmächte des 19. Jahrhunderts sammelten antike Schätze um die Wette und fragten nicht, ob solche Kunstwerke nicht besser am Ort verbleiben sollten. Erdoğan rühmt zwar gern den Glanz des Osmanischen Reiches, aber unterschlägt konsequent die elende Rückseite imperialer Herrschaft. Hier geht es nicht um Aufrechnung, sondern um die Frage, warum diese von jedem Zweifel ungetrübte Heroenmalerei in der Türkei so durchgeht.

Die türkische Soziologin Nagehan Tokdoğan hat sich ausführlich mit Erdoğan beschäftigt. In einem Café unweit des Präsidentenpalastes erklärte sie mir ihre Sicht auf dessen widersprüchlich-pathologische Rhetorik. Erdoğan und viele seiner AKP-Parteikollegen, aber auch die Wähler hätten Vorbehalte sowohl gegenüber dem Osten wie dem Westen. Sie sähen das Land als natürliche Führungsmacht in der Region, vor allem gegenüber den Arabern, fürchteten aber, gegenüber Europa zurückzufallen. »Sie wollen wie der Westen sein, aber schaffen es nicht. Sie ähneln dem Osten, aber stehen nicht dazu. Sie fühlen sich dem Osten überlegen und beneiden den Westen.« Es sei eine toxische Mischung aus Arroganz und Unterlegenheitsgefühl zugleich, die zu »selektiver narzisstischer Selbstwahrnehmung« und Verdrängung führe.

Die politisch wohl folgenschwerste Verdrängung ist der Umgang der türkischen Regierung mit der Vertreibung und Ermordung der Armenier, Assyrer, Aramäer und anderer christlicher Minderheiten 1915. Seit Jahrzehnten fordern die armenische Regierung und Diaspora von der Türkei die Anerkennung des Genozids, was diese ablehnt.[9] Die armenische Diaspora wirbt in vielen Ländern hartnäckig dafür, den Genozid per Parlamentsbeschluss anzuerkennen, der deutsche Bundestag verabschiedete eine solche Resolution 2016. Allerdings hat es in Erdoğans nichtnationalistischer Frühphase durchaus Versuche der türkischen Regierung und der Zivilgesellschaft gegeben, die Verbrechen aufzuarbeiten. Der AKP-Politiker Abdullah Gül besuchte 2008 als erster türkischer Präsident Armenien. Professoren und Journalisten luden 2005 zu einer Konferenz an der Bilgi-Universität ein. Dagegen und wider alle Ansätze einer Vergangenheitsbewältigung liefen türkische Nationalisten Sturm, sie erwirkten erst ein Verbot der Bilgi-Konferenz und demonstrierten dann vor dem Universitätsgebäude, als sie doch erlaubt wurde. Drei Jahre später starteten Istanbuler Intellektuelle eine Unterschriftenkampagne »Özür diliyorum« (Ich bitte um Entschuldigung). Einige Veranstalter der Kampagne leben heute im Exil, der armenische Journalist Hrant Dink wurde schon 2007 auf offener Straße ermordet.

Erdoğan war nie wirklich von der Vergangenheitsbewältigung überzeugt, Entschuldigungen sind seine Sache nicht. Die Reise seines Parteifreundes Gül nach Jerewan betrachtete er aus sicherer Distanz, die Annäherung an Armenien fiel nach 2009 den Beziehungen zum Öl- und Gas-Staat Aserbaidschan zum Opfer. Armenien hält seit 1992 Teile von Aserbaidschan besetzt, weshalb die Türkei 1993 die Grenze zu Armenien schloss. Wollte ein türkischer Premier die Schlagbäume zu Armenien öffnen, müssten Armenien und Aserbaidschan sich zumindest auf Verhandlungen einlassen. Das gelang nicht, und so erstarrten alle Öffnungsübungen mit Jerewan. 2011 bezeichnete Erdoğan ein fünf Jahre zuvor in der osttürkischen Stadt Kars errichtetes Denkmal für Frieden und Aussöhnung mit Armenien als »Monstrosität«. Daraufhin wurde es abgerissen.

Mit seiner Wende in den Nationalismus ab 2015 zelebrierte Erdoğan den patriotischen Erinnerungskult. Auf den hundertsten Jahrestag des Beginns der Armenier-Vertreibungen am 24. April 2015 legte er die grandiosen Feiern zum Gedenken an die Schlacht von Gallipoli, als Konkurrenzveranstaltung zu der armenischen Erinnerung an den Genozid. Politiker aus Großbritannien und Aserbaidschan, aus Australien und Südsudan waren gekommen. Gallipoli war ein Weltereignis, wo Menschen vieler Nationen gekämpft hatten. Am großen Märtyrer-Denkmal in Çanakkale formten Soldaten in historischen Uniformen einen Korridor für die Staatsgäste. Erdoğan legte einen Kranz am Denkmal ab, hinter ihm ging der britische Thronfolger Prinz Charles in militärischer Uniform und mit Kranz. Nach einer Schweigeminute zog ein Soldat die türkische Flagge auf – und alle sangen die türkische Nationalhymne. Erdoğan aber sah sich wenig später zu einer Art Rechtfertigung genötigt und blickte auf die Deportationen der Armenier zurück. Er beschuldigte »armenische Banden« zahlreicher Massaker an der türkischen Zivilbevölkerung. Daraufhin habe der Osmanische Staat »mit Maßnahmen reagieren« müssen. Eine davon sei die »Umsiedlung der armenischen Bevölkerung in den Süden« des Reiches gewesen. Im Krieg seien viele Millionen Menschen auf der Flucht gewesen und hätten viel erlitten. »Genauso waren die Armenier in den südlichen Regionen«, womit Erdoğan die syrische Wüste umschrieb, »Problemen der obwaltenden Bedingungen und der öffentlichen Ordnung ausgesetzt« gewesen.[10] Maßnahmen, Bedingungen, Ordnung. Er redete apologetischer als die Apologeten. Wie konnte er nur?

Nicht nur in Russland und in der frühen Bundesrepublik, auch in der Türkei ist die von Alexander Mitscherlich beschriebene Unfähigkeit zu trauern weit verbreitet. Anatolien hat viele Kriege und Verbrechen erlebt. Nicht nur an die Vertreibung und Ermordung der Armenier ließe sich erinnern. Trauern ließe sich auch um die anatolischen Griechen, die ab 1922 fortgejagt wurden. Trauern ließe sich um die Muslime vom Balkan, die 1912/13 in den Kriegen der Serben, Bulgaren und Griechen – erst gegen das Osmanische Reich und dann untereinander – vertrieben wurden. Trauern ließe sich um die Istanbuler Griechen, die 1955 einem staatlich inszenierten Pogrom zum Opfer fielen. Wer damals nicht floh, wurde von der türkischen Polizei, von Behörden und Nationalisten mit bürokratischem Druck oder Gewalt aus der Stadt gejagt. Geblieben sind heute noch der ökumenische Patriarch und etwa 1500 alternde Griechen. Trauern ließe sich um die 70000 kurdischen Aleviten von Dersim, die während der Angriffe der türkischen Armee 1937/38 ausgelöscht wurden. Trauern ließe sich um die muslimischen Opfer der Terroranschläge des IS von 2016, genauso wie über die erstickten, verbrannten, verschütteten Arbeiter in den Kohlebergwerken am Schwarzen Meer oder über die Zerstörung Zehntausender kurdischer Dörfer im Südosten in den 1990er-Jahren. Die Türkei ist voller Geschichten tiefer Trauer.

Betrauern lässt der türkische Staat indes die Opfer von Terroranschlägen der PKK-Miliz. Das ist durchaus berechtigt. Die PKK-Angriffe auf Soldaten, Polizisten, aber auch auf die Zivilbevölkerung haben eine breite Blutspur durch die jüngere Geschichte der Türkei gezogen. Doch die staatlichen Zeremonien entziehen die Opfer wirklicher Trauer. Sie stellen den Toten in den Dienst des Staates, der Leichnam wird noch vor der Grablege politisiert, um die Menge zu mobilisieren und den Feind zu identifizieren. Dem Märtyrer wird auch nach dem Tod keine Privatsphäre zugebilligt. Diese Form des Opferkults kennt keine innere Einkehr und keinen aufrichtigen Respekt, weder vor den Toten noch vor den Lebenden.

Erdoğan empörte einen Teil der Öffentlichkeit im Februar 2018, als er bei einer AKP-Veranstaltung auf die Bühne stieg und ein Mädchen im Grundschulalter zu sich heranrief. Das

Mädchen war in Kampfuniform gekleidet, trug ein kastanienbraunes Barett und hatte eine türkische Flagge in der Brusttasche, passend zur patriotischen Stimmung. Die Türken verfolgten an den Fernsehschirmen gerade den Feldzug ihrer Truppen gegen die nordsyrische Stadt Afrin. Erdoğan begrüßte das Mädchen und sagte, dass Soldaten mit kastanienbraunem Barett keine Tränen kennen würden. Doch sie weinte schon. Dann zog er das Mädchen zu sich heran, fasste ihr von oben um das Kinn und sagte: »Wenn sie als Märtyrerin stirbt, wird sie mit der Flagge bedeckt werden, so Gott will.« Das Mädchen brach nun endgültig in Tränen aus. »Sie ist für alles bereit«, fuhr Erdoğan fort. Dann küsste er sie lächelnd links und rechts auf das tränennasse Gesicht und ließ sie gehen. Die AKP-Mitglieder klatschten frenetisch und riefen Erdoğan im Chor zu: »Führe uns nach Afrin!«

Der staatlich betriebene Märtyrerkult macht noch nicht mal vor den Lebenden Halt, auch wenn sie gerade erst zur Schule gehen. Er duldet keine Verlierer, er ignoriert den Menschen, er interessiert sich nicht für den Verlust. Der Opferstatus ist die emotionale Voraussetzung, um nach Rache, nach Vergeltung, nach Sieg zu verlangen. Auf das Heroische kommt es an.

Die staatlich ausgeschlachtete Erinnerung an das Osmanische Reich eignet sich bestens für Heldengeschichten. Die AKP entdeckte seit Erdoğans Schwenk in den Nationalismus laufend neue Siege aus ferner Vergangenheit. Gallipoli und Manzikert wurden schon 2015 ausgiebig gefeiert. Historiker gruben in Auftragsarbeiten neue Triumphe aus. Die AKP ließ 2016 die Schlacht von Kut al-Amara feiern, einen »anderen vergessenen Sieg von Muslimen über Christen«. 1916 hatte das osmanische Heer bei der Stadt Kut, die heute im östlichen Irak liegt, 15000 britische und indische Soldaten eingekreist, belagert und zur Aufgabe gezwungen.[11] Die Schlacht von Sarıkamış, in der die dritte osmanische Armee Anfang 1915 gegen die russische Kaukasus-Armee verlor, wird als Märtyrer-Event gefeiert. Die AKP ließ eine 99 Meter hohe Statue in einem 15000 Quadratmeter großen Erinnerungskomplex errichten. Das Ministerium für Jugend und Sport trommelte Zehntausende für Veranstaltungen wie »Jugend auf dem Pfad der Märtyrer« und »Die Türkei marschiert mit ihren Märtyrern« zusammen. AKP-Propagandisten rehabilitierten dabei den autoritären Sultan Abdülhamit II., den sie für seinen »muslimischen Nationalismus« priesen. Im Staatsfernsehen liefen indessen immer neue Serien, Geschichtskomödien und »Imperialtragödien«[12], bei denen im Falle von Verstößen gegen die religiöse Etikette die Regierung im Sender anrief, um notwendige Kürzungen zu erzwingen. Während im russischen Fernsehen Zarenprunk und die Eroberungen von Iwan dem Schrecklichen beweihräuchert werden, schwelgen die Türken allabendlich in Dramen zwischen Sultanshof und Blauer Moschee sowie kernigen Säbeleien in bunt gefiederten Kostümen auf freiem Felde; allein der Harem bleibt dem Blick des Betrachters verschlossen.

Die Verherrlichung der Vergangenheit ist wichtig, um Erdoğans türkischen Zukunftsentwurf zu verstehen. Der Stolz auf das Osmanische Reich soll den Türken vermitteln, dass ihr Land einst größer war als der moderne Nationalstaat. Dass es eine Weltmacht war, deren Grenzen vom Balkan bis ans Rote Meer, vom Kaukasus ins westliche Mittelmeer reichten. Falls es jemand vergessen haben sollte. Im Abglanz des osmanischen Weltreichs sonnt sich heute der türkische Präsident, der sultansgleich in einem Palast mit tausend Zimmern residiert und beim Fototermin inmitten einer drapierten Fantasie-Garde mit Hellebarden und Flaggen auf der großen Freitreppe posiert. Erdoğans Herrschaftsanspruch, das ist die Botschaft zwischen den Treppenstufen, reicht über die Grenzen der Türkei hinaus. Er sieht sich als Anführer der muslimischen Welt, als stärkster Mann im Mittleren Osten, als Präsident selbstverständlich auch der Türken und Türkeistämmigen jenseits der türkischen Grenzen. Was dabei allein stört, ist das Korsett der türkischen Republik, das er von seinen kemalistischen Vorgängern geerbt hat.

Zu Erdoğans osmanisch eingefärbtem Nationalismus gehörte ab 2015, dass er am heiligen Gründungsdokument der türkischen Republik herummäkelte, dem Lausanner Vertrag. Bei einem Staatsbesuch in Griechenland im Dezember 2017 erschreckte er die Griechen mit der verstörenden Botschaft, dass der Lausanner Vertrag jetzt schon 94 Jahre alt sei.[13] »Nach so viel Jahren ist vielleicht auch mal eine Auffrischung notwendig«, urteilte er über das Abkommen, das 1923 die heutigen Grenzen Griechenlands und der Türkei festschrieb. Er wollte darunter angeblich nicht Grenzen verstanden wissen, sondern die Ausbildung von Muslimen in Griechenland und den Status und die Wahl des Muftis von Westthrakien. »Ich bin kein Rechtsprofessor«, sagte Erdoğan, »aber ich habe profunde Kenntnisse im politischen Recht. Und im politischen Recht gibt es so etwas wie die ›Auffrischung‹ von Verträgen.« Es ist unklar, auf welche Rechtstradition er sich da bezog, aber die Folgen von »politischem« Recht bekamen seine politischen Gegner in der Türkei auf alle Fälle täglich zu spüren. Bei einer Konferenz des Staatssenders TRT in Istanbul im Herbst 2019 kam er noch einmal auf den Vertrag zurück. Lausanne, befand er, sei angesichts der großen Opfer der Türkei im Befreiungskrieg »unfair« gewesen. Zu diesen Opfern zählte Erdoğan ausdrücklich die ehemaligen osmanisch beherrschten Gebiete in der arabischen Welt, welche die Türkei habe abtreten müssen. Also ging es ihm doch um Grenzen. Das mit Griechenland und den Westmächten ausgehandelte Abkommen sei »das Mindeste, was wir erwarten konnten«.[14]

Tayyip Erdoğan setzte der kemalistischen Türkei, die der Gründervater Atatürk 1923 ins Leben rief, seine »Neue Türkei« entgegen. Erdoğan liebte es, vor Schwarz-Weiß-Fotos von Mustafa Kemal Atatürk an der Wand zu erklären, warum nicht nur Lausanne, sondern gleich die ganze Türkei eine »Auffrischung« brauche. Sein Präsidialsystem betrachtete er als eine solche, den Marsch in den Ein-Mann-Staat seit dem Putschversuch vom 15. Juli 2016 ebenfalls. Seither findet die Revision von Lausanne und der türkisch-kemalistischen

Republik statt. Noch stehen in der Hauptstadt Ankara allerorten Denkmäler des Gründervaters Atatürk. Sie zu entfernen würde wahrscheinlich eine Revolte in der Türkei auslösen. Erdoğan ersetzte die Atatürk-Bildnisse nicht, sondern ergänzte und entwertete sie. Er ließ an Kreuzungen, öffentlichen Gebäuden und Hauptstraßen Denkmäler über die ganze Stadt verteilt errichten, die den »Märtyrern des 15. Juli« gewidmet sind. Der Sieg über den Putsch gegen ihn, den geliebten Präsidenten, wurde allerorten in Beton gegossen. »Sie wollen nicht, dass wir groß werden«, zürnte Erdoğan seinen Gegnern im Land und in der Welt. »Aber wir werden eine große Macht sein.« Mit dem Nationalismus versuchte er, aus dem Schatten des Gründervaters Atatürk herauszutreten. Die »Neue Türkei« sollte seine Schöpfung allein sein.

1 Anhänger des Predigers Fethullah Gülen hatten nach allem, was man bisher weiß, eine führende Rolle beim Putschversuch. Die Regierung legt den Staatsstreich allein Gülen und seinen Anhängern zur Last. Unklar ist jedoch, wer noch an dem Staatsstreich teilgenommen hat, denn der Verlauf, zahlreiche Indizien und das Chaos des Putsches legen nahe, dass es sich nicht nur um eine Gruppe allein handelte. Es deutet überdies viel darauf hin, dass die Regierung, die frühzeitig von dem Putsch erfuhr, selbst die Ereignisse mit angefacht hat. Siehe: »Ergebt Euch. Oder flieht!« Was steckte wirklich hinter dem merkwürdigen Staatsstreich?, in: Die Zeit, Nr. 29, 13. Juli 2017.

2 Der Politologe Adam B. Lerner hat in einer Studie nachgewiesen, wie nationalistische Opfer-Narrative zur Herrschaftssicherung und zur Suche nach Schuldigen im Ausland oder den Vertretern anderer Ethnien im eigenen Land genutzt werden: Adam B. Lerner: The Uses and Abuses of Victimhood Nationalism in International Politics, in: European Journal of International Relations, I-26, 2019, S. 3–19.

3 Ibrahim Karagül: Içeriden işgal planı: Size o haritayı çizdirmeyeceğiz, in: Yeni Şafak, 25. Juli 2016. https://www.yenisafak.com/yazarlar/ibrahim karagul/iceriden-igalu-plani-size-o-haritayi-cizdirmeyecegiz-2030667

4 Zafer Yilmaz: The AKP and the spirit of the »new« Turkey: imagined victim, reactionary mood, and resentful sovereign, in: Turkish Studies, 18:3, 2017, S. 482–513, S. 490.

5 In der Türkei wird die Schlacht von Gallipoli (türkisch: Çanakkale) von Kemalisten gefeiert, weil Mustafa Kemal als Divisionskommandeur

beteiligt war, Islamisten und Konservative feiern Gallipoli als Sieg muslimischer Soldaten über Christen. Beide Seiten ignorieren dabei, dass in der Schlacht Muslime auch aufseiten der Engländer und Franzosen kämpften und dass der Oberbefehl der osmanischen Truppen bei dem deutschen General Otto Liman von Sanders lag. Gallipolli eignet sich also nicht für eine Darstellung im Sinne des Zusammenpralls der Kulturen.

6 Tanıl Bora: Die Osmanen und »mein Volk«. Der populistisch-nationalistische Diskurs in der Türkei unter der AKP-Regierung, unveröffentlichtes Manuskript von 2019.

7 https://www.tccv.gov.tr/haberler/410/29719/gelecegin-turkiyesine-mevcut-sistemle-ulasamayiz

8 Dieter Langewiesche: Der gewaltsame Lehrer. Europas Kriege der Moderne (C. H. Beck, München 2019), S. 330. Siehe auch: Report of the International Carnegie Commission to Inquire Into the Causes and Conduct of the Balkan War 1914, voller Text: https://archive.org/stream/reportofinternat00inteuoft/reportofinternat00inteuoft_djvu.txt

9 Die türkische Regierung vertritt in Reden und Erklärungen den Standpunkt, es habe sich lediglich um Deportationen als Nebenwirkung von Kriegshandlungen gehandelt. Das Osmanische Reich sei von allen Seiten angegriffen worden und konnte sich der Loyalität der armenischen Christen nicht sicher sein. Dieser Sicht hat sich jedoch nur eine sehr kleine Minderheit von Historikern außerhalb der Türkei angeschlossen.

10 https://www.tccb.gov.tr/konusmalar/353/32664/canakkale-100-yilbaris-zirvesinde-yaptiklari-konusma

11 Der deutsche Befehlshaber der osmanischen Truppen vor Kut, Colmar Freiherr von der Goltz, ist jedoch bei der AKP aus der Erinnerung gefallen. Seine Figur durchbricht das politisch gewollte Schema heroischer Siege von Muslimen gegen Christen, Osten gegen Westen.

12 Stefan Plaggenborg: Kemalismus und Bolschewismus. Ungleiche Brüder und ihr historisches Erbe, in: Osteuropa, Heft 10–12, 2018, S. 51–80, S. 76.

13 https://www.tccb.gov.tr/haberler/542/87650/azinlik-sorunlarinin-cozuma-turkiye-ile-yunanistani-birbirine-daha-da-yakinlastiracaktir

14 Tayyip Erdoğan vor dem TRT World Forum am 21. Oktober 2019 in Istanbul (meine Mitschrift).

10. Krieg

Schyrokyne ist Blutsland. Von einer Anhöhe lässt sich das ausgedehnte Dorf gut überblicken. Im Norden rollen sanft die sattgrünen Hügel heran, vom Süden schwappt das Asowsche Meer an den Strand, dazwischen rote Giebeldächer und Gärten. Beim zweiten, genaueren Blick schwindet der malerische Eindruck. Viele Häuser haben nur noch bloßgelegte Dachstühle, die Balken sind verbrannt und zerborsten, die Schornsteine eingebrochen. Die Kabel der Strommasten hängen herunter, die Bäume stehen blattlos bizarr wie nach einem Blitzschlag, die Straßenränder sind von Mauerresten, Fensterrahmen und Munition übersät, die Fenster einer kleinen Fabrik zerschlagen. Von den Einfamilienhäusern am Hang stehen nur noch die Grundmauern. In den Höfen spielen keine Kinder, auf den Straßen laufen keine Hunde, in den schönen Häusern mit Meerblick leben keine Menschen mehr. Schyrokyne ist eine Geisterstadt, Schyrokyne ist »Bloodland«, wie der Historiker Timothy Snyder unter anderem die Ukraine als Schauplatz immer neuer Kriege genannt hat.[1]

Um dieses Dorf kämpften 2015 monatelang ukrainische Einheiten gegen die von Russland hochgerüsteten Miliztruppen der Separatisten und russischen Freischärler.[2] Schyrokyne lag unter einem Dauerbeschuss mit Mörsergranaten, Artilleriefeuer, Panzersalven und Bomben. Zusätzlich wurde die Siedlung vermint. Die prorussischen Kämpfer wollten über Schyrokyne die wichtige ukrainische Hafenstadt Mariupol erobern, die Ukrainer verhinderten das. Mariupul ist der Industriehafen des Kohlebeckens der Donbass-Region, deren größter Teil sich heute in der Hand der prorussischen Milizen befindet. Schyrokyne war die Engstelle zum Meer, die Kriegsarena vorüberziehender Söldner. Es wurde zerstört, verseucht, vermint, gesperrt – heute ist es unbewohnbar.

Den Krieg in der Ukraine haben viele kleingeredet. Russische Fernsehsender sprechen gern von einem »internen Konflikt«. Oder sie nennen ihn »Bürgerkrieg«. Oder sie fantasieren über einen »Putsch« gegen den Präsidenten. Oder über faschistische Brigaden gegen bedrohte russischsprachige Bürger. Im Westen werden solche Narrative oft genug übernommen. Der »Bürgerkrieg«[3] ist eine beliebte Formel. Sie erweckt den Eindruck, als bekämpften sich da die Bürger eines Landes, und alle Nachbarn einschließlich Russlands stünden ratlos davor und wünschten ein baldiges »Ende der Feindseligkeiten« und überhaupt alles Gute. In deutschen Talkshows gaben Gäste zum Besten, dass das alles doch sehr undurchsichtig sei: Da kämpften ukrainische Brigaden gegen separatistische Milizen, und Russland habe gar nichts damit zu tun, sage zumindest Putin. Ein Politiker der deutschen Linken meinte, auf der Krim habe es »keinen Krieg und keine Toten« gegeben, unterschlug aber, dass die Eroberung der Krim nur der Auftakt zum russisch-ukrainischen Krieg im Donbass gewesen ist. Sendungen im öffentlich-rechtlichen Radio ließen bei der Aufzählung der Kriege der jüngeren Zeit die Ukraine einfach weg.[4]

Dabei ist die Ukraine ein Land, durch das viele Armeen gezogen sind. Den schlimmsten Krieg haben die Deutschen unter Hitler verursacht, den jüngsten die russische Regierung. Der Krieg in der Ukraine brach keine zwei Jahre nach Wladimir Putins Schwenk in den Nationalismus aus, er bot dem Präsidenten endlich eine Gelegenheit, die versprochene nationale Auferstehung als Weltmacht zu feiern. Zu der Krise zwischen der Ukraine, dem Westen und Russland trugen 2013 viele bei. Entscheidend war Putins Versuch, eine Zollunion mit der EU, koste es was es wolle, zu verhindern; hinzu kamen die nicht bis zum Ende gedachte Erweiterungspolitik der EU und die verunglückte Aufforderung des EU-Präsidenten José Manuel Barroso vom Februar 2013, die Ukraine müsse sich zwischen der EU und Russland entscheiden. Dazwischen lavierte und kollabierte der unbeliebte ukrainische Präsident Wiktor Janukowitsch, bis die Menschen auf dem Kiewer Majdan ihn stürzten. Diese Krise war mit diplomatischen Mitteln allemal zu bewältigen. Zu keinem einzigen Zeitpunkt der Proteste gegen Janukowitsch in der Ukraine 2013/14 war Russlands Sicherheit bedroht.[5]

Die russischen Truppen auf der Krim, die Annexion der ukrainischen Halbinsel, der Bruch der völkerrechtlich bindenden Verträge, die Aufstachelung, Aufrüstung und aktive Unterstützung von Separatisten in der Ostukraine, die Entsendung von Freiwilligen – all das war keine eskalierende Krise, in die Russland irgendwie hineingerutscht wäre. Das war Krieg. Und dieser war eine bewusste, durchdachte, in jeder Phase kontrollierte Entscheidung von Wladimir Putin. Sie zielte auf die Festigung seiner eigenen Macht in der größten Welle des Nationalpatriotismus, die ein Moskauer Herrscher seit Josef Stalin[6] im Zweiten Weltkrieg ausgelöst hat. Hier zeigt sich exemplarisch, wie Nationalismus zum Krieg führt. Putin traf eine innenpolitische Entscheidung mit gewaltigen außenpolitischen Nachbeben. Und sie fand einen Bewunderer.

Tayyip Erdoğan ist Wladimir Putin in vielen Entscheidungen gefolgt. Das Sonderverhältnis der beiden osteuropäischen Herrscher begann mit einer Serie von gegenseitigen Besuchen ab 2005 – als Achse der Ausgeschlossenen.[7] Die EU hatte soeben Erdoğan zurückgewiesen, Putin hatte sich durch Amerikas Unilateralismus im Irak-Krieg überrumpelt gefühlt. Damals war es ein Verhältnis unter Gleichen. Putin und Erdoğan teilten viel miteinander: den Aufstieg aus kleinen Verhältnissen, den Rabaukenfuror, um politische Gegner auszuschalten, die Wut auf westliche Politiker, die Russland und die Türkei ignorierten, das Glück, in einer Phase wirtschaftlichen Aufschwungs zu regieren, die Inszenierung der eigenen Person als Nationalheld und alleiniger Herrscher, den Hang zum Autoritären, die Wende in den Nationalismus, schließlich die freiwillige Entscheidung für einen Feldzug im Nachbarland. Ein Krieg der Wahl: Was die Ukraine für Russland ist, wurde unter Erdoğans Regie Syrien für die Türkei.

Diese Kriege waren eine Folge des neuen Gelegenheitsnationalismus, dem sich Putin und Erdoğan verschrieben hatten. Nationalismus bleibt trotz des Tunnelblicks auf das nationale Selbst nicht auf das eigene Land beschränkt. Die Überhöhung der eigenen Nation geht einher mit der Herabsetzung anderer Länder. Der neue Nationalist erkennt gerade Nachbarländer bisweilen gar nicht als richtige Nation an. Putin stellte die Staatlichkeit der Ukraine bei vielen Gelegenheiten in Frage. Ein russischer Schriftsteller und Nationalist, Alexander Prochanow, hat passend dazu das Konzept der »atmenden Grenzen« Russlands entworfen; es lasse sich deshalb nie genau bestimmen, wo Russland eigentlich ende. Putin zeigte sich Prochanow und seinen Plänen durchaus gewogen. Tayyip Erdoğan offenbarte ähnliche Schwierigkeiten mit den geografischen Umrissen der Türkei. Nach 2015 stellte er wiederholt den Lausanner Vertrag in Zweifel, der die Grenzen der modernen Türkei festlegte. In einer Rede vor den Bürgermeistern der Türkei im Herbst 2016 unterschied er zwischen »physischen Grenzen und den Grenzen unserer Herzen«. Die Türkei könne nicht Gefangener ihrer 783000 Quadratkilometer sein. Ihre Grenzen seien davon bestimmt, wo die Brüder lebten, »von Europa bis Afrika, vom Mittelmeer bis in die endlosen Steppen Zentralasiens«.[8] Erdoğan liebte diese Anspielungen, die sowohl den osmanischen wie den panturkistischen Traditionen huldigten. Er deutete an, dass physische Grenzen für ihn kein völkerrechtliches Tabu, sondern ein ererbtes Korsett waren, das man, wenn nötig, auch ablegen könnte. Wer so denkt und spricht, überschreitet Grenzen. Das hat Erdoğan mit den Interventionen der Türkei in Syrien, Libyen und im Irak gezeigt.

Welche Folgen hatten die Kriege des Gelegenheitsnationalismus für die Menschen? Und welche Folgen hatten sie für die Kriegsherren Putin und Erdoğan?

Das Beispiel Schyrokyne zeigt, mit welcher Härte der Ukraine-Krieg geführt wurde. In einem Vorort von Mariupol traf ich 2018 eine 38-jährige Frau, die mit ihrer Familie bis 2015 in Schyrokyne gelebt hatte. Im Garten ihres einstöckigen Hauses wuchsen Kartoffeln, Tomaten, Petersilie, Zucchini. Die Mutter lebte gegenüber, sie arbeitete in einem Lebensmittelgeschäft als Verkäuferin, ihre beiden Töchter gingen im Dorf zur Grundschule und konnten in fünf Minuten zum Strand laufen. Ihr Mann arbeitete im Stahlwerk in Mariupol, was mit dem Kleinwagen nicht weit war. Das war ihre Welt – bis der Krieg ausbrach und ihr Haus, ihre Familie, ihr Leben zerstörte. Ihre jüngere Tochter wurde von einer Granate getroffen und getötet. Ihr Mann verlor seine Arbeit, sie auch. Das Haus ist ausgebrannt, der Garten verwüstet, die Straße vermint. Sie leben mit der älteren Tochter in einer dunklen Ein-Zimmer-Wohnung in Mariupol als Flüchtlinge. »Schyrokyne ist vermint, wir können nicht zurück«, sagte Marina Sokolowa.[9] »Aber wir wissen auch nicht, wohin es in Zukunft gehen soll.«

Die Ukraine hat den längsten und brutalsten Krieg in Europa seit dem Ende des Jugoslawienkriegs erlebt. Aber so hat er sich nicht in das europäische Gedächtnis eingeprägt. Dabei sind die Opfer groß: In der Ukraine sind 1,5 Millionen Binnenvertriebene registriert, mehrere Hunderttausende sind nach Polen gegangen, über eine halbe Million flohen aus dem Donbass und zogen nach Russland. Zwischen 2014 und 2019 sind 3339 Zivilisten im Krieg gestorben, über 7000 Menschen wurden verletzt.[10] Dazu kommen knapp 4000 gestorbene ukrainische Soldaten und mehr als 5300 Gefallene aufseiten der Separatisten. Diese Zahlen wären noch viel höher, wenn nicht internationale Vermittler Russland und die Ukraine an den Verhandlungstisch gezwungen hätten. Seit 2015 ringen sie um die zweite Minsker Vereinbarung, die den Konflikt beenden soll mit einem Kompromiss, der die Ukraine nicht aufspaltet. Russen und Ukrainer unterzeichneten viele Waffenstillstände, die immer wieder gebrochen wurden und dennoch dafür sorgten, dass sich die Frontlinie seit 2015 nicht mehr wesentlich verschob. Die westlichen Sanktionen gegen Russland zwangen die russische Führung, die Kosten des Krieges zu überdenken. In der Folge zog Russland zwar nicht die Waffen ab, rief aber die russischen Kämpfer aus der Ostukraine zurück und ließ sich auf Verhandlungen ein. Das ehrgeizige »Noworossija«-Projekt, das bis Charkiw und Odessa reichte, wurde begraben.

Die Moskauer Fernsteuerung des Krieges ist mittlerweile vielfach belegt.[11] Russische Politiker und Oligarchen lieferten Waffen, schickten Geld, dirigierten Kriminelle, Söldner und Feiertagskrieger, finanzierten die Medienkampagnen, ernannten Separatistenführer und setzten sie ab. Tatsächlich regierten Männer diese Gebiete, die man anderswo Verbrecher nennen würde. Ziel war die Schaffung von Separatistenrepubliken, wie sie schon in Georgien und Moldau existierten, und die Schwächung und Zersplitterung des unabhängigen ukrainischen Nationalstaats. Das sollte zum Teil gelingen, aber mit einem unerwünschten Gegeneffekt als Kriegsfolge. Denn dieser Nationalstaat vergewisserte sich in einer Welle des Nationalismus seiner selbst. Der Angriff auf die Existenz des Landes festigte den Willen der Ukrainer, für ihren eigenen Staat einzustehen und zu kämpfen. Wie die Nationalstaaten im 19. Jahrhundert fand die Ukraine ihre nationale Geschichte in Abgrenzung zum Nachbarn, teilweise gar in Feindschaft zu Russland. Das war vorher nicht der Fall gewesen und ist ein noch gar nicht abzuschätzender Verlust für Russland. Für Putin persönlich aber hat der Krieg seinen Zweck vollkommen erfüllt: Die präsidiale Popularität schoss in nicht gekannte Höhen, das nationalistische Krim-Fieber hielt jahrelang an.

Während der Feldzug in der Ukraine noch weiterging, stürzte sich Russland schon in einen zweiten Krieg. Es war einer dieser warmen Septembertage in New York, als sich US-Präsident Barack Obama und Wladimir Putin am Rande der jährlichen UN-Vollversammlung trafen, um über Syrien zu sprechen. Es ging um den Kampf gegen die Terrororganisation »Islamischer Staat« und die Absprachen, damit sich amerikanische und russische Flugzeuge nicht in die Quere kamen. Ein perfektes Ablenkungsmanöver. Denn während Obama darauf achtete, nicht in den Syrienkrieg hineingezogen zu werden, ließ Putin bereits Bomber und Erdkampfflugzeuge nach Syrien verlegen. Sein Verbündeter, der syrische Diktator Baschar Assad, drohte den Krieg gegen die Opposition zu verlieren. Im Gegensatz zu Obama wollte Putin in diesem Kernkonflikt des syrischen Krieges nicht beiseite stehen, sondern ihn aktiv entscheiden. Ab Oktober 2015 war Russland eine Kriegspartei in Syrien, zu Wasser, zu Lande, in der Luft – und mit allen Folgen. Russische Kampfbomber benutzten sogar international geächtete Streu-Munition. Nach Angaben internationaler Menschenrechtsorganisationen flogen sie Tausende Angriffe auf Wohngebiete, sie bombardierten Häuser und Hospitäler, Kindergärten und Krankenstationen, Lebensmittellager und Flüchtlingsunterkünfte.[12] Ärzte, Krankenschwestern und Hilfspersonal wurden genauso attackiert wie Zivilisten. Die Angriffe auf Aleppo im Spätsommer 2016 allein töteten mindestens 440 Menschen, darunter 90 Kinder.[13] Russische Streitkräfte unternahmen nichts, um die Giftgasangriffe der syrischen Regimetruppen auf Oppositionelle zu verhindern. Russische Diplomaten schützten Assad, indem sie die Ursachen der Angriffe systematisch vernebelten, internationalen Beobachtern den Zugang versperrten und den Diktator ermutigten, seinen Krieg fortzusetzen.

Während der Offensive der Russen und der Regimetruppen in der Millionenstadt Aleppo konnte ich im Januar 2016 direkt an der syrisch-türkischen Grenze die Ausläufer des Kriegsbebens spüren. Die Stadt Kilis an der Grenze zu Syrien war zum großen Rückzugslager am Abgrund des Krieges geworden. Im Halbkreis von 60 Kilometern waren hier fast alle versammelt, die Syrien in den vergangenen vier Jahren in eine Hölle verwandelt hatten: Die IS-Dschihadisten waren nicht weit, die Milizen des Diktators Baschar al-Assad und die Kämpfer der Opposition. Aus der Luft bombten die Russen, die Assad stützen, von der Stadtgrenze aus schossen die Türken, die Assad stürzen wollten. In Kilis lebten längst mehr Flüchtlinge als Einwohner. Und auf der syrischen Seite waren Anfang 2016 über 100 000 Vertriebene eingeschlossen – täglich wurden es mehr.

Der syrische Teil von Kilis war ein Baracken- und Eigenbauviertel mit vielen syrischen Läden. Sie verkauften Lebensmittel, Telefonkarten, Händler vermittelten Schlafplätze. Platz war hier ein knappes Gut. Auf einem Moped fuhren zwei Erwachsene mit vier Kindern vorbei. Die Menschen hausten in heruntergekommenen Wohnungen, Hinterhofverschlägen, Kellern und nicht genutzten Läden. In der Luft hing der Dunst von verbranntem Schaschlik-Fleisch und Feuerholz. Viele Menschen standen auf den Straßen, um eine Pause von ihrer überfüllten Unterkunft zu nehmen. Kilis war schon in normalen Zeiten ein vergessener, beengter Ort.

Abu Ahmed lud mich auf ein Glas Zucker mit Tee in sein Erdgeschosszimmer ein. Den feuchten Betonboden hatte er mit alten Teppichen abgedeckt. Da saß er mit brauner Mütze, die Beine über Kreuz, mit seiner Familie. Seine Frau war ganz in Schwarz verhüllt, seine Tochter und die Söhne trugen Pullis der Flüchtlingshilfe. Sie kamen aus Horeitan, nördlich von Aleppo. Zehn Tage zuvor hatten sie alles verloren – und waren froh, dass sie mit dem Leben davonkamen. Russische Kampfflugzeuge bombardierten in der Nacht das Gebäude des Stadtrats, wo die Opposition gegen Assad residierte. Abu Ahmeds Familie wurde gewarnt und verließ um ein Uhr morgens ihr Haus. Dann kam eine zweite Welle von russischen Bombern und zielte auf die Wohngebiete. Abu Ahmed sah sie, als er noch einmal umkehrte, um Wertsachen zu holen. Das gelang ihm nicht – sein Glück: Das Haus stand nach den Angriffen nicht mehr.

Ich fragte ihn, woher er wusste, dass es nicht syrische Flugzeuge waren. »Die sind laut und langsam«, sagt er und lächelte etwas, »diese waren schnell wie der Blitz – und leiser.« Das Regime werfe Fassbomben, die ganz plump explodierten, aber die Russen hätten eine gefährlichere Waffe. »Ihre Bomben zerfallen in viele Teile, wie Millionen von Nägeln«, erklärte mir Abu Ahmed. »Eisenteile fliegen in die Luft und entzünden sich – dann geht alles um dich herum in die Luft, das ganze Stadtviertel verbrennt.« Diese Streubomben waren seit 2010 von über 100 Staaten völkerrechtlich geächtet. Präsident Putin hatte die Konvention nicht unterschrieben, offenbar für Fälle wie Syrien. Was Abu Ahmed beschrieb, ähnelte den Berichten anderer Flüchtlinge, mit denen ich sprach. Es passte zu den Berichten über Angriffe auf mehrere Krankenhäuser, die internationale Organisationen Russland ankreideten. Es gab in Aleppo keinen sicheren Ort mehr. Die Menschen, die 2016 an die Grenze strömten, waren auch Putins Flüchtlinge. Aber aufgenommen wurden sie in der Türkei.

Russlands ganzer Einsatz für den syrischen Diktator führte Putin in einen Konflikt mit seinem Bewunderer Tayyip Erdoğan. Der wünschte Baschar Assad die Pest an den Hals. Die Russen waren gekommen, um Assad zu retten, die Türken, ihn zu beseitigen. Im November 2015 passierte, was kommen musste: Die Türken schossen einen russischen Suchoj-Kampfjet im syrisch-türkischen Grenzgebiet ab. Putin reagierte hart. Er überzog die Türkei mit Sanktionen, stoppte den Strom russischer Touristen in die Türkei und entfesselte eine hässliche Propagandakampagne gegen das Land. Erdoğan hielt diesen Kalten Krieg nicht durch. Im Juni 2016 flog er nach Moskau, entschuldigte sich offiziell und sagte Putin Kompensationen zu. Von jetzt an war das Verhältnis der Kriegsherren geklärt. Putin sagte künftig, wo es langging.

Syrien mit
Gouvernements
Ain al-Arab
Dscharabulus
Gaziantep
Kilis
Iskenderun
Afrin
al-Ba
Antakya
Aleppo
Idlib
Latakia
Idlib
Aleppo
MITTELMEER
Hama
Tartus
Homs
Levantisches Meer
Palmyr
Homs
LIBANON
Damaskus
Damaskus-Land
Daraa
Daraa
Suweida
ISRAEL
Quneitra
JORDANIE

Diyarbakır
TÜRKEI
Mardin
Şanlı Urfa
Qamischli
Al-Hasaka
Ras al-Ain
(Kobanê)
Tall Abyad
Al-Hasaka
Raqqa
Raqqa
Deir ez-Zor
Deir ez-Zor
SYRIEN
IRAK
100 km

Für Tayyip Erdoğan wurde die Absprache mit Putin von nun an kriegsentscheidend. Mit seinem Schwenk in den Nationalismus hatte Erdoğan seine Prioritäten radikal verschoben. In der Türkei umwarb er die Kurden nicht mehr, sondern bekämpfte ihre politischen Vertreter. Bürgermeister und Parteichefs wurden verhaftet, auch der in den Wahlen erfolgreiche Selahattin Demirtaş. Sein Vergehen: zu charismatisch. In der Türkei brach der Krieg zwischen der PKK und der türkischen Armee wieder aus, diesmal aber nicht in den Bergen und Dörfern, sondern in den Städten. In Syrien waren nicht mehr Assad und seine Soldaten die Hauptsorge Erdoğans, sondern die kurdischen Milizen entlang der türkischen Grenze, die mit der PKK verbandelt waren. Der Chef der syrisch-kurdischen Partei PYD war trotz seiner PKK-Verbindungen jahrelang in der Türkei ein gern gesehener Gast gewesen, ab 2016 wurde er plötzlich per Haftbefehl gesucht. Die syrisch-kurdischen Milizen, die jahrelang nicht einen Schuss gegen die Türkei abgegeben hatten, wurden plötzlich zur Sicherheitsbedrohung Nummer eins erklärt. Nun war die durchaus funktionierende Autonomieverwaltung der Kurden in Nordsyrien plötzlich eine Gefahr für Ankara. Erdoğans neuer Nationalismus verschob das türkische Koordinatensystem im Nahen Osten.

Erdoğan führte seit seinem Schwenk in den Nationalismus drei große Feldzüge in Syrien. Er kämpfte gegen eine reale Bedrohung (den Islamischen Staat) und eine im Wesentlichen vorgestellte Bedrohung (die syrisch-kurdischen Milizen). Die IS-Terroristen hatten die Türkei 2015 und 2016 in den Innenstädten angegriffen und Hunderte von Toten und Verletzten zu verantworten. Die syrisch-kurdischen Milizen aber bekämpften in der Hauptsache zusammen mit den USA die IS-Terroristen und nicht die Türkei. Trotzdem galten die drei syrischen Offensiven der Türkei ihnen.

Der erste Feldzug dauerte mehr als ein halbes Jahr und begann im August 2016 südlich der Stadt Kilis an der syrisch-türkischen Grenze. Zunächst drängten die türkische Armee und ihre syrisch-arabischen Verbündeten die kurdischen Truppen von der Grenze zurück. Bald darauf stießen sie auf bewaffnete Banden der IS-Terroristen. In dem erbitterten Kampf konnten diese der Türkei einige Verluste beibringen. Die türkischen Truppen verloren unter anderem einige Leopard-2-Panzer, die ihnen einst die rot-grüne Regierung in Berlin unter Kanzler Gerhard Schröder geliefert hatte.[14] Es dauerte sieben Monate, bis die Türkei die Region um die syrische Stadt al-Bab von den Terroristen befreit hatte. Vor allem aber, und das war das strategische Ziel der Offensive, hatte die Türkei einen Keil zwischen die Siedlungsgebiete der Kurden gestoßen, in denen kurdische Parteien mitten im Krieg ihre Selbstverwaltung innerhalb Syriens errichtet hatten.

Der zweite Feldzug zielte auf die syrisch-kurdische Stadt Afrin und ihre Umgebung. Afrin war ein Vorzeigeprojekt dieser Selbstverwaltung, in der Häuser und Wohnungen noch intakt waren, Wasser und Strom einigermaßen zuverlässig flossen, Behörden arbeiteten und Soldaten kamen, um im Café zu sitzen und nicht im Panzer. Afrin war eine dieser erstaunlichen Friedensinseln in einem kriegszerrütteten Land. Bis zum Januar 2018, als türkische Truppen und syrisch-arabische Milizen, oft mit radikalislamistischem Hintergrund, die Region angriffen. In der »Operation Olivenzweig« fiel Afrin, aus dem die kurdischen Truppen sich Ende Januar weitgehend kampflos zurückzogen, um es nicht der Zerstörung preiszugeben. Nach zwei Monaten hatten die Türken und ihre arabischen Verbündeten die Region in der Hand.

Den dritten Feldzug ermöglichte Donald Trump dem türkischen Präsidenten. In einem Telefonat Anfang Oktober 2019 vereinbarte der US-Präsident mit Tayyip Erdoğan den Rückzug der amerikanischen Truppen aus der Region östlich des Euphrats. Damit verloren die Kurden, deren Bodentruppen für Amerika und den Westen die IS-Terroristen besiegt hatten, Rückhalt und Schutz. Das Telefonat ging als der größte amerikanische Verrat an Verbündeten überhaupt in die Geschichte ein. Daraufhin konnten die türkischen Truppen und ihre arabisch-islamistischen Milizen erneut losschlagen. Bei den syrischen Städten Tell-Abjad und Ras al-Ain gingen sie über die Grenze und eroberten einen über hundert Kilometer langen Landstreifen entlang der Grenze. In der »Operation Friedensquelle« musste sich Erdoğan indes den Machtrealitäten in Syrien unterwerfen und sich eng mit Wladimir Putin absprechen. Der russische Präsident diktierte ihm, wo die türkischen Truppen operieren durften, wo das syrische Regime wieder Zugang zur türkischen Grenze bekam, wo die Kurden weiterhin die Kontrolle behielten – und wo türkische Soldaten gemeinsam mit russischer Militärpolizei patrouillierten. Auch wenn das weit unter Erdoğans hochgesteckten Zielen blieb – die kurdische Autonomie war zerrüttet.

Dieser dritte Feldzug empörte die Europäer mehr als alle anderen. Das hatte auch mit dem Vorspiel zu tun. Da stand Tayyip Erdoğan Ende September vor der UN-Generalversammlung in New York, hielt eine Kollektion von Landkarten hoch und erklärte, wie man eine Million syrischer Flüchtlinge aus der Türkei in den kurdischen Gebieten im Nordosten Syriens ansiedeln könnte.[15] Vor allem europäische und amerikanische Diplomaten waren entsetzt. Viele der sunnitisch-arabischen Flüchtlinge kamen gar nicht aus diesem Teil Syriens. In den Städten, von denen Erdoğan redete, lebten überwiegend Kurden, auch Assyrer und Aramäer. Sollten die für die arabischen Syrer Platz machen? Erdoğan aber verstand die Aufregung gar nicht. Und das hat viel mit dem Nationalismus und der ausgefallenen Aufarbeitung der türkischen Vergangenheit zu tun. Für viele türkische Politiker und Beamte ist die Umsiedlung der Bevölkerung und die gezielte Ansiedlung von Menschen in Regionen, in denen sie nie zuvor gewohnt haben, nichts Außergewöhnliches oder Unmoralisches. Die erzwungene Veränderung des ethnisch-religiösen Gleichgewichts einer Region auch nicht. Schließlich ist die Türkei so entstanden, wie das zweite Kapitel gezeigt hat. Im Bevölkerungsaustausch von 1922 verließen Millionen Christen und Muslime unter vorgehaltener Waffe ihre Heimat und fanden Zuflucht in neuen Nationalstaaten. Und noch im Krieg gegen die PKK der 1990er-Jahre flohen Hunderttausende Kurden aus ihren Dörfern in die Städte. Nach den türkischen Offensiven in den nordsyrischen Bezirken von Dscharablus und Afrin 2016 und 2018 zogen verstärkt syrische Araber und Turkmenen in kurdisch geprägte Städte. Die Türken wollten die kurdisch besiedelten Gebiete entlang der türkisch-syrischen Grenze demographisch verändern.[16] Weil der türkische Staat Vertreibungen und Umsiedlungen der Vergangenheit weder bereut noch bedauert, gehört Siedlungspolitik für Nationalisten auch heute zu den bevorzugten Mitteln der Politik. Selbstverständlich in neutürkischer Form in beheizten Überlandbussen, unter Begleitung schwarz behelmter Polizei und mit dem Ziel einer weiß leuchtenden Neubaustadt, die der staatliche Massenwohnungs-Baukonzern Toki problemlos innerhalb weniger Monate auf dem kargen Steppenboden Nordsyriens hochziehen kann. Für Erdoğan ein Verwaltungsakt, für Europäer ein Verbrechen gegen die Menschlichkeit.

Doch aus den hochtrabenden Plänen wurde in den Monaten nach der Offensive nichts. Die von Putin auferlegten Bedingungen waren zu kompliziert, die türkische Kontrolle der syrischen Grenzgebiete zu durchlöchert, die Staatskassen zu leer, als dass Erdoğan nach den Soldaten die Bauarbeiter hätte schicken können. Die türkische Offensive hatte für die Menschen andere Folgen. In den ersten Tagen flohen über 200000 Kurden aus den Grenzgebieten ins Innere Syriens. Viele erinnerten sich an die Eroberung von al-Bab 2017, wo allein rund 400 Menschen, darunter viele Kinder, im Granatenhagel der türkischen Armee starben.[17] Noch mehr Kurden aber saß der Schrecken der türkischen Eroberung Afrins im Januar und Februar 2018 in den Knochen. An der Seite der Türken wüteten damals arabisch-islamische Milizen. Sie plünderten, zerstörten oder besetzten die Häuser der Kurden. Besonders berüchtigt waren die arabische Hamsa- und Sultan-Murad-Division. Sie entführten Bürger und verlangten hohe Lösegeldsummen. Andere Kurden verschwanden einfach, ohne dass man je wieder von ihnen hörte. Arabische Kämpfer folterten und ermordeten unbewaffnete Menschen. Sie benutzten Kinder als menschliche Schutzschilde und zündeten Autobomben in den Städten. Sie plünderten Kunstgegenstände und antike Ruinen und verkauften sie in der Türkei.[18] Vor diesem Terror flohen damals über 100000 Kurden aus der Region Afrin in andere kurdische Gebiete weiter östlich. Ihre Erzählungen und Erdoğans großspurige Ankündigung von Umsiedlungen bewogen im Oktober 2019 viele Kurden östlich des Euphrats

dazu, gleich zu Beginn der türkischen Offensive das Weite zu suchen.[19] Den Angriffen der türkischen und arabischen Soldaten fielen im Oktober rund 120 Menschen zum Opfer. Doch der türkische Vormarsch war nach knapp zwei Wochen von Putins Bedingungen und dem taktischen Vordringen syrischer Regierungsmilizen an die Grenze gestoppt. Danach kehrte die Mehrheit der geflüchteten Kurden in ihre Häuser zurück.

Für Tayyip Erdoğan war diese dritte Operation vor allem als Offensive gegen seine innenpolitischen Gegner wichtig. Die hatten sich Anfang 2019 gegen ihn in einem nie zuvor gesehenen Bündnis zusammengetan, das säkulare Kemalisten, linke Kurden und rechte türkische Nationalisten vereinte. So gelang es ihnen, die Kommunalwahlen gegen die AKP zu gewinnen. Dieses Bündnis gedachte Erdoğan mit einer hoch angereicherten Ladung Gelegenheitsnationalismus zu sprengen. Die Offensive sollte die Menschen um die Flagge und ihren Präsidenten scharen, so der Plan, der Oppositionsblock sollte dabei zerbrechen.

Ich erlebte diesen nationalistisch aufgeheizten Herbst 2019 in Istanbul, wo ich mir eine Wohnung mit zwei pensionierten Offizieren der türkischen Armee teilte. Beide waren säkulare Kemalisten und standen Erdoğan sehr kritisch gegenüber. Deshalb waren sie für mich ein Barometer der schnell wechselnden Stimmungen im Land. Anfang Oktober noch schimpften sie über Erdoğan, den »Diktator«, der das Land zugrunde richte. Kurz nach Beginn der Offensive aber saßen meine Mitbewohner wie festgewurzelt vor dem Fernseher, die Staatssender machten aus der Offensive ein nationales Spektakel. Jeder Tag war nun ein Feiertag der Streitkräfte. Meine Offiziere folgten jeder kleinsten Wendung der türkischen Armee und kommentierten die taktischen Züge im Grenzgebiet bis spät in die Nacht. War es besser, in die Stadtzentren vorzudringen oder doch lieber einen Bogen darum zu machen? Waren Bomben oder Artilleriebeschuss effizienter? Sie hörten die täglichen Erdoğan-Reden über Stunden bis zum erschöpfenden Ende, was sie zuvor nicht ertragen konnten. Meist half ihnen ein starker türkischer Mokka dabei. Plötzlich war Erdoğan nicht mehr der »Diktator«, sondern »unser Präsident«. Ich fragte die beiden nach den harschen Urteilen, die ich Anfang Oktober von ihnen gehört hatte, aber bekam nur eine abwehrende Handbewegung zur Antwort. Denn gerade berichtete ein Reporter von TRT wieder von der Front, wo das türkische Heer zu neuen Heldentaten voranmarschierte. Dann fragten sie mich, was denn Europa bloß dagegen habe, wenn sich die Türkei gegen Terroristen verteidige.

Was ich im Wohnzimmer erlebte, wurde von Umfragen bestätigt. Es gelang Erdoğan und seiner gut geölten Propagandamaschine, die Türken innerhalb von Tagen hinter sich zu versammeln. Alle hängten Flaggen aus den Fenstern, überall liefen die Fernseher heiß. Universitäten, Nichtregierungsorganisationen und Vereine erklärten ihre Solidarität mit dem »Mehmetçik«, dem einfachen Soldaten an der Front. Entsprechend vorsichtig taktierte die Opposition. Die Kemalisten stellten sich hinter die Offensive, die kleine nationalistische Partei ohnehin, die prokurdische HDP stand im Abseits. Der Krieg schweißte die Nation zusammen. Aber nicht für lange.

Denn kaum war die heiße Kampfphase in Syrien vorbei, wiederholten sich die immer gleichen Bilder von Kriegsszenen im türkischen Fernsehen, die dramatische Musik wirkte schal, die Reporter an der Grenze drehten rhetorische Locken auf der Glatze, die Begeisterung schwand dahin. Meine Offiziere schalteten irgendwann ab. Sie lasen zum abendlichen Mokka wieder ihre Zeitung, *Sözcü*, ein linkskemalistisches Blatt, eines der letzten Medienorgane, das noch nicht gleichgeschaltet war. In *Sözcü* war auf scharfe Kritik an Erdoğan Verlass. Ende Oktober, die Offensive war vorbei, begannen meine Mitbewohner wieder zu schimpfen. Über die rasant gestiegenen Lebensmittelpreise, über die Arbeitslosigkeit, über die Bauruinen überall, über die Gängelung, die Beschränkung der Meinungsfreiheit, die jüngsten Verhaftungen. Sie schimpften wieder über den »Diktator«.

Die Stimmungskurve in meiner Istanbuler Wohngemeinschaft war identisch mit der im ganzen Land. Das syrische Feuerwerk war vorbei, der nationalistisch aufgeheizte Enthusiasmus verdampfte, die Flaggen verschwanden von den Häusern. Plötzlich standen die Alltagsfragen wieder im Mittelpunkt. Tayyip Erdoğan merkte, dass der nationale Furor nicht lange anhielt. In der Türkei wurden Umfragen manipuliert, aber er dürfte die entscheidenden Zahlen gekannt haben, sie waren sicher nicht erfreulich für ihn. Damit war er nicht allein. Auch Wladimir Putin musste im fünften Jahr der russischen Syrien-Intervention erleben, wie sich sein Volk gelangweilt von den Heldentaten in fernen Ländern abwandte. Die Einschaltquoten der Nachrichtensender fielen, schließlich sanken auch seine Popularitätskurven stark ab.[20] Zum ersten Mal seit Beginn der Kriege in der Ukraine und Syrien zeichnete sich ab, dass Gelegenheitsnationalismus nicht unendlich wirkt.

1 Timothy Snyder: Bloodlands. Europa zwischen Hitler und Stalin (Deutscher Taschenbuch Verlag, München 2014), S. 12.

2 Die Separatisten hatten die Unterstützung von nationalistischen Freiwilligen aus Russland, während auf ukrainischer Seite das Asow-Regiment beteiligt war, in dem Nationalisten und Rechtsextreme kämpften.

3 Reinhard Lauterbach: Bürgerkrieg in der Ukraine. Geschichte, Hintergründe, Beteiligte (Edition Berolina, Berlin 2015).

4 Der evangelische Pfarrer Jörg Machel, Berlin, konnte sich in der Morgenandacht zur Bergpredigt im Deutschlandfunk am 15. November 2019 an Kosovo 1999, Irak 2003 und Libyen 2012 erinnern, aber nicht an die Ukraine. Dietmar Bartsch von der Linken sagte in einem Interview mit dem MDR am 17. Oktober 2019, auf der Krim habe es »keinen Krieg und keine Toten« gegeben.

5 Für die Behauptung, die russische Schwarzmeerflotte auf der Krim sei infolge des Majdan-Aufstands in militärischer Gefahr gewesen, gibt es keine Belege. Die Ukraine hatte Russland 2010 die Stationierung in einem völkerrechtlichen Vertrag bis 2042 garantiert. Die Infragestellung dieses Vertrages durch einzelne Politiker im Zuge des Majdan-Aufstands war keine Gefahr für die russischen Truppen und hätte sich politisch lösen lassen. Für einen militärischen Angriff auf die Ukraine bestand kein Anlass.

6 Der Georgier Josef Stalin setzte im Zweiten Weltkrieg auf eine Wiederbelebung des russischen Nationalismus unter dem Deckmantel des Sowjetpatriotismus, um die Menschen gegen den Angriff Hitler-Deutschlands zu mobilisieren.

7 Fiona Hill, Ömer Taşpinar: Axis of the excluded?, Brookings Institution, 2006. https://www.brookings.edu/articles/turkey-and-russia-axis-of-the-excluded/

8 https://balkaneu.com/Erdoğan-spoke-borders-heart/

9 Name auf Wunsch der Gesprächspartnerin geändert.

10 Report on the Human Rights Situation in Ukraine, Office of the UN High Commissioner for Human Rights, S. 7. https://www.ohchr.org/Documents/Countries/UA/ReportUkraine16May15Aug2019_EN.pdf

11 Alya Shandra, Robert Seely: The Surkov Leaks. The Inner Workings of Russia's Hybrid War in Ukraine (RUSI Occasional Paper, Royal United Services Institute, London, Juli 2019).

12 Eine Recherche der *New York Times* wies nach, wie russische Piloten 2019 gezielt eine Flüchtlingsunterkunft in Nordsyrien angriffen. https://www.nytimes.com/video/world/middleeast/100000006818506/russia-bombs-syria-civlians.html

13 https://www.amnesty.org/en/latest/news/2016/03/syrian-and-russian-forces-targeting-hospitals-as-a-strategy-of-war/ und https://www.hrw.org/news/2016/12/01/russia/syria-war-crimes-month-bombing-aleppo

14 Michael Thumann: Erobern mit deutscher Wertarbeit, in: Die Zeit, Nr. 8, 14. Februar 2019. https://www.zeit.de/2019/08/ruestungspolitik-waffen-exporte-panzer-deutschland-tuerkei

15 https://www.cnnturk.com/turkiye/cumhurbaskani-Erdoğan-bm-74-genel-kurulunda-konusuyor

16 Sinem Adar: Repatriation to Turkey's »Safe Zone« in Northeast Syria. Ankara's Goals and European Concerns, in: SWP Comment 1 (Centre for Applied Turkey Studies, Berlin, Januar 2020), S. 4.

17 http://www.syriahr.com/en/?p=60813

18 Die Verbrechen der arabischen Milizen sind von Menschenrechtsorganisationen gut dokumentiert:
https://www.hrw.org/world-report/2019/country-chapters/syria#609c99
http://www.syriahr.com/en/?p=149417
https://www.humanitarianresponse.info/en/operations/syria/document/first-reserve-allocation-2018-east-ghouta-andafrin

19 https://www.refugeesinternational.org/reports/2019/11/12/displacement-and-despair-the-turkish-invasion-of-northeast-syria

20 Putins Zustimmungsraten schwankten 2019 im Bereich zwischen 60 und 70 Prozent, während sie in den Jahren seit 2014 zwischen 80 und 90 Prozent, teilweise sogar darüber gelegen hatten. https://www.levada.ru/2019/11/28/odobrenie-institutov-vlasti-19/

11. Angriff auf Europa

Am 23. August 2019 um kurz vor zwölf Uhr mittags nahm Selimchan Changoschwili einen asphaltierten Weg im kleinen Tiergarten in Berlin. Er wollte zum Freitagsgebet in eine Moabiter Moschee. Ein Mann näherte sich ihm auf dem Fahrrad, zog eine Pistole mit Schalldämpfer und schoss ihm direkt in den Kopf. Changoschwili brach auf dem Asphalt zusammen. Der Täter fuhr weiter an das Spreeufer und warf das Fahrrad in den Fluss, um zu Fuß zu entkommen. Die Polizei fasste ihn trotzdem nach kurzer Zeit. Der Täter war russischer Staatsbürger, sein Opfer auch. Der Mörder war ein russischer Krimineller mit besten Beziehungen zum russischen Staat, der Tote war ethnischer Tschetschene und seit Jahren auf der Flucht vor den Heimatbehörden. Die Spuren der Tat führten die deutschen Ermittler zurück in die Moskauer Sicherheitsapparate. Im Juni 2020 erhob der Generalbundesanwalt Anklage gegen den Killer, der seinen Auftrag von hohen russischen Regierungsstellen bekommen haben soll.

Am 15. Februar 2019 gegen 16 Uhr betrat Cem Özdemir die Hotellobby des Sofitel in München. Der prominente Grünen-Politiker lief geradewegs in eine Gruppe kräftiger türkischer Leibwächter, die den türkischen Ministerpräsidenten zur Münchner Sicherheitskonferenz begleiteten. Sie blickten ihn feindselig an, wortlos ging Özdemir an ihnen vorbei. Nach der Begegnung protestierte die türkische Delegation, dass ihr Ministerpräsident mit einem »Terroristen« im selben Hotel untergebracht sei, und drohte mit Konsequenzen. Özdemir wurde daraufhin von der deutschen Polizei ein Wachschutz zur Verfügung gestellt, der ihm während der ganzen Sicherheitskonferenz nicht von der Seite wich. Zu Recht, denn die Leibwächter aus Ankara belästigten auch andere Politiker in München. So kam es, dass ein deutscher Politiker auf deutschem Boden im Gebäude der Münchner Sicherheitskonferenz vor den Bodyguards des türkischen Ministerpräsidenten beschützt werden musste.

Am 28. März 2018 morgens um halb acht standen zwei Lehrer in der kosovarischen Stadt Gjakova vor ihren Schülern, als Polizisten in den Klassenraum eindrangen und sie festnahmen. Sie brachten Cihan Özkan und Hasan Günakan zum Flughafen der Hauptstadt Prishtina. Dort wartete bereits ein Privatflugzeug auf sie. Die Entführer legten ihnen zusammen mit drei anderen Lehrern und einem Arzt Handschellen an und zogen ihnen Säcke über den Kopf. Dann wurden sie in die Türkei geflogen. Die Täter arbeiteten für den türkischen Geheimdienst, die Entführten waren aus Sicht der türkischen Regierung »Feinde der Türkei«. Der Befehl für das Kidnapping kam von ganz oben, wie der türkische Vizepremier freimütig bekannte.

Diese drei Fälle zeigen die Auswirkungen autoritärer Expansion in Europa. Staatliche Stellen in Russland und in der Türkei verfolgen ihre Gegner auf dem ganzen Kontinent. Ob Geheimdienste, Leibwächter, Regierungen: Sie machen nicht vor internationalen Konferenzen, nicht vor Moscheen, Schulen und Grenzen Halt. Sie respektieren nicht die territoriale Integrität anderer Staaten. Sie operieren auf dem Gebiet ihrer Nachbarn, aber nicht mehr mit Armeen, sondern mit Spezialkräften, mit digitalen Mitteln und gedungenen Mördern. Sie werden übergriffig, ohne dass sie mit ernsthafter Gegenwehr rechnen müssten. Manche sprechen von Geheimdienstoperationen, andere vom »hybriden Krieg«. Was hier jedoch vor allem sichtbar wird, ist das Ausgreifen von Nationalstaaten, die keine Grenzen mehr akzeptieren – die Fortsetzung des neuen Nationalismus mit anderen Mitteln. Dabei sind vier Angriffsebenen zu unterscheiden: erstens direkte Gewalt, zweitens Cyber-Angriffe, drittens Einflussagenten, viertens politische Einmischung.

Hybride Kriege haben im Vergleich zur militärischen Auseinandersetzung einen großen Vorzug: Meist können sich die Angreifer sicher sein, dass ihre Taten ohne Folgen bleiben. Als Angela Merkel den russischen Präsidenten im Dezember 2019 am Rande einer Ukraine-Konferenz auf den Fall Changoschwili im Berliner Tiergarten ansprach, nannte dieser den Ermordeten einen »Banditen«. »In Berlin wurde ein Krieger getötet, der in Russland gesucht wurde«, sagte Putin, »ein blutrünstiger und brutaler Mensch«, der einen Terroranschlag in Moskau organisiert habe. Der russische Präsident reklamierte den Mord nicht direkt für seine Dienste, aber er legte mit dem von ihm nicht belegten Vorwurf immerhin ein Motiv offen. Dennoch reagierte Merkel mit nicht mehr als der Ausweisung von zwei Diplomaten. Ähnlich war es im Fall des übergelaufenen russischen Agenten Sergej Skripal, der am 4. März 2018 zusammen mit seiner Tochter in Großbritannien durch einen Nervenkampfstoff vergiftet wurde. Schnell waren die mutmaßlichen Täter, zwei russische Agenten, enttarnt worden. NATO-Staaten wiesen russische Diplomaten aus. Ein halbes Jahr lang stritt Russland ab, damit auch nur irgendetwas zu tun zu haben, bevor Putin Skripal im Oktober öffentlich einen »Landesverräter« und »Dreckskerl« nannte.[1] Putin war sich sicher, die Deckung nicht mehr zu brauchen.

Tayyip Erdoğan ging es genauso. Es war vor dem NATO-Gipfel im Dezember 2019, als der türkische Präsident seinen Bündnispartnern unverhohlen mit türkischen Operationen auf ihrem Territorium drohte. Er werde Gegner seiner Regierung mit Agenten in die Türkei zurückholen lassen. Die Ankündigung war ernst zu nehmen, denn seine Geheimdienste hatten zwischen 2016 und 2019 bereits über dreißig Türkeistämmige aus Ländern wie dem Kosovo, der Ukraine,

Pakistan, Moldawien, Malaysia und Myanmar entführt. Nun hatte Erdoğan vor allem Deutschland im Visier. Die Berliner Regierung stelle die Feinde der Türkei unter Schutz, behauptete er.[2] »Es leben dort Hunderttausende Terroristen.« Damit meinte der türkische Präsident Anhänger des islamischen Predigers Fethullah Gülen, dem er vorwarf, hinter dem Putsch von 2016 zu stecken. Die Fehde der ehemaligen islamisch-konservativen Verbündeten an der Macht vergiftete die Beziehungen der Türkei zu mehreren europäischen Ländern, vor allem aber zu Deutschland, wo viele Gülen-Anhänger leben, weil Deutschland die größte türkische Diaspora der Welt beherbergt. Auch Vertreter armenischer und aramäischer Gruppen wohnen hier, genauso wie Anhänger der türkischen Partei HDP und der in der EU verbotenen PKK-Miliz. Seit dem Putschversuch 2016 zogen oder flohen immer mehr türkische Liberale und Linke nach Deutschland. Sie alle konnten in der grenzenlosen Definition der türkischen Regierung jederzeit zu »Terroristen« erklärt werden.

Dazu zählte auch der linke Kabarettist Hayko Bağdat, den ich 2018 in einem Café im Prenzlauer Berg in Berlin traf. Seine beißende Kritik an Tayyip Erdoğan machte ihn zu einem Staatsfeind in der Türkei. Bağdat floh nach dem Putschversuch 2016 nach Deutschland. Türkische Zeitungen, für die er schrieb, wurden geschlossen. Türkische Ermittler hatten ihn auf der Fahndungsliste. In die Türkei reisen konnte er auf keinen Fall, doch auch in Deutschland war er nicht sicher. Ein Oppositionspolitiker warnte ihn, dass türkische Behörden auch mit Anschlägen auf ihre Kritiker arbeiten könnten. Bağdat kam auf der Rücksitzbank eines gepanzerten BMW zu unserem Treffen. Er schaute sich sorgfältig um, als er aus dem Wagen stieg, wir setzten uns in eine von der Straße nicht einsehbare Ecke des Cafés. Vor der Tür standen mehrere Leibwächter, vom Berliner Senat bezahlt. Hayko Bağdat, der Kabarettist, brauchte in Deutschland Personenschutz vor den Agenten aus seinem Heimatland. Fälle wie ihn gab es Dutzende in Deutschland. Unmittelbar nach dem Putschversuch in der Türkei gab es Attacken auf Bildungseinrichtungen der Gülen-Bewegung in Deutschland, Erdoğan-Anhänger griffen ein Jugendcafé in Gelsenkirchen an. Liberale und linke türkeistämmige Journalisten, Politiker, NGO-Vertreter bekamen Morddrohungen und Hass-Mails, wurden in sozialen Medien, in Taxis und auf der Straße beschimpft. In einigen Fällen schlugen die verbalen Angriffe in rohe Gewalt um. Sie mussten auf der Hut sein vor Überfällen auf Leib und Leben.

Für solche Einsätze bot sich zum Beispiel der »Osmanen Germania Boxclub« an, eine rockerähnliche Kampftruppe mit bis zu 400 Mitgliedern in Südwestdeutschland. Man trug Lederwesten, kurz geschorene Haare, Vollbart und zeigte Oberarm. Jugendliche wurden mit martialischen Videos angeworben. Tatsächlich beschäftigten sich die Osmanen mit organisiertem Diebstahl, Drogenhandel und Schlägereien. Der Chef der Osmanen war Mehmet Bağcı, ein Kickboxer und türkischer Nationalist, er wurde 2017 verhaftet und wegen mehrerer Gewalttaten, Diebstahls und verbotenen Waffenbesitzes angeklagt. Bağcı war auf Fotos in herzlicher Eintracht mit einem Abgeordneten der türkischen Regierungspartei AKP und einem Erdoğan-Berater zu sehen. Es soll bei solchen Treffen zu Geldübergaben gekommen sein. Bağcı wurde zu einer mehrjährigen Haftstrafe verurteilt, der Boxclub Osmanen Germania verboten. »Organisationen wie die Osmanen Germania sind nur die Spitze des Eisbergs«, schätzte ein Ermittler die Lage ein.[3] Darunter gebe es gewaltbereite Nationalisten jeglicher Abstufung. Dieser Konflikt zerreiße die türkische Gemeinschaft in Deutschland.

Es gehört zu den vielen Parallelen zwischen Russland und der Türkei, dass es auch in Moskau eine politisch vernetzte Rockergruppe gibt, deren Chef ein russischer Nationalist und glühender Verehrer von Josef Stalin und Wladimir Putin zugleich ist. Alexander Saldostanow erhielt 2013 aus der Hand des russischen Präsidenten den »Orden der Ehre«.

Saldostanow sollte sich mehrfach revanchieren. Putin durfte zum Beispiel 2019 bei den »Nachtwölfen« eines ihrer Motorräder ausprobieren. Delikat war der Ort der Spritztour: Es war die Krim, bei deren Eroberung 2014 die Nachtwölfe tatkräftig halfen. Nach dem Motorradausflug nannte Putin, in eine schwarze Lederjacke gezwängt, die »männlichen, coolen Jungs ein Vorbild für die Jugend«. Auf den wohlgestylten Bildern der Kremlwerbung sah man den russischen Präsidenten ja öfter schon auf dreirädrigen Motorrädern, Pferden, im Cockpit von Kampfjets oder Fregatten voraneilen. Nur am Computerbildschirm oder beim Wischen auf dem Smartphone zeigten ihn die PR-Berater nicht. Das lag nicht nur daran, dass der Präsident nicht mit einem seiner Sachbearbeiter verwechselt werden wollte. Putin bewegte sich, so sagen es ehemalige Berater, tatsächlich noch nie besonders viel durch die digitale Welt. Er ist ein durch und durch analoger Herrscher. Dabei aber hat er Russland mit Vehemenz ins digitale Zeitalter getrieben. Die digitale Welt hat ihm eine große Variationsbreite von Angriffsmöglichkeiten zur Verfügung gestellt. Der Westen hatte noch Anfang der 2000er-Jahre gehofft, das Internet würde autoritäre Systeme schwächen und unterdrückten Bürgern ein Fenster zur Welt öffnen. Welch ein Irrtum.

Das weltweite Netz ist zu Putins effizientestem Schlachtfeld im hybriden Krieg geworden, den sein Generalstabschef Walerij Gerassimow 2013 kurz nach der Wende seines Präsidenten in den neuen Nationalismus ausrief.[4] In den virtuellen Schützengräben sitzen keine Soldaten, sondern Hacker, Nerds, Nachtarbeiter, Computerjunkies, Cyberkriminelle. Doch es bedurfte nicht der Rede des Generalstabschefs, um digitale Methoden der Kriegführung zu testen. Die estnischen Regierungsbehörden, die estnischen Banken und Medien wurden schon 2007 in einer umfassenden Cyberattacke getroffen. Damals kochten die russisch-estnischen Emotionen hoch, weil ein sowjetisches Kriegsdenkmal aus der Innenstadt Tallinns an den Stadtrand verlegt werden sollte und plötzlich die estnischen Server streikten. Mehrere russische Politiker reklamierten den digitalen Überfall offen für Russland, sie freuten sich über den gelungenen Feldzug. Zum ersten Mal legte eine Cyberattacke das gesamte öffentliche Leben eines unabhängigen Staates lahm.

Ab 2015 griffen russische Hacker den Deutschen Bundestag an. Über infizierte Rechner der Linksfraktion im Bundestag verbreitete sich eine Spähsoftware im internen Netzwerk des deutschen Parlaments. Auch die Computer im Abgeordnetenbüro der Bundeskanzlerin waren betroffen. Sicherheitsforscher führten die Angriffe auf eine staatliche Hackergruppe im Umfeld des russischen Auslandsgeheimdienstes zurück.[5] Ab 2016 wurde das autonome Netzwerk der Bundesministerien und des Kanzleramts angegriffen. Die Hacker erbeuteten ganz gezielt E-Mails und vertrauliche Dokumente des Auswärtigen Amts, auffälligerweise zum Krieg in der Ukraine. Auch hier konnten deutsche Sicherheitsbehörden russischen Angreifern mit staatlichem Auftrag die Tat nachweisen.

Der bisher folgenschwerste Cyberangriff gelang russischen Technologie-Bataillonen im amerikanischen Wahlkampf 2016. Hackern gelang es, in das Netzwerk der Demokratischen Partei einzudringen und Zehntausende E-Mails des Wahlkampfteams von Hillary Clinton zu erbeuten. Es war ein vergleichsweise simpler Phishing-Angriff mit einem Link in einer Mail, den ein Mitarbeiter Clintons öffnete. Doch die darauffolgende Kampagne war ein hochkomplexes Stück psychologischer Kriegführung. Über Monate leiteten die Datendiebe die Mails an die Internetplattform Wikileaks weiter, wohldosiert in der heißen Phase des Wahlkampfes, zum größten Schaden von Clinton und bekanntlich zum Nutzen ihres Konkurrenten Donald Trump. Wikileaks wurde faktisch zum Dienstleister der russischen Behörden und gab der Aufdeckung des internen Mail-Verkehrs den Anschein der Neutralität. So wurde das Datenleck zur hocheffizienten Waffe. Die Veröffentlichungen entschieden den Wahlkampf nicht, aber sie zerrütteten nachhaltig das Vertrauen der Wähler in die Kandidatin Clinton. Die Mobilisierung schlug fehl. Die Fehler ihres Wahlkampfteams taten ein Übriges, damit eine sicher geglaubte Wahl verloren ging.

Die digitale Welt hat die Reichweite von autoritär-nationalistischen Regierungen enorm ausgedehnt. Die nächtlichen Fischzüge auf ausländischen Servern sind nur ein kleiner Teil davon. Russland und die Türkei haben eine Reihe von Einflussagenturen gegründet, die den Nationalismus und seine Botschaften verbreiten. Dazu zählen in Russland die speziell

für das Ausland zugeschnittenen Medien RT und die Multimediaagentur Sputnik, die dem Medienkonzern »Russland heute« angehörte. Schauen wir in das Abendprogramm eines seiner Fernsehsender hinein: In tiefschwarzer Nacht leuchten Scheinwerfer auf. Dröhnend landet ein Helikopter. Schwarze Stiefel pressen ihr Profil in den feuchten Sand, Soldaten halten Kalaschnikows im Anschlag. Gepanzerte Limousinen fahren vor: Darin bringen russische Spezialeinsatztruppen den gestürzten ukrainischen Präsidenten Janukowitsch und dessen Familie in Sicherheit – vor ukrainischen Nationalisten, die ihm nach dem Leben trachten – behauptet jedenfalls Wladimir Putin. Der russische Präsident erzählt im Fernsehen, wie er blutrünstigen ukrainischen Nationalisten zuvorkam. Mit diesen Szenen beginnt ein zweieinhalbstündiger Fernsehfilm über die Annexion der Krim, in der Hauptrolle: ein drahtiger Putin, der erst Janukowitsch rettet, dann die Krim und dann den Weltfrieden.

So sieht Propaganda heute aus. Nicht wie ein sowjetisches Schwarz-Weiß-Plakat, auf dem kleine Mädchen Stalin Blumen überreichen. Nicht wie ein gusseiserner Lenin mit Bronzekäppi vor dem Bezirksmuseum. Nicht wie die alte *Prawda* mit schnell löslicher Druckerschwärze und unscharfen Fotos von der Leonid-Breschnew-Kolchose. Propaganda von heute ist cool, jung und ultramodern. Sie arbeitet mit Laptop, Smartphone, Twitter, Instagram und Actionfilmen.

Im 20. Jahrhundert waren die Sowjets hochgerüstet. Es war wichtig, welche Armee abschreckt und welche notfalls gewinnt. Im 21. Jahrhundert wurde ebenso wichtig, wessen Erzählung gewinnt, welche Story sich durchsetzt. In Russland redete nach der Annexion der Krim niemand von »Propaganda«. Man wähnte sich im Krieg mit dem Westen – die staatstreuen Journalisten führten entsprechend einen »Informationskrieg«. Am Subowski-Boulevard in Moskau in einem langen grauen Betonklotz lag bei meinem Besuch 2015 das Hauptquartier der Informationskrieger: die Zentrale von *Rossija segodnja* – »Russland heute«. Der Generaldirektor, Dmitri Kisseljow, wurde von der EU seiner Hetzsendungen wegen mit einem Einreiseverbot belegt. So abweisend-trutzig das Gebäude von außen wirkte, so offen wirkte es von innen. Die Türen waren aus Glas. Ein riesiger Newsroom öffnete sich, zwischen weißen Schreibtischen gediehen Pflanzen, unter der Decke liefen Nachrichten auf einem Digitalband wie in der CNN-Zentrale in Atlanta. Die Wände waren weiß lackiert. Die Glastüren musste niemand berühren, sie öffneten sich, wenn man die Akkreditierung an einen Kartenleser hielt. Im siebten Stock war ein Fitnessstudio. Wer Hunger hatte, nahm Platz in schicken Cafés, mittags in der Trattoria wählte man zwischen Risotto ai funghi und dem Thunfisch-Carpaccio. Soljanka-Suppe mit trockenem Brot, das war vorgestern.

»Russland heute« kam als ultramoderne Nachrichtenfabrik daher. Sie bespielte Fernsehen, Radio, Nachrichtenagenturen, Internet, soziale Medien, machte Umfragen und Satellitenprogramme. Dazu gehörte *Sputnik News*, ein Sender mit Radio, Internetauftritt, Videos in dreißig Sprachen. Sputnik arbeitete in 34 Ländern. Nach Aussage von *Rossija Segodnja* gehörte der russische Auslandskanal RT nicht zu diesem Medienkonglomerat. Doch hatten RT und *Rossija Segodnja* lange Zeit dieselbe Chefredakteurin, die armenischstämmige Russin Margarita Simonjan.

Wladimir Putin ließ dieses Hauptquartier des Informationskriegs im Dezember 2013 gründen. Seine Sender sollten die »russische Sicht« in die Welt tragen. Was das genau sei, interessierte den englischen TV-Reporter Peter Pomerantsev, der früher bei Moskauer Fernsehkanälen arbeitete. Pomerantsev fragte den geschäftsführenden Redakteur von RT. »Es gibt immer einen russischen Standpunkt«, antwortete der Redakteur.[6] Und erklärte das anhand einer Banane. »Für den einen ist sie etwas zu essen. Für einen anderen ist sie eine Waffe. Für den Rassisten ist sie ein Instrument, um Schwarze zu ärgern.«

Alles sei möglich. Es gebe einfach keine objektiv eindeutige Sicht darauf, was eine Banane sei, sagte der RT-Mann. Und so wie die Banane krumm ist, biegen sich die Sender die Wahrheit zurecht. Das ist die Essenz des »russischen Standpunkts«.

Ein Beispiel: Als die Maschine des Flugs MH17 im Sommer 2014 über einem ukrainischen Feld abstürzte, gab es nur eine Ursache, aber viele Vermutungen. Die Staatskanäle konzentrierten sich auf Letzteres. Als der Schreck der ersten Minuten vergangen war, besprach Dmitri Kisseljow mit dem Kreml das Vorgehen. Sodann schossen Sputnik und RT im Sekundentakt immer neue Varianten dessen heraus, wie es vielleicht gewesen sein *könnte*. Die Ukrainer steckten dahinter; ein Flugzeug; eine Rakete der Ukrainer; oder doch die NATO? Vielleicht Außerirdische? Alles möglich! Nur die eine überaus naheliegende Möglichkeit und später nachgewiesene Tatsache, dass es eine russische Buk-Rakete war, die das Flugzeug vom Himmel holte, ging im Geschichtencocktail unter. Das war der »russische Standpunkt«.

Telling the untold – das Unerzählte erzählen: So lautete das Motto von Sputnik. Man bereitete Vermutungen, Falschmeldungen und Verschwörungstheorien zu einer Nachricht auf. Der Sender arbeitete an multiplen Wahrheiten: Er meldete erfundene Neuigkeiten, etwa dass US-Soldaten in der Ukraine kämpfen, wartete darauf, dass westliche Medien die Falschmeldung übernahmen, und korrigierte sie dann nicht. Irgendetwas würde schon hängen bleiben. Er zielte auf den Eindruck ab, dass irgendwie alle Schurken waren. Widersprüche stören da nicht. Die Ukraine ist voller Nationalisten – aber keine Nation. Russland steht gegen die Faschisten – aber fest an der Seite von Marine Le Pen. Alles ist möglich.

Nach diesem Prinzip arbeiteten auch die Cyber-Soldaten an der weltweiten Informationsfront. In der Sawuschkina-Straße im Primorskij-Bezirk von St. Petersburg steht ein Bürohaus, in dem sogenannte Trolle arbeiteten. Der dreistöckige weiße Kasten ist unscheinbar, er liegt in einer Vorstadtstraße mit Wohnhäusern aus der Stalin-Zeit. Gegenüber ist ein Restaurant, Bäume säumen die Straße. Drinnen tippten 2015 junge Leute im Netz für den Kreml. Die ehemalige Mitarbeiterin Ljudmila Sawtschuk erzählte, wie sie täglich von neun bis neun Uhr auf westlichen Online-Foren schrieb, soziale Medien und Kommentarspalten von Internetzeitungen bespielte. Was sie zu schreiben hatte, wurde von den Chefs vorgegeben.

Trollfabriken suchten nach jungen Leuten, die westliche Sprachen gut beherrschten, Moskauer Sender stellten Kohorten westlicher Journalisten ein. Peter Pomerantsev war nur einer von vielen. Die autoritären Systeme lernten vom Westen und kehrten die westliche Technologie gegen ihre Erfinder. Die Nachrichtensendungen von Kisseljow und RT haben nichts von Schnitzlers *Schwarzem Kanal* aus DDR-Zeiten. Sie sind oft schneller, hipper, lauter, moderner als westliche Nachrichtensendungen. Welche Erfolge das hatte, war im Fall des Abschusses der MH-17 zu sehen, aber auch im Fall Lisa. Im Januar 2016 warfen russische Medien deutschen Behörden vor, die angebliche Vergewaltigung des 13-jährigen russlanddeutschen Mädchens durch Migranten zu vertuschen. In Wahrheit hatte Lisa nur bei ihrem Freund übernachtet. Trotzdem streuten russische Fernsehsender, Online-Medien, soziale Medien, ja sogar das russische Außenministerium wochenlang das Gerücht, Lisa sei von »Migranten vergewaltigt«

worden.[7] Das schürte viel Unruhe unter den Russlanddeutschen, es kam zu Demonstrationen und lauten Protesten vor deutschen Flüchtlingsunterkünften.

Der russische Standpunkt von RT und Sputnik versuchte, wiederkehrende Muster der russischen Erzählung in der deutschen Diskussion durchzusetzen. Beispiele: »Die Krim war eigentlich schon immer russisch.« – »Die Ukraine ist kein richtiger Staat.« – »Russland musste so handeln, weil die NATO sich ausgedehnt hat.« – »Der ukrainische Majdan war von den Amerikanern finanziert.« Solche Weisheiten werden auch von Angehörigen meinungsbildender Gruppen in Deutschland ventiliert. Ein anderes Beispiel ist der russische Militärhaushalt, der von der Regierung systematisch kleingerechnet wird, indem viele Truppenteile nicht mitgezählt werden. Damit fiel er 2018 sogar niedriger aus als der französische Verteidigungsetat, was angesichts der russischen Atomflotte und des kostspieligen Luftkriegs in Syrien unwahrscheinlich war. Trotzdem fanden diese kreativ minimierten Zahlen auch Eingang in die Statistiken des angesehenen Friedensforschungsinstituts Sipri in Stockholm.[8] Sie wurden in vielen Online-Foren und Zeitungen wiederholt.

Solche Zahlen und Meinungsäußerungen halfen der russischen Regierung, westliche Kritik am russischen Vorgehen als unbegründet oder bösartig abzutun. Die mediale Ausdehnung nach Westen zielte auf die allgemeine Verunsicherung, in der alle möglichen Wahrheiten und Versionen galten. Vor allem ging es darum, Zweifel an westlichen Regierungen zu säen. RT und Sputnik überzogen vor allem die deutsche Kanzlerin mit Kritik, da es ihr gelungen war, Europa in der Russlandpolitik zusammenzuhalten.[9]

Auch die türkische Regierung finanziert einen Auslandssender, der türkische Positionen erklären soll. Doch kommt es ihr im Ausland vor allem auf die Türken an, die keine Auslandssender brauchen. Die türkischen Medien beliefern den deutschen Markt und den europäischen gleich mit. Die Synchronisierung der türkischen Fernsehsender, Agenturen und Zeitungen mit der Meinung des Regierungssprechers in Ankara beglückt nicht nur die Türken in der Türkei, sondern in ganz Europa. Über das Verständnis vieler Türkeistämmiger in Deutschland für den Kurs der türkischen Regierung, egal in welche Richtung, darf sich deshalb niemand wundern – auch nicht über die Loyalitätsbekundungen türkischer Fußballspieler in Europa für die Offensive »Friedensquelle« in Nordsyrien im Oktober 2019. Doch greift die Ausdehnung türkischer Politik über das Mediale weit hinaus. Denn die Rede von Tayyip Erdoğan über die »Grenzen seines Herzens«, die weiter seien als die Staatsgrenzen, hatte einen konkreten weiteren Sinn. Die »Sorge um die Brüder und Schwestern« in Europa trieb ihn besonders um. Dafür unterhielt die Türkei seit langem feste Institutionen zur Einmischung in der EU, und Erdoğan fügte noch zwei entscheidende hinzu.

Schon seit 1984 organisierte die Türkisch-Islamische Union des staatlichen Amtes für Religionsangelegenheiten (Ditib) im Auftrag von Ankara Moscheen, Gottesdienste und Religionsunterricht in Deutschland. Das war von der deutschen Regierung damals durchaus erwünscht. Kaum erwünscht waren indes die in den 1980er-Jahren gegründeten Koordinierungsräte, die nationalistisch-religiöse und konservative Vereine zusammenbanden. Sie standen der Partei der Nationalistischen Bewegung (MHP) nahe. Ihr ging es vor allem darum, den Einfluss auf die Türken in Deutschland zu behalten, sie fest an die Türkei zu binden und zu verhindern, dass sie sich an die deutsche Mehrheitskultur anpassten oder eine eigenständige deutsch-türkische Kultur entwickelten.[10] Das war offenbar der Alptraum vieler türkischer Politiker und ergänzte gut die Gleichgültigkeit deutscher Politiker, die sich jahrzehntelang nicht oder zu wenig um Integration kümmerten. Auch Tayyip Erdoğan rief die türkeistämmigen »Brüder« in Europa wiederholt dazu auf, den Islam, die türkische Kultur und Sprache zu pflegen. »Ihr seid verloren, wenn ihr das verliert.«[11] Zugleich riet er ihnen, »gut zu lernen«, um in den europäischen Ländern sozial aufzusteigen.

Tayyip Erdoğan ließ 2004 die UETD gründen, die sich 2018 in Union Internationaler Demokraten (UIB) umbenannte. Die UIB organisierte Auftritte von Erdoğan und den Wahlkampf der AKP in ganz Europa. Sie ist der verlängerte Arm der Partei und tat sich seit 2016 auch in der Enttarnung von Anhängern der Gülen-Bewegung in Europa hervor. Die verschiedenen Institutionen der Einmischung und Einflussnahme

in der EU ließ Erdoğan ab 2010 von einer Präsidialbehörde für Türken im Ausland (YTB) koordinieren. Seither arbeiteten weit über hundert Beamte in einem gläsernen Hochhaus in Ankara daran, die Türkeistämmigen in Europa und in Zentralasien nicht an die Länder ihres Aufenthalts zu verlieren. Offiziell ging es darum, »Aktivitäten zu koordinieren und Kontakt zu halten«, doch ein Blick in das türkischsprachige Magazin »Artı 90« der Behörde offenbarte, was man sonst noch vorhatte. Darin herrschten drei Themen vor: das große Erbe des Osmanischen Reichs, Diskriminierung und Islamophobie in Europa sowie die Warnung vor Assimilation, ganz im Sinne von Erdoğans nationalistisch eingefärbten Reden.[12] Der Leiter des YTB, Kemal Yurtnaç, beklagte die strukturelle Benachteiligung von türkeistämmigen Schülern in Europa und kritisierte deutsche Jugendämter für ihre »kalkulierte Assimilationspolitik«. Darunter verstand er, dass sie türkische Pflegekinder »bewusst« bei christlichen Familien, bei Drogensüchtigen und »lesbischen« Partnern unterbringen würden[13] – alles offenbar gleichermaßen problematisch für die türkische Regierung.

Die Ernte dieser Aktivitäten fuhr Tayyip Erdoğan regelmäßig bei den Wahlen ein. Er sorgte dafür, dass Auslandstürken in Europa 2014 erstmals in den Konsulaten wählen durften. Bei den Präsidentenwahlen 2018 stimmten fast 65 Prozent der wahlberechtigten Türken in Deutschland für ihn, also deutlich mehr als die 52 Prozent, die er in der Türkei holte.

Das ist viel, doch nicht so viel, wie einige deutsche Kommentatoren daraus machten. Denn von den rund drei Millionen Türkeistämmigen in Deutschland sind nur knapp die Hälfte türkische Staatsbürger, davon wiederum sind nur 1,4 Millionen wahlberechtigt. Davon wählten 2018 überhaupt nur 46 Prozent, und von diesen 46 Prozent bekam Erdoğan knapp 65 Prozent. In absoluten Zahlen waren das 417000 Wähler, also nur ein Bruchteil der Türkeistämmigen in Deutschland. Seine Getreuen waren also klar in der Minderheit – trotz der zahlreichen Einflussinstitutionen der Türkei in Europa. Auf türkeistämmige Politiker im Bundestag und im Europaparlament konnte die türkische Regierung indes gar nicht zurückgreifen, denn dort dominierten säkulare und linke Politiker, mit denen Erdoğan eine zuverlässige gegenseitige Feindseligkeit teilte.

Die russische Regierung verfolgte eine ganz andere Einmischungsstrategie. Die Russlanddeutschen waren für sie nur eine Fußnote in der ideologischen Bewirtschaftung des europäischen Kontinents. Sie suchte sich gezielt Verbündete in jedem EU-Land, um ihren Einfluss zu weiten. In Ungarn lag es nahe, den Nationalisten Viktor Orbán zu umgarnen, der regelmäßig nach Moskau pilgerte, dem Putin aber oft auch in Budapest die Aufwartung machte. Der russische Präsident pflegte seit 2017 die Freundschaft mit dem italienischen Lega-Chef Matteo Salvini. Er empfing mitten im französischen Wahlkampf 2017 die Chefin des Front National, Marine Le Pen. Die rechtsextreme Partei bekam schon 2014 einen russischen Millionenkredit, mit dem Segen von ganz oben. Abgesandte der Putin-Partei und des Rassemblement National, wie die Partei seit 2018 heißt, besuchten sich gegenseitig. Mit der österreichischen FPÖ unterzeichnete »Einheitliches Russland« 2016 ein Abkommen, das unter anderem »zur Erziehung der jungen Generationen im Geiste von Patriotismus und Arbeitsfreude« beitragen sollte. Der slowakische Parlamentspräsident und Chef einer nationalistischen Partei lobte 2017 in der russischen Duma die »panslawische Einheit«. Russische

Politiker förderten in Griechenland Parteien vom rechten Rand. 2019 gelang der prorussischen, rechtspopulistischen Partei »Griechische Lösung« der Einzug ins Parlament. Diese Aufzählung legt ein klares Muster offen: Russland verbündete sich gezielt mit nationalistischen und rechtspopulistischen Parteien.

Ausnahmen waren durch lokale Besonderheiten zu erklären. In Deutschland umwarben russische Diplomaten häufig Politiker der Linken, die sich mit für Russland überaus erfreulichen Einschätzungen des Ukraine-Krieges einen Namen machten. Sarah Wagenknecht wurde seit 2014 zu einem russischen Fernsehstar. In Spanien wurden der russische Auslandsgeheimdienst und Diplomaten aktiv, um die linksnationalistischen Separatisten im Katalonien-Konflikt zu unterstützen. Doch generell galt für die Moskauer Einmischungsstrategen: Je rechter, desto russlandfreundlicher.

Am meisten profitierte davon in Deutschland die AfD. Die Partei wurde in russischen Medien gepriesen, in der Partei entstand eine Gruppe »Russlanddeutsche in der AfD«. Deutsche Nationalisten und Rechtspopulisten wurden regelmäßig nach Russland eingeladen, aber auch in jene Teile der Ukraine, wo die russische Regierung das Sagen hatte, also auf die annektierte Krim und in das von prorussischen Milizen kontrollierte Donezbecken. Der langjährige AfD-Chef Alexander Gauland und der AfD-Bundestagsabgeordnete Markus Frohnmaier trafen sich 2015 mit dem russischen Eurasien-Ideologen Alexander Dugin. Doch auch in der Duma standen der AfD viele Türen offen. Die Partei gilt in der nationalistischen russischen Elite als »Freund Russlands«. In digitalen russischen Netzwerken tauschten sich AfD-Anhänger, Rechtsradikale und Linke aus, um sich der Sympathie für die russische Sache in der Ukraine zu versichern.[14] Dort konnte man auch ungestört gegen Flüchtlinge, die EU und die USA hetzen, ohne dass ein Administrator eingriff.

In der russischen Elite wurde die Einmischung in Europa zugunsten der radikalen Rechten kaum hinterfragt. Stimmen wie die der Journalistin und Politikerin Weronika Krascheninnikowa, die erklärte, »rechte Parteien bringen uns nicht aus der Isolation, sondern verstärken sie«, vertreten ein Minderheitenprogramm. Krascheninnikowa ist keine Oppositionelle, sondern Teil der Elite, aber sie störte sich durchaus zu Recht daran, dass sich Russland mit politischen Kräften verbünde, die einst für den Überfall auf die Sowjetunion standen.[15] In Moskau herrschte jedoch die Sicht vor, dass sich die Einmischung und das Engagement für Rechtsextreme auszahle. Vor allem seit der Wahl Donald Trumps zum US-Präsidenten 2016 und der Erschütterung des westlichen Bündnisses herrschte in der russischen Elite eine gewisse Selbstzufriedenheit, dass man im »Informationskrieg« doch recht weit gekommen sei. In Europa und Amerika herrschte seither der politische Notstand.

Es ist heute weitgehend in Vergessenheit geraten, dass die Sowjetunion einst mit ganz ähnlichen Methoden im »Informationskrieg« arbeitete. Natürlich fehlte im Kalten Krieg die digitale Dimension. Aber direkte Angriffe, politische Einmischung, Einflussagenten und -agenturen gab es auch damals. Die Sowjetunion und ihre sozialistischen Verbündeten beseitigten feindliche Agenten und Oppositionelle im Westen mit Bomben, Präzisionsschüssen und vergifteten Regenschirmspitzen. Sie päppelten kommunistische Parteien in ganz Europa, sie unterstützten Friedensbewegungen und Großdemonstrationen und platzierten, damals noch ganz analog, einen hochrangigen Spion im Bundeskanzleramt, was 1974 zum Sturz von Willy Brandt führte. Alles schon mal dagewesen. Als im Jahr 2000 Sergej Tretjakow, Chef der russischen Aufklärung in New York, zu den US-Diensten überlief, sagte er: »Es hat sich nichts geändert seit damals. Russland versucht, die USA zu unterminieren.«[16] Doch Tretjakow vergaß, den entscheidenden Unterschied zu erwähnen: Im Kalten Krieg hat das alles nichts genützt. Heute schon.

Das wiederum liegt am Zustand Europas und der USA, der eben ein ganz anderer ist als zu Zeiten des Kalten Krieges. Was damals vom Druck des globalen Weltkonflikts zusammengepresst wurde, zerfällt heute im anwachsenden Nationalismus in viele Teile. Die Länder des Westens sind geschwächt vom Kampf gegen sich selbst, gezeichnet von Sanktionen, die US-Präsident Donald Trump gegen die Verbündeten verhängt hat, bedroht von der Erosion des Vertrauens in die Bündnisgarantie der NATO, weiter zerrüttet im nationalen Egoismus während der Pandemie-Krise 2020. Der Aufstieg nationalistischer Parteien ist Teil dieser Misere. Die Einflussagenten der autoritären Regime aus dem Osten verstärken diese Entwicklung nur. Putin und Erdoğan sind die Protagonisten des Zweck- und Gelegenheitsnationalismus. Aber diesen neuen Nationalismus fördern die Europäer und Amerikaner mittlerweile tatkräftig selbst. Er ist im Osten erfunden und entwickelt worden, aber im Westen mit voller Wucht angekommen.

1 Dazu das Video der russischen Agentur Sputnik: https://www.youtube.com/watch?v=lOOmTsKA7k8

2 Der türkische Präsident bezog sich dabei auf Auslieferungsgesuche seiner Regierung an Deutschland, die von deutschen Behörden abgelehnt wurden. Ein geheimer Vermerk der deutschen Innenbehörden von 2018 verdeutlichte, dass die deutsche Seite keine Belege für die Vorwürfe gegen die von der Türkei genannten Personen sah. Darüber hinaus würden »Auslieferungsersuchen mit PKK-Bezug nicht erfüllt, weil eine rechtsstaatlich angemessene Behandlung der Personen in der Türkei nicht sichergestellt« sei.

3 Sebastian Fiedler, Vorsitzender des Bundes deutscher Kriminalbeamter, siehe: Marc Brost, Vera Weidenbach, Michael Thumann: Vorgeschickt von Erdoğan?, in: Die Zeit, Nr. 16, 12. April 2018.

4 Waleri Gerassimow hielt im Januar 2013 eine Rede, die später im Westen als »Gerassimow-Doktrin« bezeichnet wurde. Gerassimow beschrieb darin unter anderem Formen der zwischenstaatlichen Kriegführung, die nicht militärisch, sondern im Informationssektor, in der Diplomatie und der digitalen Sphäre geführt werden. Eine Doktrin wollte er selbst nicht darunter verstehen. Siehe: Zennost nauki v predwidenii, in: Wojenno-promyschlennyj kurer, 26. Februar 2013. https://www.vpk-news.ru/articles/14632

5 https://netzpolitik.org/2015/digitaler-angriff-auf-den-bundestag-investigativer-bericht-zum-hack-der-it-infrastruktur-der-linksfraktion/#spendenleiste

6 Peter Pomerantsev: Nothing Is True and Everything Is Possible. The Surreal Heart of the New Russia (Public Affairs, New York 2014), S. 47.

7 Über die Details im Fall Lisa siehe Susanne Spahn: Russische Medien in Deutschland, herausgegeben von der Friedrich-Naumann-Stiftung für die Freiheit (Potsdam 2018), S. 14ff.

8 Michael Thumann: Wladimir Putins gefährlicher Bonsai-Haushalt, in: Zeit-Online, 30. August 2019, https://www.zeit.de/politik/ausland/2019–08/russland-wettruesten-militaerausgaben-raketentests-usa-europa, und Richard Conolly: Russian Military Expenditure in Comparative Perspective (CNA Occasional Paper, University of Birmingham and Chatham House, Arlington 2019).

9 Susanne Spahn, S. 16–19.

10 Yaşar Aydın: Die neue türkische Diasporapolitik, SWP-Studie (Stiftung Wissenschaft und Politik, Berlin 2014), S. 9.

11 https://www.ytb.gov.tr/haberler/cumhusbaskani-Erdoğandan-yurt-disinda-yasayan-vatandaslara-mujde

12 Kerem Öktem: Turkey's New Diaspora Policy. The Challenge of Inclusivity, Outreach and Capacity (Istanbul Policy Center, Stiftung Mercator Initiative, Sabanci University, Istanbul 2014). https://ipc.sabanciuniv.edu/wp-content/uploads/2014/08/14627_Kerem%C3 %96ktenWEB.18.08.pdf

13 Yaşar Aydın, S. 19.

14 Tatiana Golova: Postsowjetische Migranten in Deutschland und transnationale Social-Media-Öffentlichkeiten, in: ZOiS-Report, Nr. 2/2018, S. 3.

15 Michael Thumann: Warum eine russische Politikerin vor der AfD warnt, in: Zeit-Online, 12. April 2019. https://www.zeit.de/politik/ausland/2019–04/europawahl-russlandeinmischung-populisten-verbindungen

16 Trump, Putin, and the New Cold War. What lay behind Russia's interference in the 2016 election – and what lies ahead?, in: New Yorker, 24. Februar 2017.

12. Nationalimperialist: Donald Trump

Am 22. Oktober 2018 stand Donald Trump in einer Halle in Houston und rief in die Menge: »Ich bin ein Nationalist, okay? Ich bin ein Nationalist. Nationalist. Ja, genau. Benutzen Sie dieses Wort. Benutzen Sie es!«[1] Dann schaute er befriedigt auf ein Meer von jubelnden Anhängern mit Flaggen und Postern. Es war einer seiner Tabubrüche, mit dem er seine Anhänger in Extase versetzte. Ja, ein Nationalist wollte er sein im Gegensatz zu lauen Patrioten und »Globalisten«. Darunter verstand er Leute, »die sich mehr um den Globus kümmern als um das eigene Land«. Es war kurz vor den Zwischenwahlen zum Kongress im November 2018, als Trump für sich im Staat Texas damit warb, ein Nationalist zu sein. Er glaubte, dass er damit Stimmen gewinnen würde. Er irrte, denn die Republikaner verloren die Wahlen. Aber Trump hatte, darauf kam es ihm an, sein Profil weiter geschärft.

Der Nationalismus von Donald Trump ist ein Sonderfall. Nicht nur, weil er erst im hohen Alter von 70 Jahren als Vollzeit-Politiker die Bühne betrat, sondern auch, weil er nationalistische Politik in einem Land betreibt, in dem ein traditionell starker, flaggenbewehrter Patriotismus eine Nation von Einwanderern aus aller Welt eint. Viele Amerikaner sind stolz auf ihr Land, wenige aber stellen ihre ethnische Gruppe über andere. Donald Trump tut genau das. Er überdreht das Nationalbewusstsein in einen chauvinistischen Rauschzustand, der die Nation spaltet und ihre Minderheiten und Teilgruppen gegeneinander aufhetzt. In der Corona-Krise zeigte sich, was es bedeutet, einen Nationalisten zum Präsidenten zu haben: Trump suchte zu jedem Zeitpunkt seinen eigenen Vorteil und nicht den seines Volkes. Er schloss die Grenzen nach ethnischen und geographischen Kriterien statt nach den Notwendigkeiten der Pandemie-Bekämpfung. Er schob die Verantwortung auf seinen Vizepräsidenten und auf Gouverneure ab und riss sie wieder an sich, als sie gute Arbeit leisteten. Sein chaotisches Krisenmanagement bevorteilte am Ende vor allem wohlhabende weiße Amerikaner mit privater Krankenversicherung und nahm den Tod vieler schwarzer Amerikaner billigend in Kauf.

Ein Forscher der Harvard University hat den Unterschied zwischen Nationalismus und patriotischem Bewusstsein in den USA treffend zugespitzt:[2] Während der Patriotismus die Interessen der gesamten Nation in den Blick nehme und die diversen Identitäten der US-Amerikaner mit einem großen gemeinsamen Interesse überwölbe, betone der amerikanische Nationalismus vor allem die Unterschiede, seien sie ethnischer oder religiöser Natur. »Nationalismus kreise um Rassefragen« und fordere Loyalität zu einer Gruppe mit gleicher Identität. Die US-Historikerin Jill Lepore von der Harvard University ergänzt diesen Gedanken und setzt sich für einen neuen demokratischen Patriotismus ein, der niemanden ausgrenzen soll.[3] Dagegen sprengt der Trump'sche Nationalismus sowohl den gesellschaftlichen Zusammenhalt wie auch jene supranationalen Bündnisse, welche die USA aus patriotischem Antrieb zur Stärkung der eigenen Nation mit begründet haben. Der Fall Trump zeigt, wie sehr Nationalismus und nationales Interesse Gegensätze sind. Er zeigt auch, dass Nationalismus nicht einfach nur die Abschottung von der Welt verfolgt, sondern mindestens ebenso ausgeprägt zu Übergriffigkeit neigt. Isolationismus und Imperialismus sind die zwei Seiten des Nationalismus von Donald Trump.

Der 45. US-Präsident trat sein Amt als klassischer Populist an, als Elitenschreck und einer von außen, der das Washingtoner

Establishment aufmischen wollte. Donald Trump behauptete, das Volk gegen »die da oben« zu vertreten. Auch Nationalismus und Chauvinismus gehörten zu seiner Wahlkampagne, aber diese Beigaben hatte er erst 2016 ausgewählt. Donald Trump war zuvor kein profilierter Nationalist gewesen, er war nicht immer Republikaner und auch nicht immer rechts gewesen. Der Geschäftsmann hatte im Wahlkampf eine Achterbahn-Karriere als Millionenerbe, Immobilienhändler, Schuldenkönig, Buchautor, Kamikaze-Verhandler und TV-Show-Star hinter sich. Länger schon wollte er Politiker werden. Trump unterstützte in früheren Wahlkampagnen sowohl Republikaner wie Demokraten, so spendete er zum Beispiel der Clinton-Stiftung einen sechsstelligen Dollarbetrag. 1987 ließ er sich als Republikaner registrieren, aber 2001 schrieb er sich als Demokrat ein. Mit der Elitefamilie der Bushs verstand er sich nie gut, in den 2000er-Jahren wollte er gegen George W. Bush antreten.

Nur als Nationalist machte er sich keinen Namen. Er frönte in früheren Jahren allenfalls einem banal-ökonomischen Klippschul-Patriotismus. Er nahm zum Beispiel Anstoß an deutschen Limousinen auf der Fifth Avenue in New York. Aber die Mercedes-Dichte auf amerikanischen Straßen verhält sich seit jeher reziprok zur Millionärsdichte, nur deshalb sah er sie öfter vor seinen Parade-Immobilien stehen. Über die Vor- und Nachteile globalen Handels sagen solche Zufallsbeobachtungen vom Straßenrand nichts aus. Auch die Idee, dass die USA ihre NATO-Verbündeten nicht mehr unterstützen sollten, gebar er schon in den 1980er-Jahren. Aber nicht aus nationalistischen oder anti-multilateralistischen Gründen, sondern aus dem Blickwinkel des hart verhandelnden Geschäftsmannes. Trump sah nicht ein, warum die USA für das Bündnis mehr bezahlen sollten als schwächere Staaten, die seiner Ansicht nach mehr davon profitierten. Der Vorteil der mächtigsten Allianz der Geschichte, die den Kalten Krieg ohne militärischen Feldzug gewann, leuchtete ihm nicht ein. Dafür war er von Haus aus viel zu unpolitisch. Trump ließ sich vom Militärdienst befreien, er drückte sich vor dem Vietnam-Krieg, er hielt sich aus den großen politischen Auseinandersetzungen der 60er- und 70er-Jahre heraus. Seine erste Frau hatte tschechische Wurzeln, später heiratete er eine Amerikanerin slowenischer Herkunft. Trump offenbarte eine Schwäche für slawische Nationen. Ausgerechnet am US-Nationalfeiertag fuhr er 1987 in die Sowjetunion. Damals distanzierte er sich von Nationalisten. Den republikanischen Politiker Pat Buchanan, der in den 1990er-Jahren als nationalistischer Haudrauf für sich warb, nannte Trump einen »Hitler-Liebhaber« und legte dessen Rassismus bloß. »Ich glaube, er ist Antisemit«, sagte Trump über Buchanan, »er mag keine Schwarzen, er mag keine Schwulen. Es ist unglaublich, dass irgendjemand ihn mögen könnte.«[4] So redete Trump noch 1999. Er war nie ein Stratege, sondern gehorchte stets seinem Instinkt. »Seine Stärke liegt darin, die Schwächen seiner Gegner zu wittern«, analysiert ein konservativer Publizist.[5] In seiner Laufbahn als politischer Lehrling experimentierte Trump mit vielen Themen. Dabei interessierte er sich nicht für Weltanschauungen, sondern nur dafür, wie er endlich Anhänger gewinnen könnte.

Das sollte er im Wahlkampf 2016 herausfinden. Donald Trump wurde von den Hedgefonds-Managern Robert und Rebekah Mercer unterstützt. Ihnen verdankte der Schuldenkönig nicht nur viele Millionen Dollar für seine Kampagne, sondern auch die Stärkung durch radikal-nationalistisches Personal. Jahrelang hatten die Mercers den nationalistischen Publizisten und Aktivisten Stephen Bannon und sein extremistisches Portal *Breitbart News* gefördert und finanziert. Er war eine ihrer politischen Hoffnungen. Trump kannte den Mann auch schon seit 2011 und las mit Freude seine Artikel auf dem Breitbart-Portal. Bannon trat in Trumps Team ein und schärfte als Wahlkampfleiter fortan das nationalistische Profil. In Großbritannien hatte soeben eine knappe Mehrheit in einem Referendum für den Brexit gestimmt. Bannon fühlte, dass sein »Zeitgeist-Moment« gekommen und dass die Welt bereit für eine neue Botschaft sei: Grenzen sollten wieder

Grenzen sein.[6] Leute wie Bannon dehnten die beschränkte Reichweite des bis dahin politisch schwankenden Skandal-Rassisten und Salon-Sexisten Trump. Dieser packte ihre Ideen in einfache Worte – fremdenfeindliche, rassistische, nationalistische. Das zog, wie die Wahl 2016 bewies. Trump wurde zu einem neuen Nationalisten. Er war nicht schon immer von dieser Idee überzeugt gewesen, sondern erkannte ihre Kraft und Zweckmäßigkeit, um Präsident zu werden. Als Trump den irrlichternden, schwer zu bändigenden Bannon acht Monate nach Amtsantritt entließ, stieg an seiner Stelle Trumps Redenschreiber Stephen Miller zum nationalistischen Chefideologen auf. Miller wurde zu Trumps Brandbeschleuniger und schockierte mit seinen radikalen Thesen auch viele Republikaner. Er sei es, der den Hass in Trumps Reden bringe. Donald Trump brauchte Leute wie Bannon und Miller, um sein Vorurteils-Reservoir stets neu zu laden.

Seine Antrittsrede stellte Trump unter die Überschrift »America First«, eine Parole, die er bereits im Wahlkampf verbreitet hatte. Das Land sollte »wieder« stark und reich, stolz und sicher werden. Er wollte das »Gemetzel« überwinden, das seine Vorgänger über das Land gebracht hätten. Mit dem Slogan »America First« hatte schon der Republikaner Warren G. Harding 1920 die Präsidentschaftswahlen gewonnen. Die Parole wurde auch benutzt vom America First Committee, einer nationalistischen Lobbygruppe, die zwanzig Jahre später eine Kampagne gegen den Eintritt der USA in den Zweiten Weltkrieg entfesselte. Der Gruppe wurde Antisemitismus vorgeworfen. Das war also die Tradition, in die Trump die Präsidentschaft zu stellen gedachte.

Für die Kernanliegen seiner Präsidentschaft griff Trump in das klassische Arsenal des Nationalismus. Er erklärte die Einwanderer aus lateinamerikanischen Staaten zur Bedrohung für die nationale Sicherheit. Er stritt sich monatelang am Rande der Staatspleite mit dem Kongress über seine Lieblingsidee einer Mauer an der Grenze zu Mexiko. Er ließ geflüchtete Familien an den Grenzen auseinanderreißen und steckte auch Kinder in Internierungslager. Er erklärte Teilnehmer eines rechtsextremen Aufmarsches in Charlottesville zu »guten Leuten«, er warf mit fremdenfeindlichen Tweets und Reden nur so um sich. Er verhängte einen Einreisestopp aus muslimischen Ländern und nannte afrikanische Länder »Dreckslöcher«. Die Liste seiner rassistischen Ausfälle ist unfassbar lang. Bei allen Attacken aber intonierte er ein Hauptthema des Nationalismus: den Opferkult.

Der Präsident im permanenten Angriffsmodus liebte es, sich selbst als Opfer zu inszenieren: Donald Trump als das Opfer der liberalen Medien, der Falschnachrichten, der Washingtoner Eliten, der liberalen Gerichtsbarkeit, der Bürokratie, Trump als Opfer der Untersuchungen wegen der Zusammenarbeit mit russischen Stellen im Wahlkampf, als Opfer eines Impeachment-Verfahrens, das das Repräsentantenhaus wegen Trumps Erpressung der ukrainischen Regierung zum Zwecke der Wahlkampfhilfe einleitete. Trump witterte überall Verschwörungen, die nur gegen ihn gerichtet seien. Er ähnelte damit anderen neuen Nationalisten, zum Beispiel Putin, der von der Bedrohung durch »Farbenrevolutionen« besessen ist. Sehr verwandt wirkte vor allem der türkische Präsident Tayyip Erdoğan, der glaubt, die ganze Welt habe sich gegen ihn verschworen. Die türkische Soziologin Nagehan Tokdoğan attestierte Erdoğan einen ausgeprägten »narzisstisch getriebenen Nationalismus«.[7] Das trifft sicherlich in gleichem Maße auf Donald Trump zu, der sich im unaufhörlichen Überlebenskampf gegen viele Feinde wähnt. Doch hat dieser Narzissmus ihn nicht unpopulär gemacht, im Gegenteil, seine Anhänger identifizieren sich mit ihm vor allem wegen der narzisstischen Opfererzählung. »Den Status als Opfer für sich zu reklamieren ist zunehmend zu einem Vorteil geworden«, hat eine Gruppe kanadischer Psychologen festgestellt.[8]

Selbst inszenierte Opfer glauben, ein besonderes Recht auf Selbstverteidigung zu haben. Trump beruft sich darauf, wann immer er kann. Auch an diesem Beispiel zeigt sich, wie leicht der aus der Gelegenheit geborene neue Nationalismus in Krieg umschlagen kann. Trump fühlte sich und die USA ungerecht behandelt im Warenaustausch mit den Nachbarn Kanada und Mexiko, aber auch mit Europa, Japan und China. Den Opferdiskurs führte er bei jeder Gelegenheit. Während eines Dinners mit seinen Sponsoren im April 2018 sagte Trump, die EU würde die Vereinigten Staaten »betrügen«, die internationale Handelsorganisation WTO bezeichnete er als »Waffe«, die den USA schaden solle.[9] Deshalb brach er Handelskriege vom Zaun, erst mit den direkten Nachbarn, dann mit Europa, schließlich mit China. Er verhängte Zölle gegen Stahl- und Aluminium-Importe aus anderen Industrieländern, die EU reagierte im Rahmen der WTO-Regeln mit gezielten Sanktionen gegen amerikanische Firmen und Landwirte. Diese Kriege schadeten den USA nach Berechnungen der Zentralbank in Washington mehr als anderen Staaten.[10] Doch darauf kam es Trump nicht an. Ihm war wichtig, mit den Handelskriegen seine Erzählung zu untermauern. Trump als Präsident, der keinen Kampf für das Überleben der USA scheut, Trump als Verteidiger der klassischen Industrien, Trump als Fackelträger von »America first«. Das war seine tweetgerechte Botschaft, gegen die komplizierte Berechnungen der Zentralbank verblassten.

Manches schaute Trump sich beim russischen Präsidenten ab. Die »Marke Putin« war ein globales Modell für Nationalisten und Rechtspopulisten.[11] Der Russe verkörperte den Macher und Macho im höchsten Staatsamt, der tat, was er androhte, und unnachgiebig die Interessen seiner Nation in einer feindlich gesinnten Welt durchsetzte. Obwohl Wladimir Putin in den Geheimdienststrukturen und Kommunalverwaltungen Russlands aufgestiegen war, wuchs er zum Helden der Populisten wie Trump, die gegen »Eliten« und »Establishment« antraten. Putins Cyber-Heere schrieben im amerikanischen Wahlkampf 2016 Geschichte. Der US-Präsident, der von der russischen Intervention profitierte, lobte ihn seither bei jeder

Gelegenheit (»supersmart!«). Donald Trump sah in Wladimir Putin einen ideologischen Verbündeten und vertraute dem russischen Präsidenten auch schon mal amerikanische Staatsgeheimnisse an. Nach einem Zweiertreffen mit Putin in Hamburg 2017 nahm er seinem Dolmetscher die Gesprächsnotizen ab, damit es keine Beweise von solchen Unterredungen gab. Donald Trump erinnerte in seiner Unberechenbarkeit, der unilateralen Brutalität und der Kraftrhetorik bisweilen an Putins außenpolitischen Stil seit 2014. Wie Putin pflegte er den Opfermythos und die aus erfundenen Beleidigungen destillierte Überzeugung, dass es keine Freunde in der Welt gebe, sondern nur »Partner«, die eigentlich Konkurrenten seien.

Doch wurde Donald Trump von jenen Beobachtern missverstanden, die ihn als »Isolationisten« bezeichneten.[12] Manche gingen sogar so weit, ihn dem bereits erwähnten republikanischen Präsidenten Warren G. Harding 1921–23 gleichzustellen. Ein Irrtum. Harding war ein echter Isolationist, der das amerikanische Militär bei Geld und Ausrüstung auf Entzug setzte und die USA wie eine Quarantänestation von der Außenwelt trennte, so gut es ging. Trump, ein Nationalimperialist, hat die Militärausgaben drastisch erhöht und interveniert in vielen Teilen der Welt. Amerikanische Militärs waren ihm dankbar für den Geldsegen. Seine aggressive Politik garniert Trump mit Rückzugsparolen. Die Aufkündigung des Klimaabkommens von Paris, der Bruch von Handelsabkommen, die Infragestellung der NATO waren aber weniger isolationistische Züge, sondern eine Spielart des neuen Nationalismus. Trump nutzte die Rückzugsbehauptung häufig, um die Abschottungsbedürfnisse seiner Wähler zu bedienen. In Wirklichkeit aber schwankte er zwischen Anwandlungen von halbgarem Isolationismus und harter neoimperialistischer Politik.

Donald Trump führte viele Kriege, vor allem wirtschaftlicher und psychologischer Art. Er stürzte sein Land in außerordentlich kostspielige Handelskriege, er überzog die besten Handelspartner mit Zöllen und Strafen, er weitete den amerikanischen Einfluss durch extraterritoriale Sanktionen aus – alles klassische Elemente imperialer Politik. Trump zog sich nicht einfach zurück, sondern expandierte, wo immer möglich, um Konkurrenten zu neutralisieren und zu zerstören. Unter Trump wurde der Krieg gegen tatsächliche und eingebildete Rivalen zum außenpolitischen Dogma der USA. Die US-Regierung erklärte China zur globalen geopolitischen Bedrohung und übte enormen Druck auf die Verbündeten in Europa aus, ihr im Kampf gegen Peking zu folgen. Das war nur begrenzt überzeugend, weil Trump zugleich auch Europa in die Zange nahm. Vor dem vollzogenen Brexit im Januar 2020 rief er die Briten bei jeder sich bietenden Gelegenheit auf, die EU zu verlassen. Er ermunterte die Polen, gegen Brüssel aufzustehen. Innerhalb der EU förderte Trump Nationalisten und bevorzugte Untergruppen, die aus seiner Sicht das Ganze unterminieren könnten, wie etwa die Visegrád-Staaten. Proeuropäische Regierungen waren ihm verhasst. Im Zuge des Handelskriegs verhängte er Sanktionen gegen einzelne EU-Staaten, auf Wein aus Frankreich, auf Gasimport nach Deutschland, um das Bündnis weiter zu spalten. Er beklagte die geringen Verteidigungsausgaben der EU, lobbyierte aber gegen die Versuche der Europäer, ihre Verteidigung gemeinsam zu stärken. Trump ging es nicht um Rückzug, sondern um aggressiven Revisionismus. Die NATO wollte er von einem Bündnis gleichgesinnter Demokratien in einen Klub von Vasallen des amerikanischen Hegemons umformen. Er setzte auf die Unterminierung und Zerrüttung der EU, um einzelnen EU-Staaten seine Bedingungen aufzwingen zu können. Darin war er Wladimir Putin und dessen hybridem Krieg seit 2014 sehr ähnlich.

Noch schwerer haltbar ist die These, Trump würde strikte militärische Zurückhaltung üben und Amerika aus den Konflikten herausführen, in die sich der republikanische Vorgänger George W. Bush gestürzt hatte. Trump setzte – während er von Rückzug sprach – einige expansive Traditionen republikanischer Außenpolitik fort. Ganz klassisch militärisch weitete Trump die Manöver für »Freiheit der Navigation«

im südchinesischen Meer aus. Von den großspurig angekündigten Rückzügen aus Japan und Südkorea zog sich Trump zurück, als er merkte, wie sehr die Chinesen davon profitieren würden. Mit der nationalistischen Regierung Polens einigte er sich im Herbst 2019 auf die Entsendung von weiteren 1000 US-Soldaten, 2020 versprach er die Verlegung weiterer US-Einheiten nach Polen, in nächste Nähe zu Russland. Trump schickte 2019 knapp 2000 Soldaten nach Saudi-Arabien, er baute die Militärpräsenz im Irak aus – zusätzlich zu den Zehntausenden von US-Soldaten, die ohnehin im Mittleren Osten stationiert sind. Um Iran einzudämmen, missbrauchte der Präsident die dominierende Rolle des US-Dollars und verhängte schärfste extraterritoriale Sanktionen gegen den Rest der Welt. Überhaupt, der Nahe und Mittlere Osten: Hatte der US-Präsident nicht versprochen, die »endlosen Kriege« zu beenden? Der lang angekündigte Abzug aus Afghanistan begann schon unter seinem Vorgänger und litt unter ähnlichen Problemen in der Umsetzung. Der vollständige Rückzug ließ bis zur Drucklegung dieses Buches auf sich warten.[13] Im Mittleren Osten bombardierten US-Flugzeuge schiitische Milizen in Syrien und in Irak, beschossen US-Schiffe syrische Regimetruppen mit Marschflugkörpern, dazu rüstete Trump zu einem Militärschlag gegen Iran. Rückzug und Isolationismus sehen anders aus.

Was sich unter Donald Trump gegenüber George W. Bush geändert hat, ist nicht die Durchführung, sondern die Begründung von militärischen Interventionen auf fernen Kontinenten. Trump waren die idealistischen Erklärungen der neokonservativen Krieger der Bush-Ära fremd, ganz gleich, wie aufgesetzt und unaufrichtig sie unter Bush bisweilen erschienen. Der 45. US-Präsident verdammte die Verbreitung von Freiheit und Demokratie in der Welt durch die USA. Hier ist der wahre Bruch mit seinen Vorgängern zu erkennen: Trump beerdigte ganz unfeierlich die idealistischen Motive und ordnungspolitischen Antriebe der amerikanischen Außenpolitik. Sein Ideal hieß dagegen: Krieg für Öl. In einer Rede am 29. Oktober 2019 erklärte er in entwaffnender Offenheit, dass er amerikanische Soldaten nicht für den Schutz der Zivilbevölkerung, nicht für den Kampf gegen Terroristen, nicht für die kurdischen oder arabischen Verbündeten, sondern für die Eroberung von Ölquellen in Syrien behalten würde: »Wir wollen das Öl sichern. 45 Millionen Dollar im Monat? Sichert das Öl!«[14] Das nennt man gemeinhin imperialistische Politik.

Was bei Donald Trump wie Rückzug aussieht, sind seine großen Niederlagen. Das darf man nicht verwechseln. Die nationalistische Expansion des US-Präsidenten steht im scharfen Kontrast zu den Resultaten. Trotz Sanktionen, militärischer Aufrüstung und Drohungen der USA stieg der islamistische Iran erst in der Ära Trump im Mittleren Osten zur klaren Vormacht auf. Die nationalistische Aggressivität der iranischen Klerikaldiktatur wurde nicht eingedämmt. Irans Milizen und Verbündete beherrschten die politischen und militärischen Schlachtfelder in Syrien, Irak, Libanon und Jemen. Iran sah sich dank der Kündigung des Nuklearabkommens 2018 durch Trump von den lästigen Auflagen für sein ehrgeiziges Atomprogramm befreit und stieg in der Ära Trump zum militärischen Hegemon der Golfregion auf. Schiitische Milizen griffen 2019 Öltanker und Handelsschiffe im Golf an, was die USA weder verhindern noch angemessen vergelten konnten. Trump musste Angriffe schiitischer Milizen auf US-Basen ebenso hinnehmen wie die Belagerung der US-Botschaft in Bagdad. Er sah hilflos zu, wie Flugkörper iranischer Herkunft 2019 zwei Juwelen der saudischen Ölindustrie angriffen: die Ölfabriken in Abkaik und Churais. Das mächtige Bündnis der USA und Saudi-Arabiens war wirkungslos. Seit der Begründung dieser Allianz durch den US-Präsidenten Franklin D. Roosevelt und den saudischen König Abdal-Asis Al Saud 1945 hat kein US-Präsident je eine solche Niederlage am Golf einstecken müssen.

Anfang 2020 versuchte Donald Trump diese entwürdigende Entwicklung zu drehen. Anlass war eine erneute Attacke des

Iran. Im Irak hatten schiitische Milizen amerikanische Soldaten beschossen, worauf US-Streitkräfte diese Milizen angriffen. Zum Jahreswechsel belagerten plötzlich proiranische Demonstranten die US-Botschaft in Bagdad, der Botschafter musste flüchten, die Angestellten um ihr Leben fürchten. Daraufhin ließ der US-Präsident den hochrangigen iranischen Generalmajor Qassem Soleimani mithilfe einer Drohne ermorden. Soleimani war der Kommandeur der iranischen Al-Quds-Milizen und der Architekt der iranischen militärischen Expansion im Mittleren Osten. Trump brüstete sich mit der gezielten Tötung vor aller Welt, war aber offensichtlich schon nicht mehr Herr der Eskalation, die er mit dem Drohneneinsatz ausgelöst hatte. Denn die Iraner schlugen erneut zurück. Trump flüchtete sich in eine irrationale Kaskade von Drohungen. Er wollte 52 Ziele im Iran bombardieren, eine polit-religiöse, symbolische Zahl, die an die 52 Geiseln in der iranischen US-Botschaft 1979 erinnern sollte. Auch wollte er iranische Kulturgüter einäschern lassen, was ein klarer Völkerrechtsbruch gewesen wäre. Auf Twitter erging er sich in apokalyptischen Kriegsszenarien. Am Ende aber tat er – nichts.

Die iranische Führung verlor selbst die Kontrolle, als ihre Luftabwehr in kopfloser Panik ein ukrainisches Passagierflugzeug mit 176 Menschen an Bord abschoss, die meisten davon Iraner. Das peinliche Eingeständnis des Abschusses hinderte das iranische Regime und seine Revolutionsgarden aber nicht daran, ein knappes Dutzend ballistischer Raketen auf US-Stützpunkte im Irak zu lenken. Es waren massive Angriffe. Das wäre der Moment gewesen, in dem Trump – um glaubwürdig zu bleiben – militärisch hätte reagieren müssen. Stattdessen ließ er die Folgen dieser iranischen Angriffe zunächst vertuschen, bis die US-Streitkräfte erklärten, dass über einhundert amerikanische Soldaten durch die Angriffe teilweise ernsthaft verletzt wurden. Die meisten hatten ein Schädel-Hirn-Trauma erlitten, die Hälfte von ihnen wurde in Militärhospitäler in Deutschland und den USA gebracht.[15] Trump spielte die Verletzungen als »Kopfschmerzen« herunter. Ernsthafte Opfer durfte es aus politischen Gründen nicht geben. Auch auf den fortgesetzten Raketenbeschuss von US-Truppen durch schiitische Milizen reagierte er nicht mehr. Hier trat seine Verzagtheit zutage, die Kehrseite seiner notorischen Prahlerei. Wie so oft schreckte Trump auch hier vor den Konsequenzen seiner großspurigen Ankündigungen zurück. In der Eskalation geriet er in immer größeren Widerspruch zu seinem Wahlkampfversprechen, keinen weiteren Krieg zu führen. Nach zehn Tagen des Kräftemessens der Supermacht mit der Regionalmacht Iran war die Bilanz trübe: Trumps Drohungen erwiesen sich als leere Worte. Die Revolutionsgarden und ihre Verbündeten zeigten der Welt, wie angreifbar die US-Stützpunkte im Mittleren Osten waren. In Washington breitete sich Entsetzen aus, als das irakische Parlament den sofortigen Abzug der US-Streitkräfte aus dem Land forderte. Zusätzlich mussten die amerikanischen Truppen regelmäßige Raketenangriffe hinnehmen. Ihr Präsident hatte die proiranischen Kräfte im Irak ein weiteres Mal gestärkt.

Donald Trump brachte bis zum Frühling 2020 das politische Kunststück fertig, die amerikanische Präsenz im Nahen Osten zu maximieren und ihre Wirkung zu minimieren. Das zeigte er im Irak ebenso wie in Syrien. Anfang Oktober 2019 ließ er sich am Telefon von Tayyip Erdoğan überreden und kündigte in den Tagen darauf den Rückzug der rund 1000 Soldaten zählenden US-Truppen aus Nordsyrien an. Der vergleichsweise kleine Abzug löste ein geopolitisches Erdbeben aus. Die USA verrieten ihre langjährigen Verbündeten im Kampf gegen die IS-Terroristen, die Kurden der »Syrian Democratic Forces«. Sie luden die Russen ein, die Kasernen und Stützpunkte der USA in Nordsyrien zu übernehmen. Die kurdischen Gebiete nahe der türkischen Grenze öffneten sie für die syrischen Regimemilizen. Mit diesen Niederlagen traten die Amerikaner den Russen vollends die politische Gestaltungsmacht ab, um sich angeblich auf die Sicherung der im Nahen Osten und im Weltmaßstab unerheblichen syrischen Ölquellen zu konzentrieren. Tiefer kann eine Supermacht kaum sinken.

Die USA verloren unter Trump nicht nur an Ansehen, viel schlimmer, sie büßten den Respekt der Araber ein. Die Rolle des Vermittlers und Retters in der Not ging von Washington auf Moskau über. Wladimir Putin war zum Ansprechpartner von Iran und Israel, Saudi-Arabien und Syrien, Ägypten und der Türkei zugleich geworden. Wladimir Putin schlichtete Konflikte im Nahen Osten. Russland erreichte mit wenigen, strategisch geschickt eingesetzten Truppen in der Region maximale Durchschlagskraft. Donald Trump hatte Anfang 2020 mehr Soldaten als seine Vorgänger im Nahen Osten stehen, aber Araber und Iraner achteten sie nicht mehr. Und die angeblichen Verbündeten Israel und Saudi-Arabien hielten sich vornehm zurück, als die USA Hilfe gebrauchen konnten. Im Kräftemessen mit Iran im Januar 2020 offenbarten die USA erneut ihre Verwundbarkeit und wachsende Isolation in der Region. Trump hat die politische Wirkmächtigkeit der größten Militärmaschine der Welt verspielt.

Doch erst die Corona-Krise demonstrierte den globalen Führungsverlust der USA in seiner ganzen Dramatik. Donald Trump liebt es, Amerika unter seiner Präsidentschaft als Nummer eins in der Welt zu preisen. Als das Coronavirus sich in den USA ausbreitete, verniedlichte er zunächst das Problem und verschleppte die Antwort. Dann schossen erst die Zahlen der Infizierten in die Höhe, schließlich die Zahl der Toten. Der US-Präsident demonstrierte auf zahlreichen Pressekonferenzen in unsäglicher Geschwätzigkeit, dass er weder die Wirkung des Virus verstanden hatte noch dessen Konsequenzen politisch zu beherrschen vermochte.[16] Mit den Bundestaaten stritt er über Kompetenzen und Handlungsfreiheit, indem er für sich »totale Macht« reklamierte. Das war ein Verfassungsbruch, gegen den die Gouverneure revoltierten. Während Trump die Kontrolle über die Krise im eigenen Land verlor, verfiel er außenpolitisch in Übergriffigkeit. Er verdammte Europa als Seuchenherd und versuchte andere Länder zu zwingen, von einem »China-Virus« zu sprechen. Mitten in der Krise stellte er die amerikanischen Zahlungen an die Weltgesundheitsorganisation ein, um im Juli 2020 aus der WHO auszutreten. Unter seiner Anweisung verfolgten die USA eine aggressive Ankaufpolitik von Schutzausrüstungen weltweit. Die US-Regierung übte Druck auf ausländische Firmen aus, ihre Vakzin-Prototypen oder die Forschung daran an die USA zu verkaufen. Den Impfstoff zuerst nach Amerika! Trump lebte seinen Corona-Expansionismus zulasten anderer Staaten aus. Anstatt sich wie seine Vorgänger in der Finanzkrise 2008/09 mit den Verbündeten und den G-20-Staaten eng abzustimmen oder wie die Europäer Geld für Impfstoffe auf der Südhalbkugel bereitzustellen, marschierte Trump in seiner eigenartigen Mischung aus Isolationismus und Nationalimperialismus allein voran. Während autoritär regierte Staaten wie China, Russland und die Türkei notleidenden Ländern meist ineffektive, aber propagandistisch gewaltig aufgeblasene Hilfe leisteten, kauften die USA anderen die Schutzausrüstungen und Medikamente weg und verzichteten auf Hilfsaktionen sowie jegliche Art von Führung in dieser globalen Krise. Trump verwirkte jene *soft power*, die seine Vorgänger in Jahrzehnten beharrlicher Arbeit aufgebaut hatten.

Daraus ergibt sich eine der wichtigen Lehren des neuen Nationalismus: Nationalistische Politik hat wenig oder gar nichts mit der Stärkung der Nation zu tun, im Gegenteil, Isolationismus und Nationalimperialismus schaden dem eigenen Land. Dafür noch zwei Beispiele mit weitreichenden Folgen: Als Trump an die Macht kam, erbte er einen von Barack Obama ausgehandelten Freihandelsvertrag am Pazifik. Die »Trans-Pacific Partnership« war die strategisch wirksamste und eleganteste Art, Chinas Aufstieg langfristig einzudämmen. Trump hatte nichts Besseres zu tun, als dieses TPP-Abkommen als Erstes aufzukündigen. Es war ein nationalistischer Akt, der den USA langfristig schwer schaden dürfte. In Peking knallten die Sektkorken, denn nun war der Weg frei für Chinas Expansion und für bilaterale Abkommen mit den kleinen pazifischen Ländern. Im Nachbarland Nordkorea begingen die USA eine weitere strategische Dummheit.

Trump verwarf in nationalistischem Reflex alle multilateralen Lösungsversuche und die Koordination mit den Verbündeten. Selbstherrlich empfing er den nordkoreanischen Diktator Kim Jong-Un, überhäufte ihn mit Lob und Preis in der Hoffnung, dieser würde im Gegenzug seine Atomwaffen einmotten. Leider erwies sich die Taktik, erst alles dahinzugeben und hinterher die Forderungen zu stellen, als fruchtlos. Trump befreite Kim Jong-Un aus der Isolation, drohte und schmeichelte dem Diktator, der baute zum Dank seine Raketenstreitmacht munter aus. Seit dem Scheitern eines bilateralen Gipfels in Hanoi im März 2019 durfte Trump innerhalb eines Jahres nicht weniger als 15 Raketentests aus der Ferne zuschauen. Die USA können Nordkorea heute militärisch kaum noch etwas anhaben, ohne ihr eigenes Territorium zu gefährden.

Donald Trump demonstriert mit seinen gesammelten Niederlagen, dass Nationalismus oft das Gegenteil von nationalem Erfolg in der Welt bedeutet. Der US-Präsident ist das beste Beispiel für einen zuhause von unbelehrbaren Anhängern umjubelten und draußen gescheiterten neuen Nationalisten. In der Mehrfach-Krise von Pandemie, Protesten gegen Rassismus und wirtschaftlichem Niedergang versagte Trump auch innenpolitisch. Offen blieb im Sommer 2020, ob er deshalb auch die Wahl im November verlieren und im Fall einer Niederlage seinen Posten räumen würde. Trump ist ein Nationalist mit dem Atomkoffer in der Hand. Solange er im Weißen Haus sitzt, bleibt er eine Gefahr für die ganze Welt.

1 Peter Baker: »Use that word«. Trump embraces the nationalist label, in: The New York Times, 23. Oktober 2018. https://www.nytimes.com/2018/10/23/us/politics/nationalist-president-trump.html

2 Colton Carpenter: Choosing Patriotism over Nationalism, in: Harvard Political Review, 1. April 2019. https://harvardpolitics.com/columns-old/patriotism-over-nationalism/

3 Jill Lepore: Don't let nationalists speak for the Nation, in: The New York Times, 25. Mai 2019. https://www.nytimes.com/2019/05/25/opinion/sunday/nationalism-liberalism-2020.html

4 https://eu.usatoday.com/story/news/politics/onpolitics/2019/01/14/trump-quotes-pat-buchanan/2568197002/

5 David Frum: Trumpocracy. The Corruption of the American Republic (Harper Collins, New York 2018), S. XI.

6 Michael Wolff: Fire and Fury. Inside the Trump White House (Henry Holt, New York 2018), S. 5ff.

7 Nagehan Tokdoğan: Yeni Osmanlıcılık. Hınç, Nostalji, Narsisizm (Iletişim, Istanbul 2018), S. 15.

8 Ekin Ok u.a.: Signaling Virtous Victimhood as Indicators of Dark Triad Personalities, in: Journal of Personality and Social Psychology 2020, S. 1. http://dx.doi.org/10.1037/pspp0000329

9 Kenneth P. Vogel, Ben Protess: Tape Made Public of Trump Discussing Ukraine with Donors, in: The New York Times, 25. Januar 2020. https://www.nytimes.com/2020/01/25/us/politics/trump-ukraine-donors.html?campaign_id=60&instance_id=0&segment_id=20662&user_id=af4a1ac2da40a9c0813915cc273255e1&regi_id=57268237

10 Aaron Flaaen, Justin Pierce: »Disentangling the Effects of the 2018–2019 Tariffs on a Globally Connected U.S. Manufacturing Sector«, Finance and Economics Discussion Series 2019–086, Board of Governors of the Federal Reserve System, Washington 2019. https://www.federalreserve.gov/econres/feds/files/2019086pap.pdf

11 Anton Troianovski: Branding Putin. How the Kremlin Turned the Russian President into a Global Icon, in: Washington Post, 12. Juli 2018.

12 So der britische Ökonom Meghnad Desai, heute Mitglied des Oberhauses, in: The Globalist, 26. Oktober 2019. https://www.theglobalist.com/donald-trump-isolationism-syria-war-nato-defense/

13 Ein Abkommen der USA mit den Taliban Ende Februar 2020 wurde von einem brüchigen Waffenstillstand und einem Machtkampf der politischen Gegner der Taliban in Kabul beeinträchtigt und verzögert. https://www.nytimes.com/2020/02/29/world/asia/us-taliban-deal.html

14 https://www.washingtonpost.com/outlook/2019/11/05/trump-keeps-talking-about-keeping-middle-east-oil-that-would-be-illegal/

15 https://www.nytimes.com/2020/02/10/world/middleeast/iraq-iran-brain-injuries.html

16 Trump sagte, dass das »brillante« Virus Resistenzen gegen Antibiotika entwickelt habe, wo doch Antibiotika nur gegen Bakterien wirken. https://www.youtube.com/watch?v=llL_9dLKb3c. Bei einer anderen Pressekonferenz empfahl er, sich Desinfektionsmittel gegen das Virus zu spritzen.

13. Neue Nationalisten: Von Orbán bis Johnson

Im September 1989 bezahlte der amerikanische Mäzen und Multimilliardär George Soros einem ungarischen Studenten ein Stipendium am Pembroke College in Oxford. Dort wollte der junge Mann an einem Forschungsprojekt über die Idee der Zivilgesellschaft in der europäischen politischen Philosophie arbeiten. Der 26-jährige Student kam aus ärmlichen Verhältnissen in Alcsútdoboz, einem Dorf zwanzig Kilometer westlich von Budapest. Er hätte sich den Aufenthalt an der teuren britischen Eliteuniversität nie allein leisten können. Soros kannte den Studenten, weil dieser ein Jahr zuvor schon in seiner zivilgesellschaftlichen Organisation, der späteren »Open Society Foundation«, gearbeitet hatte.[1] Der langhaarige Mann in Jeans wurde in den Dissidentenkreisen von Budapest als junge liberale Hoffnung herumgereicht. Er trat einer freiheitlich-liberalen Partei bei. Genau diese Kräfte wollte der ungarischstämmige Soros in seiner alten Heimat fördern. Im September 1989 öffnete die ungarische Regierung die Grenze zu Österreich und ließ 30000 ausreisewillige DDR-Bürger nach Österreich und weiter in die Bundesrepublik Deutschland ziehen. Zwei Monate später fiel die Mauer. Soros hatte die Zeichen der Zeit erkannt und unterstützte freiheitliche Parteien und liberale Hoffnungen – wie den 26-jährigen Studenten.

Der Mäzen hatte sich in Viktor Orbán fundamental geirrt. Der nette Student sollte 25 Jahre später Soros' Lebenswerk in Ungarn zerstören. Er vertrieb die Open Society Foundation aus Ungarn und zerschlug die renommierte Central European University in Budapest. Das war 1989 nicht vorauszusehen. Damals ging der Liberalismus ein Bündnis mit dem Nationalismus in seiner gemäßigten Form ein. Die offenen Gesellschaften des Westens begrüßten die nationalen und liberalen Bewegungen in den sozialistischen Staaten unter Führung der Sowjetunion. In den baltischen Staaten wuchs der Wunsch nach Unabhängigkeit, in Ungarn, Polen, in der Tschechoslowakei und der DDR der Wille, sich nicht länger von der UdSSR und den kommunistischen Parteien bevormunden zu lassen. Diese Form des Nationalismus erschien als eine Befreiungsbewegung. So kam es zur Wiederbelebung der großen Koalition zweier Ideologien des 19. Jahrhunderts: Liberalismus und Nationalismus gingen ein kurzfristiges Zweckbündnis ein. Und da dieses Bündnis in westlichen Ländern schon im 19. Jahrhundert erfolgreich war, nahm im Westen kaum jemand Anstoß daran. 1989 ging es gemeinsam gegen die dritte große Ideologie mit Wurzeln im 19. Jahrhundert, den Kommunismus.

Dreißig Jahre später gibt es den Sozialismus als System nur noch in reduzierten Formen wie dem Reisschüssel-und-Kaffee-Ersatz-Kommunismus in Nordkorea oder in Gestalt des erfolgreichsten kapitalistischen Modells der Gegenwart – das »kommunistische« China. Aber im Westen wendet sich der Nationalismus gegen die liberal-marktwirtschaftliche Weltordnung. Nationalisten treiben ihre propagandistischen Keile in die tatsächlichen und scheinbaren Widersprüche des westlichen Modells. Sie profitieren von den Nachbeben der Finanzkrise von 2009, sie umwerben die Globalisierungsverlierer, machen Front gegen die globale Arbeitsteilung, sie beklagen den Verlust von Arbeitsplätzen in Westeuropa und den USA, sie wüten über den Weggang junger, arbeitsfähiger Menschen aus Osteuropa. Sie reden den in der Geschichte präzedenzlosen Wohlstand und Aufstieg klein, den Milliarden Menschen auf dem Globus in den vergangenen dreißig Jahren erfahren haben, vor allem in Europa und Asien, aber auch in

Afrika und Nordamerika. Die Erzählung der Nationalisten ist eine von Niedergang, Erniedrigung, Zerstörung. Ihre Adressaten sind die – oft selbstdeklarierten – Opfer der letzten Jahrzehnte.

Diesen globalen Trend haben nicht nur die Hauptpersonen der bisherigen Kapitel, Wladimir Putin und Tayyip Erdoğan, scharfsinnig erkannt und kalt für sich genutzt. Die neuen Nationalisten sind mittlerweile ein weltweites Phänomen – und ihre Zahl wächst mit den Gelegenheiten, Nationalismus anzuwenden. Sie können aus allen möglichen politischen Richtungen kommen, keine politische Plattform wäre diesen Meistern der politischen Flexibilität zu entlegen, als dass man nicht von ihr zum Nationalismus wechseln könnte. In diesem Kapitel soll das Augenmerk auf sechs Politikern liegen: Viktor Orbán, Xi Jinping, Robert Fico, Petro Poroschenko und Boris Johnson. Alle sind von sehr unterschiedlichen Startpositionen aus in den Nationalismus geraten. Aber mit Ausnahme von Poroschenko haben ihn alle ähnlich genutzt.

Der Liberale

Der junge Student, den George Soros 1989 so großzügig förderte, brach seinen Forschungsaufenthalt in Oxford frühzeitig ab, um in die aufgewühlte politische Szene in Budapest zurückzukehren. Bei den ersten freien Wahlen nach dem Zusammenbruch des Sozialismus 1990 wurde Viktor Orbán mit seiner Partei Fidesz ins ungarische Parlament gewählt. Mit ihrem jung-wilden Stil mischten die 22 Liberalen das Abgeordnetenhaus auf, in dem gewendete Sozialisten und wiedergeborene Politkatholiken in graubraunen Beton-Anzügen nach ihrem Platz in der neuen Zeit suchten. Mit Bart und langem Haar, Jeans und ohne Krawatte, angriffslustiger und saloppertikRhetorik kämpften die Fidesz-Politiker für ein liberales Ungarn. Sie geißelten nationalistische und antisemitische Töne der Regierungsparteien und gossen Kübel von Kritik und Hohn aus über die Verflechtungen zwischen der politischen

Macht und der katholischen Kirche. Fraktionschef Viktor Orbán machte sich einen Ruf als besonders scharfzüngiger und schlagfertiger Liberaler. Im Februar 1992 stand er vor dem Parteitag der Fidesz und erklärte: »Wir haben es immer abgelehnt, so zu kämpfen, dass auf einer Seite die Reinen sind, auf der anderen die Bösen, auf der einen Seite die Patrioten stehen, auf der anderen die Landesverräter ... Der völkisch-nationale Gedanke, die populistische Politik steht im scharfen Gegensatz zum Liberalismus.«[2] Wer den Mann heute hört und sieht, kann es kaum glauben.

Diesen leidenschaftlichen Liberalismus bemerkte auch das westliche Ausland. Kaum dreißig Jahre alt, wurde Orbán zum Vizepräsident der Liberalen Internationale gewählt und gab 1993 den jungdynamischen Gastgeber der Liberalen Weltkonferenz in Budapest. Die Popularitätswerte von Fidesz schossen in die Höhe, die Partei wurde als nächste Regierungspartei gehandelt, und Orbán, das war die Erwartung, würde dabei eine wichtige Rolle spielen. Doch die Spaltungen und Zerwürfnisse der Liberalen, wie man sie früher nur von den K-Gruppen kannte, kamen dazwischen. Der Junge vom Dorf, der Aufsteiger aus der »Unkultiviertheit, dem eklektischen Etwas« (Orbán über Orbán), überwarf sich mit den urbanen, intellektuellen Liberalen, die ihm auf offiziellen Empfängen die nicht fachmännisch gebundene Krawatte zurechtrückten. Aus einem Minderwertigkeitsgefühl wuchs später Orbáns Hass auf diese Liberalen. Er zerstritt sich auch mit seinem Freund, dem populärsten Fidesz-Politiker Gábor Fodor, und drängte ihn aus der Partei. Weitere Austritte folgten. Bei den Wahlen 1994 erreichte die gerupfte Fidesz-Partei statt des erwarteten Sieges nur sieben Prozent – eine katastrophale Niederlage. Sie war Orbáns auf den Kopf gestelltes Damaskus-Erlebnis.

Auf dem Tiefpunkt seiner Karriere meinte Viktor Orbán zu erkennen, dass er als netter liberaler Jungstar in Ungarn nicht weiterkäme. Es war, in jungen Jahren vorweggenommen, ein ähnliches Erlebnis wie das von Wladimir Putin nach den Bolotnaja-Aufständen 2012 und von Tayyip Erdoğan nach der Wahlniederlage von 2015. Das mögliche Ende seiner Karriere vor Augen, entschied sich Viktor Orbán für einen scharfen Schwenk nach rechts in den neuen Nationalismus. Sein Biograf Paul Lendvai konnte dabei »keine tiefere ideologische Seelensuche« entdecken – sondern stattdessen »eine klarsichtige Kalkulation, was es brauchen würde, um die Macht zu erringen«.[3]

In den folgenden Monaten begann er, sich offen von jedweder Zusammenarbeit mit der Linken zu verabschieden. Er begann von Ungartum, Heimat, nationalen Interessen, Familie, Bürgertum und Anstand zu reden. Nur auf der Rechten sah er Raum für politische Expansion. Orbán trug plötzlich Anzug und Krawatte, die Haare waren kurz, die Schuhe poliert. »Du musst deine Feinde begreifen«, sagte Orbán einmal, »du musst herausfinden, was sie in Wirklichkeit bewegt, und dann, wenn sich die Dinge zuspitzen, darfst du vor dem Kampf nicht zurückschrecken, greife an und siege.«[4] Dank der Selbststilisierung als ungarischer Patriot und Familienschützer und dank der Selbstzerstörung der Regierungspartei erreichte Orbán 1998 sein langgehegtes Ziel, die Wahl zum Ministerpräsidenten. Wenn er dieses Amt auch 2002 vorübergehend wieder abgeben musste, so blieb er bis in die Gegenwart seiner 1994 in voller ideologischer Flexibilität gewählten Linie treu.

Der einstige Pfaffenschreck betete fortan öffentlich, er sprach von der christlichen Reinheit des ungarischen Vaterlands, er wollte »Ungarn als Ungarn bewahren«. Der Ex-Liberale schaltete die meisten Medien seines Landes gleich, er brachte Gerichte und Institutionen auf Linie, er behauptete, die Nation, die in Fidesz verkörpert sei, könne gar nicht in der Opposition sein. Nur er allein vertrete noch das Volk. Damit wurde er zum Muster des autoritären Populismus in Europa, der entschlossen ist, sich nicht mehr abwählen zu lassen, koste es die Nation, was es wolle.[5] In der Flüchtlingskrise 2015 baute sich Orbán als europäischer Hauptgegenspieler von Bundeskanzlerin Merkel und der Brüsseler Bürokratie auf. Er inszenierte sich als »letzter Verteidiger eines Europas der Nation, der Familie und des Christentums«. Angela Merkel sei für ihn ein »allerletztes, verlogenes, niederträchtiges Weib«, sie sei »gemeingefährlich, man müsste sie schnellstens aus dem Amt entfernen«. Die Abschottung der Grenzen nach Süden sah er als Kampf für die »fleißig arbeitenden ungarischen Menschen« gegen die »bizarrste Koalition der Welt aus Menschenschmugglern, Menschenrechtsaktivisten und Europas führenden Politikern, die Millionen von Migranten reinlassen« wollten.[6]

Orbán verstand sich dabei prächtig mit zwei anderen neuen Nationalisten, Wladimir Putin und Tayyip Erdoğan. Auch wenn er die EU-Sanktionen gegen Russland seit 2014 mit verabschiedete, beklagte er die Putin-kritische Haltung westlicher Regierungen seit der Krim-Annexion. Der russische Präsident, sagte Orbán bewundernd, würde über »ein großes und altes Reich herrschen« und habe sein Land »wieder groß gemacht«. Er bestellte in Russland zwei Atomreaktoren, die in Ungarn von russischen Ingenieuren gebaut werden. Orbán ist auch mit Tayyip Erdoğan »persönlich befreundet«, unser »Verhältnis zur Türkei ist eng«. Auch zu Ilham Alijew, dem Präsidenten von Aserbaidschan, pflegt er beste Beziehungen. Und mit allen teilt er die gemeinsame Abneigung gegen den Mäzen des internationalen Liberalismus und Leiter der »Open Society Foundation«. George Soros musste mitansehen, wie sein ehemaliger Stipendiat gegen ihn mit antisemitischen Parolen Front machte und die Central European University aus dem Land vertrieb. In einer ähnlichen Kampagne versuchte Tayyip Erdoğan, die Arbeit des türkischen Großmäzens Osman Kavala zu zerstören. Kavala saß jahrelang im Gefängnis. Putins Soros ist der liberale Sponsor und Ex-Oligarch Michail Chodorkowski, der zehn Jahre in russischen Lagern verbrachte. Soros hatte im Gegensatz zu Kavala und Chodorkowski das Glück, nicht im Land seiner Vorfahren zu leben.

Die innere Repression in Ungarn nahm zu. Orbán manipulierte die Justiz und benutzte das von ihm kontrollierte Verfassungsgericht, um Gerichtsentscheidungen zu beeinflussen. Er schränkte die Meinungsfreiheit ein. Das geschah häufig, indem unabhängige Zeitungen und elektronische Medien in den Ruin getrieben wurden. Oligarchen kauften für die Regierung Medien auf. Die größte unabhängige Zeitung *Népszabadság* wurde 2016 verkauft und geschlossen. Kritische Journalisten wurden von den Medien entlassen, bedroht oder einfach nicht mehr gedruckt. Als Viktor Orbán im März 2020 die Corona-Krise zum Anlass nahm, vorübergehend das Parlament zu entmachten, den Notstand auszurufen und sich selbst autoritäre Vollmachten anzumaßen, schien dies nur noch wie die Vervollständigung eines lange geplanten Programms.

Doch für die Zukunft des Orbán'schen neuen Nationalismus in Europa wird vielleicht irgendwann eine Entscheidung aus dem Jahre 2010 von ausschlaggebender Bedeutung werden. Bei der Rückkehr an die Macht führte der machthungrige Premier damals einen Trianon-Gedenktag ein, an dem des Pariser Friedensvertrags von Trianon im Jahr 1920 mit angemessener Erbitterung gedacht werden soll. In diesem Vertrag teilten Franzosen und Briten Ungarn als Bestandteil der österreich-ungarischen Doppelmonarchie mit groben Schnitten auf. Seit 1920 leben deshalb Millionen ungarischsprachiger Menschen außerhalb der Grenzen des damals gegründeten ungarischen Staates. »Die Geschichte kennt keine Nation, die einen derartigen Blutverlust überlebt hätte«, sagte Orbán über Trianon.[7] Es sei ein »Todesurteil« gewesen, das Ungarn wie ein Wunder überlebt habe. Orbán erweckte das ungarische nationale Trauma nach einhundert Jahren wieder und zementierte es 2020 öffentlich mit einem kolossalen Opferdenkmal im Herzen Budapests. Das Monument zählt alle Städte und Gemeinden auf, die einst zu Ungarn gehörten. Ein Teil nationaler Selbstvergewisserung, die absichtlich über die heutigen Grenzen des Landes hinausreicht. Orbáns Trianon-Gedenken zeigte Wirkung: Nach Umfragen finden 67 Prozent aller Ungarn, dass Teile der Nachbarländer eigentlich ihnen gehören.[8]

Das allein ist noch nicht allzu beunruhigend, weil die EU viele Ansprüche dieser Art absorbiert, aber eben nur so lange, wie die EU ihre in der europäischen Geschichte einzigartige befriedende Wirkung erhält und als Staatenbund überlebt. Falls sich das einmal ändern sollte, könnte eine Neuerung wichtig werden, die Orbán 2016 einführen ließ: die Heeresreform. Er wolle die ungarischen Streitkräfte in der Zukunft mit aus-

reichend Schlagkraft ausstatten, sagte Orbán, »um das Land in alle Richtungen verteidigen« zu können. Budapest wurde in den vergangenen Jahren zu einem der größten Kunden der deutschen Rüstungsindustrie. »Ungarns militärische Sicherheit kann sich nicht auf die NATO gründen«, sagte Orbán in orakelnder Vieldeutigkeit.[9] Ungarn gehörte der Allianz seit 1999 an. »Wir müssen uns schon selbst verteidigen.« Er wusste, die Geschichte Europas war im Fluss, und er selbst war Teil der Beschleunigung.

Der Kommunist

Chinesischer Nationalismus ist gewiss keine Erfindung von Xi Jinping, aber er hat den neuen Nationalismus seit seinem Antritt als Präsident 2013 gezielt als Machtmittel eingesetzt. Er folgte damit dem russischen Herrscher Wladimir Putin, der ein Jahr zuvor den Nationalismus für sich erschlossen hatte. Xi ist der erste KP-Chef, der nach der Gründung der Volksrepublik 1949 geboren wurde. Er nahm seinen Aufstieg in den klassischen sozialistischen Institutionen des Landes: Parteischule, Provinzgouverneur, Zentralkomitee der Kommunistischen Partei. Seinen Ruf als harter, solider Führer machte er sich nicht als Nationalist, sondern als Bekämpfer von Korruption. Das half ihm, vom Volkskongress zum Präsidenten gewählt zu werden und diese Position in den ersten Jahren weiter zu zementieren. Unter der Überschrift »Kampf der Korruption« entledigte sich Xi Jinping in umfassenden

Säuberungen möglicher und tatsächlicher Gegner. Er zentralisierte das Land weiter, beschnitt die Rechte einflussreicher Regionalherrscher und stellte sicher, dass Dinge, die ihm wichtig waren, über seinen Schreibtisch liefen. Wie Wladimir Putin war er von der Angst vor »Farbenrevolutionen« wie in der Ukraine besessen. Mehr noch aber stand ihm als Schreckbild der Zerfall der Sowjetunion 1991 vor Augen.[10] Damit nichts mehr schiefgehen konnte, stellte er seinen Job im Jahr 2018 auf Lebenszeit um. Das war das Modell Putin plus.

Teil des neuen Nationalismus von Xi Jinping war die Zunahme von Kontrolle und Repression im Inneren. Nicht zufällig fiel in Xis Amtszeit die noch schärfere Unterdrückung der Uiguren in Sinkiang und Kaschgar. Im Sommer 2020 häuften sich die Meldungen, dass chinesische Behörden Uiguren zu Abtreibung und Zwangssterilisation verurteilen. Der Vorwurf von Menschenrechtsorganisationen an China hieß: »demographischer Genozid«. Jegliche autonome Regung nichtchinesischer Volksgruppen wurde im Keim erstickt. Aber auch chinesischer Regionalismus wie in Hongkong war nicht erwünscht. Im Juni 2020 zeichnete Xi ein Sicherheitsgesetz ab, mit dem künftig Proteste und Widerstand in Hongkong erstickt werden sollten. Chinas außenpolitische Expansion hatte nach innen eine stark herrschaftssichernde Funktion – unterschied sich aber von Russlands Ausdehnungsversuchen in seiner Nachbarschaft und im Mittleren Osten dadurch, dass China keine Kriege führte. Xi Jinping wählte einen anderen Weg.

Mit dem Ausbau der autoritären Herrschaft betonte Xi zunehmend den klassischen chinesischen Nationalismus. Patriotische Parolen sicherten die Herrschaft nach innen und markierten die Expansion nach außen. Xi sprach gern vom »chinesischen Traum«, dem Traum einer »starken Nation«. Was zunächst wie die Kopie des klassischen amerikanischen Traums wirkte, geriet in Xis Interpretation zur »großen Wiedergeburt der chinesischen Nation«. Das klang dann schon mehr nach der Variante »Make America great again« von Donald Trump. »Für die Armee«, pflegte Xi zu sagen, »ist dies der Traum von einem starken Militär.« Unter seiner Herrschaft startete China ein enormes Aufrüstungsprogramm, das nicht mehr Russland nacheiferte, sondern in möglichst naher Zukunft den Vereinigten Staaten ihren Platz streitig machen sollte. Auf einer Regionalkonferenz in Schanghai im Mai 2014 erklärte Xi, warum. »Die Dinge in Asien müssen von Asiaten in die Hände genommen werden«, sagte er, »und die asiatische Sicherheit muss am Ende von Asiaten geregelt werden.« Mit anderen Worten: nicht von den USA. Solche Töne stießen auf schrille Kritik in Japan und Südkorea, wo man klassischerweise den chinesischen Nationalismus mehr fürchtet als den amerikanischen. Unter Xi Jinping verschärfte China seine Politik in den vielen strittigen pazifischen Fragen, ob über Inseln, Schifffahrtspassagen, Lufträume oder Territorialgewässer. Weltweit baute China seinen Einfluss aus.

Russland, das China lange Zeit in Sachen Ideologie, Rüstung und Rohstoffe die Richtung wies, wurde zum klaren Juniorpartner in der Beziehung der beiden eurasischen Landmächte. In Afrika erkaufte sich China die Rohstoffminen und die Gunst vieler Länder. Aber auch in Europa gerieten kleine Länder wie Montenegro und Albanien durch strategische Kredite in Abhängigkeit von China. Vom Pazifik zur Nordsee spannt China das Projekt »Belt and Road Initiative«, ein gewaltiges Infrastrukturvorhaben, das viele Länder durch Investitionen in Bejings Orbit bringen soll. Der Plan ist eine »geostrategische Vision für eine neue, von China bestimmte Weltordnung«.[11] Die Abkommen dafür verhandelte China stets bilateral, damit es der stärkere Partner ist. Zudem müssen Länder, die nicht außen vor bleiben wollen, auch Chinas »Kerninteressen« und territoriale Ansprüche in ganz anderen Regionen anerkennen, zum Beispiel im Südchinesischen Meer. Längst versuchte Xi Jinping wie die Zweck- und Gelegenheitsnationalisten Wladimir Putin und Tayyip Erdoğan, in der EU Brückenköpfe in kleineren Ländern zu errichten. Im

»16 plus 1«-Format vereinigte es Staaten zu einem »China, bitte investier bei uns«-Club.[12] In Griechenland wuchs der Containerhafen von Piräus in chinesischer Hand am schnellsten in der Welt. Auch in Ungarn und Tschechien legte China Geld an. Die drei Länder stimmten in der EU regelmäßig gegen gemeinsame Erklärungen, die Bejing unangenehm werden konnten. Da gelang die Einflussnahme reibungslos. Größere Länder wie Deutschland, die durch Kredite nicht zu kaufen waren, werden auf anderen Wegen bedroht, zum Beispiel durch den Aufkauf von Schlüsselunternehmen oder durch die Einrichtung von strategischer Kommunikationstechnik.

Das Coronavirus, das sich wegen der Verzögerungs- und Vertuschungstaktiken der autoritären chinesischen Behörden über die ganze Welt ausbreiten konnte, nahm Xi zum Anlass, den chinesischen Einfluss weiter auszudehnen. Nachdem China die erste Welle der Pandemie nach offizieller Darstellung unter Kontrolle gebracht hatte, inszenierte sich das Land als großzügiger Helfer und Spender von Schutzausrüstungen und Atemmasken. In Italien, das besonders heftig von der Corona-Pandemie betroffen war, bewarb China seine Lieferungen intensiv und versuchte sich als Wohltäter darzustellen, der besser und großzügiger helfe als die Europäische Union. Die Regierung in Peking arbeitete mit passend gemachten Statistiken und frisierter Nachrichtenpolitik an einem Bild Chinas, das die Bekämpfung des Virus im eigenen Land durch schnelles und effizientes Handeln in den Griff bekommen habe. So wurde die Corona-Pandemie, die im autoritären China ihren Anfang nahm, zu einer neuen Variante im Systemwettbewerb von China mit der liberalen Demokratie.

Der Linke

Robert Fico ist ein politisches Gewächs der spätsozialistischen Zeit. Der angehende Jurist trat 1987 der tschechoslowakischen KP bei, was zwei Jahre vor dem Mauerfall noch eine beliebte Art der Karriereplanung war. An Fico lässt sich gut zeigen, wie ein Linker den neuen Nationalismus aus Machtkalkül einsetzt. Nach der Trennung von Tschechien und der Slowakei 1992/93 bewarb sich der slowakische Sozialist um einen Parlamentssitz und trat als Abgeordneter der frisch gewendeten Partei der demokratischen Linken bei. Ende der 1990er-Jahre gründete er seine eigene Partei, Smer, die er in den 2000er-Jahren zu einer »sozialpopulistischen« Bewegung entwickelte.[13] Von 2006 bis 2018 war er mit einer Unterbrechung von zwei Jahren Ministerpräsident. In dieser Zeit beendete er den wirtschaftlich liberalen Kurs der Vorgängerregierung mit einer Vollbremsung. Er stoppte Privatisierungspläne, schaffte die einheitlichen Steuersätze (Flat Tax) ab und kontrollierte die Energiepreise. Außenpolitisch schärfte er das linke, populistische Profil seiner Partei, indem er auf Abstand zu Amerika ging, die Unabhängigkeit Kosovos ablehnte und die Nähe von Regierungen suchte, die mit den USA über Kreuz lagen. Wie Orbán kritisierte er die EU-Sanktionen gegen Russland, stimmte aber im EU-Verbund stets dafür. Er pflegte den Draht zu Wladimir Putin und Alexander Lukaschenko, den Herrscher über Weißrussland. Die Beziehungen zu so fernen Ländern wie Libyen unter dem späten Gadhafi, Venezuela unter Hugo Chavez und dem Kuba der Castros lagen ihm besonders am Herzen. So weit, so links.

Smer stand jedoch für soziale und nationale Themen zugleich, wie Robert Fico gern betonte. Zur Stärkung des nationalen Selbstbewusstseins ließ er viele Denkmäler aufstellen: So durfte der mittelalterliche mährische Fürst Svatopluk I. endlich wieder in Bronze vor der Burg von Bratislava reiten, Fico persönlich weihte das historisierende Reiterstandbild ein. Die Slawenmissionare Kyrill und Methodios, die den Ostslawen einst eine Variante des griechischen Alphabets beibrachten, wurden als Monumente in einer Provinzstadt aufgestellt. Für einen Linken war das eine erstaunliche Kollektion, die sich nur durch den wiederbelebten Nationalismus erklären ließ. Fico und das Parlament ließen 2008 den nationalistisch-klerikalen Priester und slowakischen Rechtspolitiker Andrej

Hlinka rehabilitieren und mit einer Büste im Parlament ehren. Sowohl bei der Ehrung Hlinkas wie von Fürst Svatopluk war ein antiungarischer Reflex nicht zu übersehen – was in Budapest entsprechend kommentiert wurde.

Ficos entscheidender Schwenk in Richtung Nationalismus war jedoch die europäische Flüchtlingskrise 2015. Er lehnte die von der EU vorgeschlagenen Quoten zur Aufnahme von Flüchtlingen rigoros ab. Das taten viele. Nur sehr wenige aber begründeten das mit so eindeutig islamophoben Äußerungen wie Fico. »Ich möchte keine Verantwortung für einen möglichen terroristischen Angriff tragen«, sagte er mit Blick auf die muslimischen Flüchtlinge, die 2015 über den Balkan nach Mitteleuropa zogen. Nach den Terroranschlägen in Paris fühlte er sich bestätigt und kündigte an, jeden Muslim in der Slowakei überwachen zu lassen. »Multikulturalismus ist eine Fiktion«, sagte der linkspopulistische Politiker. »Wenn du Migranten reinlässt, könntest du mit solchen Problemen konfrontiert werden.« »Machen wir aus uns keine völligen Idioten«, erklärte Fico. Wenn ihm jemand sagen wolle, »dass die Slowakei multikulturell sein will, dass hier jeder machen wird, was er will, dass hier Traditionen geändert werden, dann geht es gegen die Grundsätze dieses Landes.« Er wolle keine geschlossene muslimische Gemeinschaft in der Slowakei, geschweige denn mehrere zehntausend Muslime, die »hier schrittweise ihre Sachen« durchsetzen würden. »Der Islam hat keinen Platz in der Slowakei.«

Diese Reden hatten viel mit Einbildung und wenig mit der Realität zu tun. Denn in der Slowakei leben überhaupt nur rund 3000 Muslime. Sie beten in Hinterzimmern und treten im öffentlichen Leben nicht in Erscheinung. Die Slowakei ist das einzige EU-Land ohne eine Moschee. Fico, der nationalistische Linkspopulist, frönte einer Islamophobie ohne Islam.

Der Anti-Nationalist

Petro Poroschenko saß auf einem mit rotem Tuch bespannten Klappstuhl im Zuschauersaal des Gewerkschaftshauses am Kiewer Majdan, als ich ihn zum ersten Mal sah. Es war im Frühjahr 2014, Putin hatte soeben die Krim besetzen lassen, Poroschenko bereitete seine Wahlkampagne vor. In Moskau walzten die Staatsmedien die Lüge von den Faschisten aus, die in Kiew angeblich die Macht übernommen hätten. Poroschenko war so etwas wie die Anti-Figur des Nationalisten.

»Ich möchte eine zivile, liberale, weltoffene Ukraine«, erläuterte er mir damals. Poroschenko ist ein Ukrainer, der neben Ukrainisch Russisch als Muttersprache beherrscht, aber auch perfekt Englisch spricht. Ein Geschäftsmann, der im eigenen Land, in Russland und im Westen investiert hatte, ein Oligarch, der in der Ukraine, aber jederzeit auch anderswo leben konnte. Ein Liberaler, der zur Hassfigur der Nationalisten wurde. Der Rechte Sektor und andere rechtsextremistische Gruppen sahen in ihm den Hauptfeind. Poroschenko wurde von ukrainischen Nationalisten als Mann des Geldes und der kosmopolitischen Beliebigkeit verachtet. Bei den Wahlen 2014 aber blieben die Rechtsextremisten unter der Wahrnehmungsschwelle. Die faschistische Dominanz blieb ein Märchen der russischen Medien, während Petro Poroschenko und seine Partei die Wahlen überzeugend gewannen. Er war der unwahrscheinlichste Nationalist, den man sich denken konnte.

Doch vier Jahre später, nach einem zermürbenden Krieg gegen Russland mit Tausenden von Toten, nach unaufhörlichen Cyber-Angriffen gegen seine Regierung, nach gescheiterten Reformen bei aufblühender Korruption und welkender Wirtschaft war seine Popularität dramatisch gesunken. 2019 wollte Poroschenko wiedergewählt werden und musste sich gegen die ehemalige ukrainische Gasprinzessin Julija Tymoschenko und den populären Kinostar und Komiker Wolodymyr Selenskyj durchsetzen. Da griff er zu einem Mittel, das er sich in Russland abgeschaut hatte: den neuen Nationalismus.

Er zog in den Wahlkampf mit dem Spruch »Armee, Glaube, Sprache!« und beschrieb damit den nationalistischen Cocktail, mit dem er die Ukrainer wieder für sich begeistern wollte. Den Donbass riegelte er wirtschaftlich ab und reduzierte die vom Krieg durchpflügte Region im ukrainischen Osten auf ein rein militärisches Problem. Gern besuchte er die Truppen in Kampfuniform, gab Anweisungen im Felde und ließ sich dabei ausführlich vom Staatsfernsehen filmen. Nach dem Angriff russischer Sicherheitstruppen auf ukrainische Schiffe und der Entführung ukrainischer Seeleute in der Meerenge von Kertsch im November 2018 verhängte Poroschenko ein ausgedehntes Kriegsrecht, das für die Bewältigung der Krise völlig unnötig war.

Im Dezember 2018 rief er auf einem »Vereinigungskonzil« in der ehrwürdigen Kiewer Sophienkathedrale eine ukrainische Nationalkirche aus, die sich aus der Umklammerung der russisch-orthodoxen Kirche löste. In der feierlichen Zeremonie rief Poroschenko vor den Bischöfen und Gläubigen stolz: »Heute haben wir die volle Unabhängigkeit von Russland erlangt«, worauf die Menge antwortete: »Ruhm der Ukraine!« Die Zeremonie endete mit der Nationalhymne in der Kirche. Der ökumenische Patriarch der Orthodoxie in Istanbul erkannte die Kirche als »autokephal« an. Doch nun begann ein erbitterter Streit mit der russisch-orthodoxen Kirche über Kirchen und Grundstücke, Ikonen und Reliquien, Popen und Gläubige. Nicht wenige Ukrainer fanden, dass der nationalen Selbstbehauptung der Ukraine durch den Aufbau des Landes statt der vertieften Kirchenspaltung besser gedient wäre.

Poroschenko erließ noch im April 2019, kurz vor der Wahl, ein neues Gesetz, das die ukrainische Sprache betraf: Das war ein heikles Thema, denn in der Ukraine gibt es viele russische Muttersprachler, die wenig oder kaum Ukrainisch sprechen. Poroschenkos Gesetz verfügte, dass Beamte Ukrainisch beherrschen und im Dienst anwenden müssen. Für die Medien gab er Quoten aus: Landesweite Programme sollten zu 90 Prozent auf Ukrainisch ausgestrahlt werden, mindestens die Hälfte der Veröffentlichungen auf dem Buch- und Zeitungsmarkt musste in ukrainischer Sprache stattfinden. Auf die Beleidigung der ukrainischen Sprache, eine beliebte Übung in Russland, stand künftig eine Haftstrafe von bis zu drei Jahren. Poroschenko zielte damit in drei Richtungen: auf die Mobilisierung seiner Wähler im ukrainischsprachigen Westen des Landes; auf Russland, das sich, dem medialen Pawlow'schen Reflex folgend, wochenlang über den ukrainischen »Sprachfaschismus« erregte; ebenso ins Visier nahm Poroschenko seinen Rivalen Selenskyj, dessen Muttersprache Russisch ist und der Ukrainisch lernte, aber nicht so gut beherrschte wie der Amtsinhaber.

Die gute Nachricht ist, dass der Ausflug in den neuen Nationalismus Petro Poroschenko überhaupt nicht genützt hat. Er verlor die Präsidentschaftswahlen eindeutig gegen seinen Herausforderer Wolodymyr Selenskyj, den russischsprachigen Fernsehstar. Die große Mehrheit der Ukrainer widerlegte auch bei der Wahl 2019 erneut die Zerrbilder der russischen Medien und wählte den scheinbaren Nationalisten ab.

Der Eliten-Hallodri: Boris Johnson

Von allen in diesem Buch vorgestellten neuen Nationalisten ist der britische Premierminister der ausgefallenste. Die meisten von ihnen sind Männer aus dem Volk, haben sich aus kleinsten Verhältnissen hochgearbeitet und irgendwann die Macht ergriffen. Orbán kommt aus einer einfachen Akademikerfamilie auf dem Land, Erdoğans Vater lenkte eine Flachwasserfähre auf dem Goldenen Horn, Putins Eltern waren Fabrikarbeiter in Leningrad. Alexander Boris de Pfeffel Johnson ist von hoch oben eingeflogen. Seine Eltern schickten ihn auf das Eliteinternat von Eton, später studierte er am Balliol College der Universität Oxford, zu seinen engsten Freunden gehörte der 9. Earl Spencer, der jüngere Bruder von Prinzessin Diana. Johnson hielt einiges auf seinen wahrhaft kosmopolitischen Familienhintergrund. Ein Urgroßvater wirkte als Innenminister des Osmanischen Reiches, unter seinen weit verstreuten Vorfahren waren litauische Juden, süddeutsche Adlige, amerikanische Intellektuelle. Johnson wurde in New York geboren und besaß bis 2016 auch die US-Staatsbürgerschaft.

Von der Herkunft und Bildung war der kosmopolitische Elitenspross eigentlich so etwas wie ein Schreckbild vieler Nationalisten. Boris Johnson war von Haus aus viel auf seinen Lebensweg mitgegeben worden, ohne dass er je darum hätte kämpfen müssen. Was er indes nie hatte, war eine feste Überzeugung. Aber es ist genau dieses Manko, das ihm half, im Dezember 2019 den größten Wahlsieg der konservativen Tory-Partei seit den Zeiten Margaret Thatchers in den 1980er-Jahren einzufahren. So konnte sich ein Konservativ-Liberaler mit stark schwankenden Überzeugungen in einen Karrierenationalisten mit klarer Botschaft verwandeln. Wie ist er dahin gekommen?

Heute mal das eine, morgen das andere zu behaupten gelingt Journalisten manchmal besonders gut. Boris Johnson begann seine Karriere als Reporter. Er arbeitete bei der *Times*, trat in einem TV-Magazin zum Thema schnelle Autos auf, schrieb bei den Lokalzeitungen *Wolverhampton Express* und *Star*, später beim *Daily Telegraph* und beim *Spectator*. Sein Drang nach Geschichten mit Wumms beendete mehrere Arbeitsverhältnisse. Nach einer Zitatfälschung entließ ihn die *Times*. Als Korrespondent in Brüssel unterhielt er die Leser mit lustigen, aber leider erfundenen Geschichten über die EU-Bürokratie. Unter den Kollegen galt er als Hallodri an der Tastatur. Nach der verzerrten Darstellung einer Geiselnahme eines Briten durch irakische Terroristen und dem Bericht von einer Katastrophe im Stadion von Sheffield 1989 musste er als Herausgeber des *Spectator* die Verantwortung übernehmen und bald darauf gehen.

Noch bevor sich Johnson im Journalismus vollends um seinen Ruf geschrieben hatte, schlug er eine neue Laufbahn ein, für die es gleichfalls keinen vorgeschriebenen Karriereweg gibt: Er trat in die konservative Tory-Partei ein. Seine ehemaligen journalistischen Kollegen beschrieben ihn zum Abschied als Mischung aus Schlitzohr und Schurke, der die Wahrheit verachte und nur auf die Mehrung persönlichen Ruhms aus sei. Als Dampfplauderer in TV-Sendungen, mit Scherzen, frechen Ideen und auffälligem Haarschnitt wurde Johnson alsbald so bekannt, dass die Partei ihn als Bürgermeister von London kandidieren ließ. Die Wahl gewann er 2008, und als Bürgermeister war er so beliebt, dass er bis 2016 regierte. Ein Konservativer in der multikulturellen, kosmopolitischen, weltoffenen Stadt. London ist für Nationalisten nicht auszuhalten, und dass Johnson sich so lange an der Spitze hielt, lag auch daran, dass er keiner war. Ideologisch bot er Leerformeln, praktisch bewies er hohe Wendigkeit. Er kümmerte sich um Dinge, die alle Londoner angingen. Er verbot den Alkohol im öffentlichen Verkehr, ließ neue Doppeldeckerbusse bauen, weitete den U-Bahn-Betrieb aus und kämpfte für neue und sicherere Fahrradstrecken. Damit erinnerte er entfernt an den frühen Tayyip Erdoğan, der sich als Bürgermeister in Istanbul in den 1990er-Jahren als pragmatischer Modernisierer, Baumpflanzer und Bus-Erneuerer einen Ruf gemacht hatte. Auch für Johnson war das Amt in der Metropole das Sprungbrett für die Macht im Land.

Als er 2015 ins Unterhaus einzog, fieberte Großbritannien dem Brexit-Referendum 2016 entgegen. Boris Johnson sympathisierte nicht mit den nationalistischen Brexit-Befürwortern, für ihn hatte ein Austritt aus der EU einige Vorteile, aber auch viele Nachteile. Großbritannien würde nicht mehr zur Union stehen, woran es seit dem Beitritt geglaubt habe, meinte er. Es würde Strafzahlungen leisten müssen. Und dann wäre da noch die Frage, ob Schottland und England getrennte Wege gehen würden: »Wenn wir austreten, was wird in Schottland passieren?«[14] So sprach Boris Johnson im August

2015. Noch zu Beginn des Jahres 2016 wollte er sich nicht der Brexit-Kampagne anschließen. Bis er im Februar 2016 kippte.

Boris Johnson hatte die Umfragen studiert und erkannt, dass die »Vote-Leave«-Kampagne der Brexit-Befürworter zunehmend populärer wurde und eine ungeahnte Kraft entfaltete. Ende Februar trat er der Kampagne »als Konvertit in letzter Minute«[15] bei und wurde schnell zu einem der schillerndsten und bekanntesten Befürworter des Austritts. Von seinen freundlichen Worten über die Europäische Union blieb nichts übrig. Er beschimpfte die EU, warf Brüssel vor, einen europäischen Superstaat errichten zu wollen, so wie Hitler und Napoleon. Als Barack Obama den Briten riet, in der EU zu bleiben, attackierte Johnson den US-Präsidenten wegen seiner »teilweise kenianischen Abstimmung«, womit er die Hassreden amerikanischer Nationalisten aufnahm. Boris Johnson wandelte sich in wenigen Wochen vom kosmopolitischen Fahrrad-Fan im Zentrum Londons zum neuen Nationalisten, der die ressentimentbeladenen Wähler auf dem Land und in den gebeutelten Stahl-und-Kohle-Bezirken in Mittelengland umwarb. Mit Lügen, Falschbehauptungen und Verleumdungen trug er dazu bei, dass eine hauchdünne Mehrheit der Briten im Mai 2016 für den Austritt stimmte.

Der Brexit war Johnsons nationalistisches Vehikel, mit dem er drei Jahre später nach der ganzen Macht greifen sollte. Er und seine Brexit-Verschwörer zwangen Theresa May in einem Abstimmungsmarathon über ein moderates Brexit-Gesetz zum Rücktritt. Im Wahlkampf konnte Johnson den Labour-Konkurrenten Jeremy Corbyn aus dem Felde schlagen, dessen kapitaler Fehler es war, der Frage auszuweichen, wie er zum Brexit stand. Johnson, der Mann ohne konsistente Meinung, wartete im Herbst 2019 mit einem zugespitzten Standpunkt auf, der klarer nicht hätte sein können. »Get Brexit done!« – »Lasst uns den Austritt vollenden« war sein Schlachtruf, mit dem er die Brexit-Partei des Ultranationalisten Nigel Farage an die Wand drückte. Unter seiner Führung wurden die Tories, die 1972 unter Premierminister Edward Heath den britischen Beitritt zur Europäischen Wirtschaftsgemeinschaft perfekt machten, zur Partei des englischen Nationalismus.

Die Protagonisten dieses Kapitels – von Viktor Orbán über Xi Jinping bis hin zu Boris Johnson – sind nicht als Nationalisten auf die große Bühne ihrer Länder getreten. Aber sie haben im Lauf ihrer Karriere den Nationalismus als perfektes Mittel für den Griff nach der Macht erkannt – ebenso wie Wladimir Putin, Tayyip Erdoğan und Donald Trump. Die neuen Gelegenheits- und Karrierenationalisten haben sich in Europa ebenso breit gemacht wie in Asien und Amerika. Sie waren im vergangenen Jahrzehnt wesentlich erfolgreicher als die Brigaden genuiner Nationalisten, die Anfang 2020 meist in der Opposition auf die Gelegenheit warteten, Sozialdemokraten oder Liberale in der Regierung ihrer Länder zu stürzen. Doch Matteo Salvini in Italien, Marine Le Pen in Frankreich, Geert Wilders in den Niederlanden, auch ein Björn Höcke oder ein Alexander Gauland in Deutschland schafften es trotz großer Wahlerfolge bis zum Sommer 2020 nicht in Regierungsämter – oder verloren sie nach kurzer Zeit. Sie hatten sich von Beginn an als fremdenfeindliche aggressive Nationalisten profiliert und wurden deshalb bisher von einer Mehrheit der Bevölkerung ihrer Länder abgelehnt. Nur in Polen regierten seit 2015 Rechtspopulisten am Gängelband des genuinen Nationalisten Jaroslaw Kaczyński. Im Vergleich zu diesen genuinen Nationalisten alten Schlags entfalteten die neuen Gelegenheitsnationalisten in der Welt eine wesentlich stärkere Wirkung und Durchschlagskraft. Eben deshalb waren sie in der Lage, in ihren Ländern und in den internationalen Beziehungen so gewaltige Schäden anzurichten.

1 Paul Lendvai: The Transformer. Orban's Evolution and Hungary's Demise, in: Foreign Affairs, Vol. 5, Nr. 5, 2019, S. 44–54, S. 47.

2 Zitiert nach Paul Lendvai: Orbáns Ungarn (Kremair und Scheriau, Wien 2016), Pos. 431. In den Beschreibungen von Orbáns Karriere beziehe ich mich wesentlich auf die hervorragende Biographie von Lendvai.

3 Lendvai: The Transformer, S. 50.

4 Lendvai: Orbáns Ungarn, Pos. 595.

5 Jan-Werner Müller: Was ist Populismus? (Suhrkamp, Berlin 2016), S. 44.

6 Lendvai: The Transformer, S. 53.

7 Viktor Orbán: Rede zur Lage der Nation, Budapest, 16. Februar 2020. http://www.miniszterelnok.hu/viktor-orbans-rede-zur-lage-der-nation-2/

8 https://www.pewresearch.org/global/2020/02/09/nato-seen-favorably-across-member-states/

9 https://www.politico.eu/article/orban-hungarianmilitary-should-defend-country-from-any-direction-mike-pompeo-russia/

10 Richard McGregor: Party Man. Xi Jinping's Quest to Dominate China, in: Foreign Affairs, Vol. 98, Nr. 5, 2019, S. 18–25, S. 22.

11 Kai Strittmatter: Die Neuerfindung der Diktatur. Wie China den digitalen Überwachungsstaat aufbaut und uns damit herausfordert (Piper, München 2018), S. 266.

12 Strittmatter, S. 268.

13 Kai-Olaf Lang: Rebellion der Ungeduldigen. Populismus in Ostmitteleuropa, in: Osteuropa, 59, 2009, 2/3, S. 333–348, S. 338.

14 »We can't leave Europa, we're part of the continent«, Interview in: Der Spiegel, 12. August 2015. https://www.spiegel.de/international/europe/spiegel-interview-with-london-mayor-boris-johnson-a-1047789.html

15 Philip Stevens: Boris Johnson and the flight to English nationalism, in: Financial Times, 4. Oktober 2018.

14. Deutschland, (un-)einig Opferland

Am Abend des 19. Februar 2020 stieg Tobias Rathjen mit einer Pistole in sein Auto und fuhr in die Innenstadt von Hanau. Dort parkte der arbeitslose Sportschütze zunächst im Halteverbot und wurde von der Polizei kontrolliert. Seine Waffe blieb unentdeckt. Rathjen fuhr weiter, stoppte und erschoss um 22.58 Uhr sein erstes Opfer mitten auf der Straße. Vom Tatort geflohen, tötete er einen weiteren Menschen, bevor er zur Bar Midnight am Heumarkt fuhr und viermal auf die Eingangstür schoss. Er traf eine Person tödlich. Von dort raste der 43-Jährige voran, erschoss während der Fahrt einen weiteren Menschen. An einem Kiosk am Kurt-Schumacher-Platz brachte er um 23.10 Uhr vier Menschen um. Dann richtete er die Waffe auf die benachbarte Arena-Bar, wo ein Mensch starb und mehrere schwer verletzt wurden. Am Ende seiner 12-minütigen Terrorfahrt durch Hanau hatte Rathjen acht Menschen mit Migrationshintergrund im Alter von 21 bis 37 Jahren ermordet. Dann fuhr er nach Hause und erschoss seine Mutter, am Ende sich selbst.

Rathjen war ein deutscher Nationalist und wahnhafter Verschwörungstheoretiker. Er hatte kurz vor der Tat ein Pamphlet ins Netz gestellt, »eine Botschaft an das gesamte deutsche Volk«. Er legt darin die Pathologien des rechtsextremistischen Nationalismus offen: Antisemitismus, Anti-Islamismus, Rassismus, Vernichtungsfantasien und Wahnvorstellungen. Rathjen fühlte sich von Geheimdiensten, dunklen Mächten und Ausländern verfolgt. Er verabscheute »bestimmte Volksgruppen«, darunter Türken, Kurden und Araber, die sich geschichtlich »nicht als leistungsfähig« erwiesen hätten. Rathjen zeigte für alles jenseits von Deutschland, »aus dem das Beste und das Schönste entsteht«, wenig Sympathien. Seine Anregung: »Ich würde diese Menschen alle eliminieren, auch wenn wir hier von mehreren Milliarden sprechen.«[1]

Der Serienmord von Hanau erschütterte Deutschland zu Beginn des Jahres 2020 schwer. Das Land hatte sich noch nicht von dem Anschlag auf eine Synagoge in Halle im Oktober 2019 erholt, als ein bewaffneter deutscher Nationalist mehrere Menschen umbrachte. Die Anschläge ereigneten sich beinahe im Monatsrhythmus. Das demokratische Deutschland und seine offene Gesellschaft waren von nationalistischem Terror bedroht. Und der Schock hätte das Land wahrscheinlich noch tiefer umgewälzt, wenn nicht Anfang März 2020 die Corona-Krise die Welt erfasst hätte. Damit machte sich eine neue existenzielle Angst breit, die nun das eigene Überleben und das der Angehörigen betraf. Viele Deutsche hatten ohnehin schon jahrelang unter Bedrohungs- und Verlustvorstellungen gelitten, und das in einer wirtschaftlich sehr erfolgreichen Zeit, die erst mit der Corona-Pandemie an ihr Ende kam. Die Angst wuchs vor dem, was um Deutschland herum vor sich ging: Angst vor Trump, Angst vor Anschlägen, Angst vor den Launen der Weltwirtschaft, Angst vor der Grenzenlosigkeit der Europäischen Union, Angst vor der Euroschmelze, Angst um die EU selbst, Angst aber auch vor Zuwanderern, vor Wohlstandseinbußen, unbezahlbaren Mieten, vor Veränderung und der Zukunft an sich. Nun kam die Angst vor dem Coronavirus und seinen wirtschaftlichen und gesellschaftlichen Folgen dazu. Eine schon zum Klischee geronnene Einschätzung lautete: »Mir persönlich geht es gut, aber dem Land geht es schlecht.« Die Angst war zu einer erheblichen Kraft im politischen Geschäft geworden.

Ein messbares Ergebnis dieser Angst ist die Alternative für Deutschland (AfD). Die Präsenz der ersten nationalistischen

Partei im Parlament seit den 1950er-Jahren hat den Bundestag beschädigt. Die politische Debatte im Plenum wich einer neuen Unkultur des Anschreiens und Verächtlichmachens. Ein tiefer Graben ging durch das Parlament, Ausschüsse waren blockiert, Abteilungen mit absichtsvoll sinnlosen Anfragen lahmgelegt. Die Medien, ob liberal oder links oder halbrechts, schienen bis zum Ausbruch der Corona-Krise geradezu besessen von der AfD zu sein. Die Partei erhielt in aufgeregten Wochen wesentlich mehr Sendezeit und Aufmerksamkeit, als ihre Wahl-Prozente gebieten würden. In den Landtagswahlen 2019 in Brandenburg, Sachsen und Thüringen wuchs die AfD zur zweitstärksten Kraft, sie löste vielerorts die Linke als Protestpartei ab. In Ostdeutschland war die AfD mittlerweile zur Opposition gegen alle anderen Parteien geworden, die mühselig Koalitionen gegen die Rechtsextremisten zusammenbasteln mussten. In Teilen dieser Bundesländern ist das liberale Deutschland wirklich gefährdet.

Auffällig ist jedoch, dass die AfD trotz aller medialen Aufmerksamkeit von Personen vertreten wird, deren Namen außerhalb Deutschlands kaum jemand kennt. Wenigstens hierzulande einigermaßen bekannt ist Alexander Gauland, Markenzeichen Tweedjackett, jägergrüner Pulli und Tiermotiv-Krawatte, der Ende 2019 den Parteivorsitz abgab, aber Fraktionsvorsitzender blieb. Im weiteren rechtsextremistischen Milieu mangelt es erst recht an Leitfiguren. Dem deutschen Nationalismus fehlt das Gesicht, die charismatische Figur, der unumstrittene Führer. Das gilt nicht nur für die genuinen Nationalisten der AfD und rechter Splitterparteien; auch ein bekannter Gelegenheitsnationalist, der sich an der Macht oder auf dem Weg dahin zum Nationalisten mauserte, ist bis 2020 nicht in Sicht gewesen. Aber das an sich ist noch keine gute Nachricht, denn diese neuen Nationalisten kommen aus der Grauzone politischer Nicht-Vorhersagbarkeit. Sie müssen einige Voraussetzungen mitbringen: An den Beispielen aus anderen Ländern haben wir gesehen, dass es neben vielen lokalen Vorbedingungen vor allem einer ganz bestimmten Selbsteinschätzung der

Bürger bedarf: »Bin ich ein Opfer?« Damit möglichst viele Deutsche diese Frage mit Ja beantworten, leistet die AfD täglich immense propagandistische Arbeit. In den ostdeutschen Bundesländern war sie damit sehr erfolgreich, in den westdeutschen Ländern wird nachgearbeitet, auf erschreckend tiefen Gesteinsschichten der politischen Rechten. Dieses Kapitel besichtigt das uneinige Opferland Deutschland.

In der Erinnerung zum 30. Jahrestag des Mauerfalls 2019 sprachen viele in Deutschland von den Verlust-Traumata der ostdeutschen Bevölkerung. Da waren die abgebrochenen Karrieren all jener, deren Betriebe kollabierten. Da war die von der letzten DDR-Regierung gegründete Treuhandanstalt, die Kombinate und Staatsbanken, Werften und Bergwerke auflöste, umorganisierte, verkaufte. Da war die Entvölkerung ganzer Landstriche, weil die Menschen im Westen Arbeit fanden. Da war die Missachtung der Biografien, das Vergessen der DDR-Alltagskultur, der DDR-Sportler, -Popgrößen, -Kosmonauten; von der politischen Kultur gar nicht zu reden. In vielerlei Hinsicht war die Vereinigung eine Ausdehnung des Westens, bei der die Mehrheit der Ostdeutschen freiwillig half. Bis 2019 war bei den Lebensverhältnissen, bei der Vertretung in der Politik, der Wirtschaft und der Verwaltung kein Gleichstand erreicht. Manche Gegenden haben nicht die gleiche Infrastruktur wie in Westdeutschland, kein ausreichendes Mobilfunknetz, keine befriedigende Gesundheitsversorgung. Auch sind die Löhne und Gehälter geringer. Doch lässt sich so verstehen, warum ich auf einer Reise durch die Städte und Dörfer der Lausitz im Sommer 2019 in privaten Gärten Rudolf-Heß-Gedenkstätten und viele offen zur Schau gestellte Nazi-Symbole und Reichskriegsflaggen sah? Warum die pittoresk restaurierten Städte, in denen ich übernachtete, die AfD zur dominierenden Volkspartei machten? Erklärt das den Aufstieg der extremistischen Rechten in Ostdeutschland?

Viele Linke meinen, dass sich der Aufstieg der Rechten durch weitere Investitionen, steigende Löhne und Sozialausgaben abbremsen lasse. Doch ist diese Annahme bei den Landtagswahlen im Osten 2019 tausendfach widerlegt worden. Das beste Beispiel war das Dorf Hirschfeld im südlichen Brandenburg, wo die Häuser renoviert sind, die Straßen gepflegt, die Grundschulklassen gut gefüllt, die Plätze mit Blumen dekoriert, das Mobilnetz perfekt, das Ärztehaus, die Apotheke und das kleine Postamt in Laufweite liegen. In diesem Ort ohne Zuwanderer, Asylbewerber, Flüchtlinge oder nennenswert viele Arbeitslose wählten die Menschen zu 50,6 Prozent AfD.[2] Überhaupt ist die AfD in einem Jahrzehnt aufgestiegen, in dem es Deutschland wirtschaftlich so gut ging wie nie zuvor in seiner Geschichte. Geld schien nicht das Thema zu sein. Auch wenn sich damit einiges regeln lässt, ist Zufriedenheit mit Land und Regierung eben doch nicht käuflich. Der Aufstieg der Rechten lässt sich durch die soziale Frage nicht hinreichend erklären.

Auf der Suche nach Gründen hinterfragte die Dresdner Kulturwissenschaftlerin Marlen Hobrack die zum 30. Jahrestag vielfach herumgereichten Opfer-Erzählungen von den Traumata der Wiedervereinigung. Die Herabsetzungen, Entlassungen, Erniedrigungen habe es gegeben, sagt sie, aber eben längst nicht für alle. Manche Menschen sprächen auf der Couch der nationalen Selbstbespiegelung von Traumata, die sie selbst nie erlebt hätten. Schließlich könne man genauso gut vom Triumph sprechen, von der Freude und dem Mut der Ostdeutschen, sich der Staatsgewalt entgegenzustellen, sagt Hobrack.[3] Es gibt viele Menschen, die ihr zustimmen würden. Eine Mehrheit der Ostdeutschen wählt CDU, SPD, FDP, Grüne oder pragmatische Linke wie den Thüringer Ministerpräsidenten Bodo Ramelow. Eine Mehrheit lebt in Frieden mit dem politischen System. Eine Minderheit aber zieht die Opferrolle dem Stolz auf die Revolution von 1989 vor. Sie bestimmte im Herbst 2019 den Ton der Debatte.

Umfragen verstärkten den Befund, dass ein wachsender Teil der ostdeutschen Bevölkerung gegen die Verhältnisse im Land an sich revoltierte. Nach einer Erhebung vom September 2019 waren 52 Prozent der Menschen unzufrieden mit der Demokratie – eine erschreckende Zahl. 43 Prozent glaubten, in der DDR ein besseres Wohlgefühl gehabt zu haben, weit über 50 Prozent fanden, dass es in der DDR besser um Bildung, soziale Gerechtigkeit und den Schutz vor Kriminalität bestellt war. Mehr als zwei Drittel sagten, auf ihre Meinung werde nicht gehört und ihre Leistungen nicht gewürdigt.[4] Die Gründe für das Empfinden, »Bürger zweiter Klasse« zu sein, waren vielfältig und nicht immer unberechtigt. Absurd wurde es jedoch, wenn Menschen behaupteten, sie könnten ihre Meinung nicht frei äußern. Das wird gern von der AfD verbreitet und passt bestens in ihre Erzählung eines von den Eliten gegängelten und von Migranten überrannten Landes, das den Menschen weggenommen wurde. Solche erfundenen Traumata und Opfer-Erzählungen bereiten den Boden für den neuen Nationalismus.

Warum solche Behauptungen so viel Zuspruch haben, versucht die ehemalige DDR-Spitzensportlerin und Schriftstellerin Ines Geipel zu erklären. Ihre eigene Familiengeschichte ist tief mit der des DDR-Staates verwoben. Geipel spricht von einem System von Lügen und Schweigen und verordnetem Gedächtnisverlust, in dem Gewalt nie aufgearbeitet, sondern stets an die nächste Generation weitergegeben wurde. Die DDR sei allem rhetorischen Sozialismus-Gedröhn zum Trotz eine »Synthese zwischen eingekapseltem Hitler und neuer Diktatur« gewesen.[5] Ihr Großvater war in der SS, ihr Vater gehörte in Dresden der Stasi-Hauptabteilung IV an, die Flüchtlinge aus der DDR im Westen bespitzelte und gezielte Morde verüben ließ. Auch zuhause herrschte der Vater bisweilen im Modus des Gewaltregimes. Geipel und ihr Bruder lebten eine Kindheit in Deckung vor den Ausbrüchen des Vaters. Auch darüber wurde später nie mehr gesprochen.

Der Vergangenheitsbewältigung, die im Westen Deutschlands in den 1950er-Jahren zaghaft bis widerwillig angegangen wurde und in der breiteren Gesellschaft erst nach 1968 ankam, entledigten sich die ostdeutschen Kommunisten unter Wilhelm Pieck schon Ende der 1940er-Jahre im Schnellwaschgang. In enger Abstimmung mit Moskau unterschied die SED feinsinnig zwischen »aktiven« und »nominellen« Nazis, um die Partei für letztere Kader zu öffnen.[6] Für viele ehemalige NSDAP-Mitglieder gab es eine Amnestie. So kam es, dass höchste Funktionäre der Freien Deutschen Jugend aus der Hitlerjugend stammten. In den Waldheimer Prozessen gegen NS-Verbrecher 1950 wurden rund 3000 Menschen verurteilt, ein Prozent davon zum Tode, danach erklärte die SED die »Wurzeln des Faschismus« kurzerhand für ausgerottet. Der Rest der Nazi-Geschichte wurde nach Westen entsorgt. Ein staatlich verordneter Antifaschismus stellte die DDR als das gute Deutschland im Gegensatz zur belasteten Bundesrepublik dar. Ines Geipel bezeichnet diesen Gegensatz als den »Gedächtnisbeton« der DDR, der ihrer Meinung nach einen »doppelten Bruch« erfahren hatte. Einerseits ging es um die »Unfähigkeit zu trauern«, zum anderen aber auch um die »instrumentell verhinderte Möglichkeit zu trauern«.

Die staatliche Politik des Vergessens hatte langfristig zwei Folgen. Zum einen führte die Übung des kollektiven Gedächtnisverlusts nach dem Zusammenbruch der DDR 1989 dazu, auch die Verbrechen des sozialistischen Staates nicht weiter zu hinterfragen. Im Rückblick: Hunderte Tote an der Grenze, 700 durch Minen Verletzte, 1000 Hingerichtete, über 250 000 politische Gefangene, Mord- und Entführungskomplotte, der psychische Terror, die Spaltung von Familien und Freundschaften, die Zersetzung allen Vertrauens im Stasi-Staat. Aber diese Verbrechen »entwickelten keine Wucht, keine Wirkkraft«, schreibt Geipel.[7] Das antrainierte Vergessen setzte sich nach dem Ende der DDR fort. Zum anderen aber ermöglichte die unterdrückte Bearbeitung der nationalsozialistischen Gräuel, dass sich noch in der DDR Nazismus, Antisemitismus und Fremdenhass weiterentwickelten, während sie offiziell für nicht existent erklärt wurden. Die DDR lehnte Wiedergutmachungen an Israel strikt ab, »in der Opfergesellschaft Ost lag der Holocaust im Eisschrank«.[8]

Dabei war die Zahl der Gewalttaten erschreckend hoch. Der Berliner Historiker Harry Waibel[9] hat Belege über 7000 neonazistische und 2000 weitere rassistische oder antisemitische Gewalttaten zu DDR-Zeiten gesammelt. In Pogromen oder pogromartigen Angriffen wurden Tausende Personen verletzt, zum Teil kam es zu Lynchjustiz. Und zwar nicht erst am Ende der DDR, sondern schon seit den 1950er-Jahren bis zum Ende. Die DDR kam und ging, der Antisemitismus blieb. Auffälligerweise waren die rechten Skinheads in der späten DDR nicht selten die Kinder von Stasi-Offizieren, wie Ines Geipel beschreibt. Einige ihrer Freunde aus der Kindheit und dem Studium rutschten in den 1980er-Jahren in die rechte Szene ab und lebten die Gewalt aus, die sie von ihren Vätern und Großvätern gelernt hatten. Die in Dresden geborene Bürgerrechtlerin und Regisseurin Freya Klier erinnert sich lebhaft an die Überfälle von Skinheads und Faschisten auf jüdische Friedhöfe, auf Kirchen, auf Menschen, die anders aussahen. Viele hätten einfach weggesehen oder schweigend zugestimmt. »Das Unbehagen von DDR-Bürgern galt ja jedem Abweichen von der Norm, grellen Haarfarben von Punkern ebenso wie ›Negern‹ oder ›Fidschis‹, Körperbehinderten oder auch nur Menschen mit einem ungewöhnlichen Hut auf dem Kopf.«[10]

Das waren die »Baseballschlägerjahre«, wie sie der in Frankfurt/Oder geborene Journalist Christian Bangel nennt. Er erinnerte in einer Artikelserie im Herbst 2019 an die Brände von Asylbewerberheimen in Hoyerswerda, Rostock und Lichtenhagen in der Wendezeit. Damals machte sich die Angst im ganzen Osten breit. In »national befreiten Zonen« der 90er- und 2000er-Jahre terrorisierten Jugendliche in Bomberjacken mit Baseballschlägern ganze Stadtteile. In manchen Dörfern überwogen Neonazis so sehr, »dass es kaum möglich war, nicht mitzumachen«. Rechtsextremisten waren Geschwister von Freunden, Kassierer im Supermarkt, Erzieher im Ferienlager. »Die Glatzen dominierten die Straßen.« In diesem Klima wuchs die rechtsextremistische Terrorgruppe NSU, »beschützt von einem Umfeld aus stillschweigender Sympathie oder aus schierer Angst.«[11] Der NSU ermordete in den 2000er-Jahren zehn Menschen, unternahm 43 Mordversuche und 15 Raubüberfälle. Er sollte nicht die einzige deutsche Nazi-Terrorgruppe bleiben.

In der Wiedervereinigung 1990 kamen nicht nur die Deutschen, sondern auch die Rechtsextremisten Ost und Rechtsextremisten West zusammen. In der Bundesrepublik gab es eine reiche Tradition rechtsextremen Gedankenguts. Die Baseballschlägerjahre fanden auch hier statt, wenn auch nicht als Massenbewegung. Rechtsextremisten machten Anfang der 1990er-Jahre in der ganzen Republik Hatz auf Menschen, die nicht mitteleuropäisch aussahen. Schwarze Springerstiefel mit weißen Schnürsenkeln marschierten in leeren Vorortstraßen, auf Bahnsteigen in trübem Licht, vor Asylbewerberheimen. Im November 1992 verübten Rechtsterroristen einen Brandanschlag auf zwei Häuser türkischer Familien in Mölln. In Solingen brannten sie 1993 das Haus der türkischen Familie Genç nieder. Fünf Familienmitglieder starben, weitere 17 Menschen erlitten zum Teil schwere Verletzungen. Hier waren die rechtsnationalistischen Straßenbrigaden in der westdeutschen Wirklichkeit am Werk.

Zwischen 1990 und 2018 wurden in Deutschland 169 Menschen von Rechtsextremisten umgebracht.[12] Rechtsterrorismus, vor der Aufdeckung des NSU-Netzwerks weit unterschätzt, gehört 2020 zum politischen Alltag in Deutschland. Die Digitalisierung hatte das extremistische Tätigkeitsfeld enorm erweitert. Im Netz konnten Nationalisten ihre Hassfantasien ausleben, sie verbreiteten Hetze über die sozialen Medien und bedrohten Politiker, Journalisten, Anwälte und Beamte persönlich in Leserbriefen, Facebook-Posts und

E-Mails. Nicht selten waren die Hasstiraden der Vorläufer für eine konkrete Tat, zu sehen am Beispiel des hessischen Fabrikarbeiters Stephan Ernst. Er griff im Juni 2019 zur Pistole und schoss dem hessischen Regierungspräsidenten Walter Lübcke von der CDU vor dessen Haus in den Kopf. Lübcke war zur Hassfigur von Nationalisten geworden, weil er sich für Flüchtlinge eingesetzt und gesagt hatte, dass es jedem freistehe, Deutschland zu verlassen, wenn er die Werte des Landes nicht teile. Dem Terroranschlag von 2019 ging eine jahrelange Welle des Hasses von Rechtsextremisten voraus. Die Internetplattform PI-News verbreitete ein Video des Lübcke-Zitats und bezeichnete ihn als »Verräter«, Kommentatoren hatten die Privatadresse von Lübcke auf PI-News veröffentlicht und dazu eingeladen »vorbeizuschauen«. Die AfD bot Nutzern auf ihrer Facebook-Seite ein Forum für Hasstiraden gegen Lübcke. Auch die AfD-Politikerin Erika Steinbach fachte die Feindseligkeit gegen Lübcke an.[13] Andere Rechtsterroristen fühlten sich durch den Mord ermuntert – ob in Halle oder Offenbach. Der Verfassungsschutz zählt Jahr für Jahr über 19000 Straftaten von Rechtsextremisten.[14]

Die geistigen Väter des Rechtsextremismus saßen indes in den Universitätsseminaren und Redaktionsstuben. Hier lohnt ein Blick zurück in die Anfänge der Bundesrepublik. Armin Mohler, der Urahn, versuchte schon 1949 in seiner Doktorarbeit »Die Konservative Revolution« eine neue Denkschule des deutschen Rechtsnationalismus zu schaffen, die er vom Dritten Reich abheben wollte. Mohler wollte den »Reichsbegriff« und die rechten Ideen der Weimarer Republik über die toxische Asche des Nazismus hinweg in die Bundesrepublik hinüberretten.[15] Vor allem aber prägte Mohler die entscheidende Sortierung von Freund und Feind der Rechtsradikalen. Nicht der Linke sei der Hauptfeind des Rechten, sondern der Liberale. »Der Linke bringt Methoden und Härte mit, die wir brauchen können«, dozierte Mohler.[16] »Der Liberale schleppt Bazillen und seine Unbelehrbarkeit mit ein.« Als in der Bundesrepublik 1983 ehemalige CSU-Mitglieder, darunter ein gewisser Franz

Schönhuber, die Partei der nationalistischen »Republikaner« gründeten, arbeitete Mohler an dem sogenannten »Siegburger Manifest« mit, das 1985 zum ersten großen Programm der Republikaner wurde.[17] Mohlers zahlreiche Epigonen nahmen seine Pionierarbeit dankbar auf und prüften einander und den Gegner auf »Liberalismus-Verdacht«.

In Zeitschriften wie *Criticón* und der *Jungen Freiheit*, *Politically Incorrect* und *Sezession*, im Antaios-Verlag von Götz Kubitschek und im Magazin *Compact* des erst linksradikalen, dann rechtsradikalen Autors Jürgen Elsässer tobten sich die Vordenker des Rechtsextremismus aus. Seit 2014 bot auch der deutsche Internetkanal des russischen Staatssenders RT der deutschen Rechten eine Bühne, dazu Ken FM und zahlreiche Internetplattformen. Deutsche Nationalisten nutzten zunehmend die Freiheiten auf russischen Messenger-Diensten.[18] Mitglieder der »Identitären Bewegung«, Freunde der AfD und andere Extremisten vernetzten sich über die größte russische soziale Medienplattform VKontakte. Dort durften sie ungestört rassistische, antiliberale und antiamerikanische Parolen verbreiten. Eine überraschende Popularisierung rechtsextremen Gedankenguts gelang Thilo Sarrazin schon 2010 mit seinem Buch »Deutschland schafft sich ab«.[19] Dem Autor und seinem Verlag gelang es in einer Millionenauflage, alte Vorurteile über Muslime zu befeuern und das Vertrauen vieler Türkeistämmiger in die Haltung der Mehrheitsgesellschaft zu ihnen zu zerrütten. Es waren aber vor allem Parallelmedien, Bücher, Hefte, Videokanäle und Internetplattformen, mit denen sich die rechtsextremistischen Pegida- und Pro-Köln-Bewegungen, Montagsdemonstranten und AfD-Politiker aufrüsteten, bevor sie auf Kundgebungen oder in Wahlkämpfe gingen.

Was sie dort verbreiteten, war vor allem anderen eine monumentale Opfer-Erzählung in vier Bereichen. Der enorme Erfolg des Sarrazin-Buches 2010 belehrte deutsche Nationalisten, dass sich aus der Angst vor dem Islam Kapital schlagen ließe. Sie schlachteten die islamische Religion aus, um Urängste von »Überfremdung«, »Übernahme« und »Umvolkung« Deutschlands durch Ausländer zu befeuern. Besonders perfide war die Behauptung, die islamische Religion an sich sei eine Hauptursache von Terroranschlägen in Europa. Mit diesem Narrativ konnten Rechtsextremisten bis in die Mitte des öffentlichen deutschen Diskurses vordringen. In Frankreich, den USA, Großbritannien und Ostmitteleuropa arbeiteten Nationalisten mit ähnlichen Mitteln. Bis 2015 hatten sie damit mäßigen Erfolg. Erst die Flüchtlingskrise und der mediale Fiebertaumel um die Zuwanderung von über einer Million Flüchtlingen und Migranten nach Deutschland 2015 und 2016 eröffneten deutschen Nationalisten die Möglichkeit, eine breite Öffentlichkeit für ihre Parolen zu gewinnen. Die Deutschen waren in ihrer Erzählung das Opfer einer Flut von »Wirtschaftsasylanten«, die es auf den Wohlstand und die Kultur abgesehen hätten. Die Bundeskanzlerin habe diesen »Angriff auf die Heimat« ermöglicht und den Flüchtlingen und Migranten Tür und Tor geöffnet. Aus dem angeblichen »Heimatverlust« konstruierte die AfD in den folgenden Wahlkämpfen die Parole »Hol dir dein Land zurück!«. Die Deutschen wurden in dieser Lesart auch das Opfer ihrer Regierung, insbesondere von Angela Merkel.

»Dein Land« stand für die Sehnsuchtsdomäne eines von Migranten unberührten, homogenen deutschen Lebensraums. Damit identifizierten westdeutsche Rechtsextremisten schon vor 1989 die DDR. Das mag paradox erscheinen, stand doch die DDR als »bolschewistisch beherrschte Sowjetzone« aus ihrer Sicht zugleich für die Leiden des »dreifach geteilten und besetzten« Deutschlands. Aber die DDR war eben auch jener Teil Deutschlands, der an der Globalisierung und der Zuwanderung ausländischer Arbeitskräfte viel weniger teilhatte als die Bundesrepublik. Deshalb sahen einige westdeutsche Rechtsextremisten die DDR als den vom kommunistischen Feind bewahrten Restbestand des Abendlands mit weitgehend homogen deutsch besiedelten Gebieten. Der Politiker Björn

Höcke, aus dem nördlichen Hessen zugewanderter Führer der thüringischen AfD, ist einer von ihnen. Höcke berichtete in einem Vortrag im November 2015 von seinem Mauerfall-Erlebnis. Am 9. November 1989 hätten sein national denkender Vater und er vor dem Fernseher gesessen, sich mit Tränen in den Augen in den Armen gelegen, als sein Vater sagte: »Das ist das Ende des deutschen Volkes.« Nun kamen die Türken in die DDR. Bevor also Ausländer, Multi-Kulti-Propheten, Gutmenschen und Grüne dieses letzte Reservat des Abendlands einnehmen konnten, entschlossen sich nicht wenige westdeutsche Rechtsextremisten, in den Osten zu gehen, in Orte mit schönen deutschen Namen. Der rechte Vordenker Götz Kubitschek zog mit seiner rechtsextremen Denkfabrik Institut für Staatspolitik 2003 von Hessen nach Schnellroda in Sachsen-Anhalt um. Heute stammen die meisten Anführer der AfD in Ostdeutschland aus dem Westen.

Der zweite Opferkomplex ist eine alte Erzählung westdeutscher Rechtsextremisten. Er rührt aus dem Versuch der westdeutschen Gesellschaft, sich der NS-Vergangenheit zu stellen und die Vergangenheit durch Erinnerung, breite Diskussion, neue Schulbücher, Fernsehserien und Entblößung von NS-Tätern im deutschen Staat zu »bewältigen«. Eine Debatte ohne Fraktionszwang im Bundestag 1965 über die Aufhebung der Verjährung von NS-Verbrechen galt als großer Schritt in diese Richtung. Doch war es gerade die Studentenbewegung von 1968, die ganz wesentlich zur Öffnung dieser Debatte in der ganzen Gesellschaft beitrug. Die Infragestellung von Nazi-Tugenden wie »Härte, Kampfgeist und Heroismus« empfanden Rechtsextremisten als Angriff auf ihre Identität. Sie beschrieben sich gern als »Opfer der 68er«. Die Rede vom »Schuldkult«, mit der Pegida und AfD-Politiker im Osten heute arbeiten, wurde in Westdeutschland erfunden. »Es sind doch dieser fortdauernde Schuld-und-Sühne-Komplex, dieser nicht enden wollende Gang nach Canossa, die angebliche Schuld der Deutschen und die angebliche Schuld der weißen Rasse, die uns lähmen«, schrieben die rechtsextremistischen

Vordenker Martin Sellner und Walter Spatz 2015.[20] Der AfD-Fraktionschef Alexander Gauland gab 2018 eine weit verbreitete Sicht von Nationalisten wieder, indem er Hitler und den Nationalsozialismus als »Vogelschiss in den tausend Jahren erfolgreicher deutscher Geschichte« bezeichnete. Der freigestellte Geschichtslehrer und thüringische AfD-Chef Höcke sekundierte Gauland, indem er ein neues Opfer erkannte: Die deutsche Geschichte werde »mies und lächerlich« gemacht. Die Deutschen, sagte er in einer Rede 2017 über das Holocaust-Memorial, seien das »einzige Volk der Welt, das sich ein Denkmal der Schande in das Herz seiner Hauptstadt gepflanzt hat«.

Die Lesart deutscher Nationalisten wird in der Zukunft erheblich wichtiger werden, weil sich die Schulen in mehreren Bundesländern aus der Lehre und Deutung der deutschen Geschichte allmählich zurückziehen. In Berlin, Brandenburg und einigen anderen Bundesländern wird das Fach Geschichte in der Mittelstufe nur noch in thematischen Längsschnitten wie »Armut« oder »Flucht und Migration« gelehrt. Das neue Fach Politik wurde auf Kosten des Geschichtsunterrichts eingeführt. Wegen des bundesweit grassierenden Lehrermangels fallen Geschichtsstunden massenhaft aus. Viele Schüler der Berliner Mittelstufen haben gar keinen oder nur noch sporadischen Geschichtsunterricht. Sie werden in wenigen Unterrichtsstunden durch die Weimarer Republik gejagt, ohne je etwas vom Kaiserreich seit 1871 gehört zu haben. Das Problem ist nicht auf Berlin beschränkt. In Deutschland streichen Kultusministerien ganze Epochen aus den Lehrplänen oder stellen es den Lehrern frei, sie zu streifen, wenn die Zeit denn reicht. Seit den Pisa-Wettbewerben ist der Stellenwert von Geschichte als Unterrichtsfach zugunsten der naturwissenschaftlichen Fächer stark gefallen. Da darf es niemanden wundern, dass nur ein knappes Drittel der 14- bis 29-jährigen Deutschen den Mauerbau von 1961 richtig einordnen kann.[21] Weniger als die Hälfte der 14- bis 16-jährigen Schüler wissen heute noch, wofür Auschwitz-Birkenau steht.[22] Die drastischen Unterrichtsausfälle der Gegenwart aber bilden sich in diesen Zahlen noch gar nicht ab. Das Geschichtsbewusstsein vieler Schulabgänger von morgen wird ein leeres Blatt Papier sein, das Nationalisten nach Belieben beschreiben können.

Der dritte Opferkomplex der Rechten hängt damit zusammen, dass viele Debatten über die deutsche Geschichte des 20. Jahrhunderts in führenden Zeitungen und öffentlich-rechtlichen Sendern ausgetragen werden. Aus Sicht der Rechtsextremisten sind die Deutschen längst Opfer der Medien geworden. Der Agitprop-Slogan von der »Lügenpresse« auf den Pegida-Demonstrationen 2014 stammte aus der Propagandakiste eines Joseph Goebbels, der mit diesem Begriff in den 1920er-Jahren die demokratische Weimarer Zeitungslandschaft angriff. Die Pegida-Demonstranten sahen sich als Opfer der Medien, die nicht ihr rechtsextremes Weltbild wiedergaben. Daraus leiteten sie die Berechtigung ab, auf Demonstrationen Reporter körperlich anzugreifen. Doch ihr Begriff verbreitete sich in Windeseile in den sozialen Medien und auf Internetforen. Journalisten erhielten regelmäßig Leserpost mit dem Vorwurf, dem »Kartell der Lügenpresse« anzugehören. Während der russischen Annexion der ukrainischen Krimhalbinsel 2014 taten sich Rechtsextremisten mit Linksextremisten zusammen, um die Berichterstattung dieser »Lügenpresse« zu diffamieren. Die von beiden Seiten geteilte Verschwörungstheorie war, Journalisten seien »Transatlantiker«, die gezielt Russland verunglimpften, bezahlt von westlichen Geheimdiensten und natürlich im Auftrag der Amerikaner. Jegliche Art der Berichterstattung über die Präsenz russischer Soldaten in der Ostukraine, den Abschuss der MH-17-Passagiermaschine durch eine russische Buk-Rakete oder die Vergiftung des ehemaligen russischen Offiziers Sergei Skripal durch russische Geheimdienstagenten im englischen Salisbury wurde als Lüge bekämpft. Auf Plattformen wie RT deutsch und Ken FM wurde die These von der »Lügenpresse« weiterverbreitet. Ihnen zur Seite sprangen Publizisten und Medienwissenschaftler aus dem linken und rechten Spektrum, die Journalisten unterstellten, sie würden zusammen mit Politikern und Lobbyisten als »Elite gegen die Interessen eines Großteils der Bevölkerung« regieren.[23] Aus Fällen einzelner Journalisten, die die Schwelle zwischen unabhängiger Berichterstattung und parteilichem Aktivismus überschritten, konstruierten diese Autoren eine Generalanklage gegen eine ganze Branche, die dem Vorwurf der Lügenpresse sehr nahe kam.

Das waren die Steilvorlagen für die Gewalt, die folgte. Seit 2014 stieg die Zahl der Angriffe auf Journalisten im öffentlichen Raum. Bewaffnete Rechtsextremisten verbündeten sich mit krawattenbewehrten AfD-Politikern, radikale Schläger mit »besorgten Bürgern«, um Journalisten zu drangsalieren und zu verfolgen. Die meisten Angriffe kommen von Rechtsextremisten.[24] Seit 2014 fanden Journalisten, die über rechte Bewegungen, über Russland oder die Ukraine schrieben, sehr konkrete Drohungen in der Leserpost vor. In den Briefen an mich und meine Kollegen eskalierte die hasserfüllte Fantasie der Leser. Sie drohten Journalisten mit Gerichtsverfahren, mit körperlicher Gewalt und Anschlägen, mit dunklen Andeutungen, dass man genau wisse, wo man wohne und wo die Kinder zur Schule gingen. Es gab Aufrufe, die Redaktionen zu stürmen. Die Opfer gingen zum Angriff über.

Das Selbstmitleid suchte immer neue Nahrung. Rechte wähnten sich auch als Opfer der liberalen offenen Gesellschaft der Ära Merkel. Als der rassistische Nationalist Tobias Rathjen im Februar 2020 in Hanau neun Menschen ermordete, rechtfertigte der Chefberater und Redenschreiber des AfD-Politikers Gauland die Tat auf seiner Internetseite mit der Behauptung, Multikulturalismus könne »tödlich« sein. »Er kitzelt aus Menschen, die diesem verantwortungslosen Experiment ausgesetzt werden, einen der elementarsten Instinkte heraus: das Revierverhalten«, schrieb Michael Klonovsky auf seiner Netzseite.[25] »Multikulti in Verwerfungsbestform ist der Bürgerkrieg zwischen ethnisch-kulturell auf einem Territorium zwangsvermischten Gruppen.« Mit anderen Worten, der

Täter von Hanau sei zum Opfer der multikulturellen Realität Deutschlands geworden, seine Tat mithin verständlich. Gegen die liberale Gesellschaft war also jedes Mittel recht.

Die größte Wut »besorgter Bürger« entlud sich in den Debatten um den menschengemachten Klimawandel und Gleichberechtigung. Da erklärten sich Rechte plötzlich zu Opfern der Bemühungen um Klimaschutz und warnten vor einer »Klima-Diktatur« durch Naturschützer und Grüne. Das schmutzige Kohlekraftwerk galt auf einmal als bewahrenswertes deutsches Kulturgut, ein Windgenerator in der Nähe des eigenen Hauses dagegen als perfides Schwungrad für Kopfschmerzen und Schlaflosigkeit. Am besten eignete sich jedoch die ausgeuferte Debatte um die Stickstoff-Emissionen einer längst nicht mehr produzierten Generation von Diesel-Fahrzeugen, um den Bürger als Opfer einer Verschwörung von linken Politikern, Umwelt-Lobbyisten und Medien darzustellen. Die AfD schwang sich plötzlich auf zum Verteidiger deutscher Ingenieurskunst und pendelnder Diesel-Fahrer. In den anderen deutschen Empörungsdebatten verliefen die Gräben ähnlich. Die AfD revoltierte stellvertretend für den von ihr so genannten »gesunden Menschenverstand« gegen die Gleichberechtigung von Frauen, von Homosexuellen, von Zuwanderern. Sie ergriff Partei für ein Bild von klassischer Männlichkeit, das so gar nicht mehr existierte, vielleicht nie existiert hatte, aber in deutschen Landstrichen mit weniger Frauen und vielen arbeitslosen Männern als nachträglich koloriertes Wunschbild der Vergangenheit kultiviert wurde.

Das alles könnte nicht so gut funktionieren, wenn dem Opferkult von rechts nicht auch ein Opferkult von links gegenüberstünde. Auch die politische Linke in Deutschland sucht unverdrossen nach neuen Opfergruppen, für deren Sache sie sich einsetzen könnte. Dabei wurde die soziale und gesellschaftliche Lage im prosperierenden Deutschland der 2010er-Jahre absichtlich in schwärzesten Farben gemalt, um dringenden Handlungsbedarf zu suggerieren. Die einen beschrieben die Bezieher des Hartz-IV-Grundeinkommens als Opfer der Reformen der rot-grünen Schröder-Regierung. Sie machten im Sozialstaat Deutschland zunehmend mehr Opfer des »Neoliberalismus« aus. Die anderen beklagten die Lage von Zuwanderern und Flüchtlingen, die in Deutschland prinzipiell benachteiligt würden. Einige argumentierten, Zuwanderung würde heute einen gerechten Ausgleich für die Opfer der europäischen Kolonialisierung in Afrika und Asien vor einhundert Jahren schaffen. In Ostdeutschland hat die »Systemkritik« der Linken dazu beigetragen, dass die von ihnen gepäppelten Protestwähler am Ende der AfD hinterherliefen. Der rot-rot-grüne Senat in Berlin erklärte unterschiedslos alle Mieter der Stadt zu Opfern und erlaubte ihnen per »Mietendeckel«, ihre Zahlungen teilweise erheblich zu senken. Zu den Mietmärtyrern zählten kurioserweise auch Spitzenverdiener, die in stucküberladenen 200-Quadratmeter-Wohnungen am Kurfürstendamm residierten. Manche identifizieren neue Opfer in Angehörigen des dritten Geschlechts. Über Benachteiligung in individuellen oder kollektiven Fällen musste gesprochen werden, ohne Zweifel, aber die Überhöhung in Opferdiskursen war das Problem. So konnten Fragen der persönlichen Identität schnell in die Suche nach Schuldigen umschlagen.

Das Ergebnis der Opfersuche ist eine Radikalisierung beider Lager. Die klassischen Volksparteien der alten Bundesrepublik schrumpften bis zum Beginn der Pandemie in dem Maße, in dem sich deutlich weniger Wähler in der Mitte binden ließen, während es sich viele an den politischen Rändern bequem machen. Dort sind sie befreit davon, sich mit anderen Sichtweisen zu beschäftigen, Meinungen zu korrigieren oder gar Kompromisse schließen zu müssen. Stattdessen können sie sich der Empörung über die Andersdenkenden hingeben. In ihrem Lager finden sie klare Orientierung in einer komplizierten Welt, in der Kommunisten in China zu Kapitalisten, in Frankreich aber zu Nationalisten mutierten und die älteste Demokratie des Westens plötzlich von einem rassistischen Karrierenationalisten regiert wird. Bestimmte Medienformate verstärken die Polarisierung, vor allem die zahlreichen Talkshows, die gern radikalisierte Vertreter gegensätzlicher Meinungen einladen, sodass bestenfalls Zoff entsteht, meist schlichtes Unverständnis, aber nie Konsens. So förderte viel Gerede die Sprachlosigkeit in Deutschland. Rechts gegen links, Heimatschützer gegen Globalisierer, Putinversteher gegen Transatlantiker, Migranten gegen Alteingesessene, Stadt gegen Land, Radfahrer gegen Autofahrer, gut gegen böse – der aggressiv ausgelebte Dualismus bedroht allmählich die Grundlagen der Demokratie, die zwar den konstruktiven Streit, aber auch grundsätzliches Einvernehmen braucht.

Genau dieser Grundkonsens bröckelt. Der Kampf gegen das Coronavirus stellte im Frühling 2020 eine gewisse Gemeinsamkeit her. Doch schon im Sommer machte sich Deutschland wieder auf die Suche nach dem Trennenden. Die Bundesrepublik hat jahrzehntelang davon gelebt, dass ein überwältigender Teil der Deutschen die Westbindung, die soziale Marktwirtschaft, die liberale Demokratie und die europäische Einigung für eine gute Sache hielt. Die Deutschen des Jahres 2020 sind davon nicht mehr voll überzeugt. Auf die Frage, ob Deutschland fest im Westen verankert bleiben solle, plädierten in einer Umfrage Ende 2019 nur noch 55 Prozent dafür, während sich 31 Prozent für Neutralität aussprachen und sich 7 Prozent an andere Staaten anlehnen wollten.[26] Noch größer waren die Zweifel am Wirtschaftssystem. Gerade einmal 12 Prozent der Deutschen glaubten noch, dass die gegenwärtige Wirtschaftsordnung ihnen nütze, während 55 Prozent meinten, dass der Kapitalismus mehr schade als helfe.[27] Nach zehn Jahren eines historischen Wirtschaftsaufschwungs breitet sich eine diffuse Unzufriedenheit in Deutschland aus, von der man nur ahnen kann, wie sie aussehen würde, wenn die Corona-Krise eine jahrelange wirtschaftliche Talfahrt auslösen sollte. In die europäischen Institutionen der Kommission und des EU-Parlaments hat kaum ein Drittel der Deutschen Vertrauen, während rund die Hälfte skeptisch ist und ein Fünftel gar kein Vertrauen hat.[28] Auch das Vertrauen in den Bundestag schrumpft. Die Zahl der Deutschen, die mit der Demokratie zufrieden waren, lag 2019 immer noch bei gut fünfzig Prozent, doch sinkt sie seit Jahren. Die Zahl der Unzufriedenen und ambivalent eingestellten Personen ist gewachsen.

Zu Beginn der Corona-Krise war nicht absehbar, wie sich die Pandemie auf den Aufstieg der neuen Nationalisten in Deutschland auswirken würde. Die einstweilige Schließung der Grenzen und die massiven Beschränkungen der Freiheit waren Maßnahmen, die Nationalisten grundsätzlich gefallen können. Doch gleichzeitig verlor die AfD in den Umfragen erheblich. Schon vor der Corona-Krise war sie – anders als Marine Le Pen in Frankreich, die PiS in Polen oder Matteo Salvini in Italien – in Umfragen bundesweit kaum über 14 Prozent hinausgekommen. Nach dem Ausbruch der Pandemie sank die AfD auf oder bisweilen unter zehn Prozent. Das lag einerseits an dem Scheinwerferlicht, das die handelnde Regierung und Kanzlerin Merkel auf sich zog. Dahinter steht aber auch ein langfristiger Trend. Deutschland ist für seine kleine Fläche ein sehr diverses Land, unter dessen föderalem Dach die Macht auf vielfältige Weise geteilt und deshalb für alle erträglich ist – außer für Rechtsextremisten, die das alles bekämpfen. Rechte Politik war nicht mehrheitsfähig. Bis zur Corona-Krise waren die Grünen im Aufwind, nicht die Rechten. Das demokratische Deutschland wirkte bis 2020 magnetisch auf politische Flüchtlinge und freiwillige Exilanten aus der Türkei, Russland, den USA, Großbritannien, Polen und vielen anderen Ländern. Gerade im Vergleich mit nationalistischen Regierungen in Russland, der Türkei, den USA und Großbritannien machten die Bundesregierung und die Bundesbehörden in den ersten Monaten der Corona-Krise eine gute Figur. Doch ist unklar, ob die Zustimmung für Angela Merkel und die Regierungsparteien stabil bleiben würde, wenn die wirtschaftlichen Folgen der Pandemie-Krise für alle Deutschen spürbar werden. Dann können die alten Zweifel und die Polarisierung schnell wieder zutage treten.

Liberale Demokratie, Westbindung und soziale Marktwirtschaft sind im Deutschland des Jahres 2020 leider keine naturgegebenen Selbstverständlichkeiten mehr. Die wachsenden Zweifel am Basismobiliar der Bundesrepublik werden Nationalisten zu nutzen wissen. Und nicht nur sie. Ralf Fücks, Grünen-Politiker und Leiter des Zentrums Liberale Moderne, beobachtet in zentralen politischen Streitfragen bemerkenswerte Überschneidungen zwischen Rechtsextremen und radikalen Linken: »ihre ablehnende Haltung gegenüber EU und dem transatlantischen Bündnis, ihre Sympathien mit einem autoritären, neoimperialen Putin-Russland, die Frontstellung gegen die Globalisierung wie die polemische Gegenüberstellung von Volk und Eliten. Auch wo sie nicht gemeinsam agieren, verstärken sie sich gegenseitig. Hier wie dort gilt die liberale Demokratie nur als Maske für die Herrschaft des globalen Kapitals. Ein nationalistisch gefärbter Antikapitalismus ist die gemeinsame Klammer.« Der Feind sei der liberale Individualismus.[29]

Das ist bekannt aus anderen Ländern. In Russland und der Türkei, in den USA und in ostmitteleuropäischen Ländern haben Zweck- und Gelegenheitsnationalisten die Zweifel ihrer Wähler an liberaler Demokratie, Multilateralismus, internationalem Handel und Kapitalismus gnadenlos ausgeschlachtet. Sie haben ihre Länder polarisiert und das Volk gegen Teile der geistigen Eliten aufgehetzt. Sie haben die Macht zentralisiert und die Demokratie beschädigt oder abgeschafft. Ermöglicht hat ihnen das ein ideologisch gut vorbereiteter nationalistischer Opferkult. Deutschland hatte im Frühling 2020 keine beliebten neuen Nationalisten, die über die Kernwählerschaft der AfD hinaus attraktiv wirkten. Doch sollte irgendwann ein populärer, rhetorisch gewandter Gelegenheitsnationalist die deutsche Bühne betreten, er würde ein Land vorfinden, das nicht für alles, aber für vieles bereit ist.

1 Yassin Musharbash, Tom Sundermann: Rassismus, Verschwörung und Paranoia, in: Zeit-Online, 20. Februar 2020. https://www.zeit.de/gesellschaft/zeitgeschehen/2020–02/taeter-hanau-rassismus-rechts extremismus-motiv-schreiben

2 Sebastian Leber: Null Flüchtlinge, aber 50,6 Prozent AfD, in: Der Tagesspiegel, 2. September 2019. https://www.tagesspiegel.de/themen/reportage/hirschfeld-in-brandenburg-null-fluechtlinge-aber-50–6-prozent-afd/24970544.html

3 Marlen Hobrack: So viele Experten für die ostdeutsche Seele, in: Zeit-Online, 12. Oktober 2019. https://www.zeit.de/kultur/2019–11/mauerfall-ostdeutsche-nachwendezeit-lebensgefuehl-angst

4 Martin Machowecz und Heinrich Wefing: Jetzt hört mal zu!, in: Die Zeit, Nr. 41, 2. Oktober 2019. https://www.zeit.de/2019/41/mauerfall-deutsche-wiedervereinigung-ostdeutschland-skepsis

5 Ines Geipel: Umkämpfte Zone. Mein Bruder, der Osten und der Hass (Klett-Cotta, Stuttgart 2019), S. 83.

6 Micha Brumlik: Ostdeutscher Antisemitismus. Wie braun war die DDR?, in: Blätter für deutsche und internationale Politik, Januar 2020. https://www.blaetter.de/ausgabe/2020/januar/ostdeutscher-antisemitismus-wie-braun-war-die-ddr

7 Geipel, S. 200.

8 Geipel, S. 229.

9 Harry Waibel: Die braune Saat. Antisemitismus und Neonazismus in der DDR (Schmetterling Verlag, Stuttgart 2017).

10 Freya Klier: ›Neger‹, ›Fidschis‹ und die Heuchelei der Linken, in: Die Welt, 21. November 2011. https://www.welt.de/debatte/kommentare/article13727979/Neger-Fidschis-und-die-Heuchelei-der-Linken.html

11 Christian Bangel: Baseballschlägerjahre, in: Die Zeit, Nr. 46, 6. November 2019, und: #Baseballschlägerjahre, in: Zeit-Online, 1. November 2019. https://www.zeit.de/gesellschaft/zeitgeschehen/2019–11/rechte-gewalt-neonazi-twitter-erfahrungen-rechtsextremismus

12 Johannes Radke, Toralf Staud: Getötet aus Hass und Verachtung, in: Zeit-Online, 27. August 2018. https://www.zeit.de/gesellschaft/zeitgeschehen/2018–09/rechte-gewalt-rechtsextremismus-terrorismus-statistik-kritik

13 Morten Freidel: »Eine widerliche Ratte weniger«, in: FAZ, 18. Juni 2019. https://www.faz.net/aktuell/politik/inland/fall-walter-luebckehass-im-netz-war-sein-begleiter-16243476.html

14 https://www.verfassungsschutz.de/de/arbeitsfelder/af-rechtsextremismus/zahlen-und-fakten-rechtsextremismus/rechtsextremistische-straf-und-gewalttaten-2018

15 Volker Weiß: Die autoritäre Revolte. Die Neue Rechte und der Untergang des Abendlandes (Klett-Cotta, Stuttgart 2017), S. 49.

16 Weiß, S. 61.

17 Hajo Funke: Armin Mohler. Jünger-Schüler, Netzwerker und selbsterklärter Faschist, in: Das alte Denken der Neuen Rechten. Die langen Linien der antiliberalen Revolte, Zentrum Liberale Moderne, Berlin 2019, S. 89–100, S. 94.

18 Tatiana Golova: Postsowjetische Migranten in Deutschland und transnationale Social-Media-Öffentlichkeiten (ZOiS-Report, Nr. 2 / 2018). https://www.zois-berlin.de/publikationen/zois-report/zois-report-22018/

19 Thilo Sarrazin: Deutschland schafft sich ab. Wie wir unser Land aufs Spiel setzen (Deutsche Verlags-Anstalt, Stuttgart/München 2010).

20 Zitiert nach Weiß, S. 115.

21 https://www.bundesstiftung-aufarbeitung.de/de/stiftung/aktuelles/13-august-1961-nur-die-haelfte-der-deutschen-kennt-datum-des-mauerbaus

22 https://www.koerber-stiftung.de/deutsche-wollen-aus-geschichtelernen-1143

23 Siehe Uwe Krüger: Meinungsmacht. Der Einfluss von Eliten auf Leitmedien und Alpha-Journalisten – eine kritische Netzwerkanalyse (Institut für praktischen Journalismus und Kommunikationsforschung, Köln 2013); Udo Ulfkotte: Gekaufte Journalisten – Wie Politiker, Geheimdienste und Hochfinanz Deutschlands Medien lenken (Kopp, Stuttgart 2014); Mathias Bröckers, Paul Schreyer: Wir sind die Guten. Ansichten eines Putinverstehers oder wie uns die Medien manipulieren (Westend, Frankfurt am Main 2014).

24 Feindbild »Lügenpresse«. Schulterschluss der Gewaltbereiten. European Centre for Press and Media Freedom, Leipzig, September 2017.

25 https://michael-klonovsky.de/acta-diurna

26 The Berlin Pulse 2019/20, Körber-Stiftung, Hamburg 2019, S. 9.

27 https://www.faz.net/aktuell/wirtschaft/weltwirtschaftsforum/wirtschaft-in-deutschland-buerger-zweifeln-am-kapitalismus-16592016.html

28 Schwindendes Vertrauen in Politik und Parteien – eine Gefahr für den gesellschaftlichen Zusammenhalt? (Bertelsmann-Stiftung, Gütersloh 2019).

29 Ralf Fücks: Neue Rechte, altes Denken – die liberale Demokratie und ihre Gegner, in: Das alte Denken der Neuen Rechten. Die langen Linien der antiliberalen Revolte, Zentrum Liberale Moderne, Berlin 2019, S. 6.

15. Nach dem Nationalismus?

Wenn sich Nationalisten eine Wunschwelt ausmalen könnten, würden sie wohl die ersten Wochen des Corona-Zeitalters wählen. Mit dem Beginn der Pandemie wurden Grenzen wieder Grenzen. Flüchtlinge und Migranten blieben hinter Schlagbäumen zurück. Nationalstaaten holten ihre Bürger aus dem Ausland nach Hause. Menschen, die aus fremden Ländern einreisten, mussten zumindest in Quarantäne gehen. Viele Länder erließen komplette Einreiseverbote. Die EU zerlegte sich beim Ausbruch des Coronavirus in ihre nationalstaatlichen Bestandteile, um die Pandemie einzudämmen. In der ganzen Welt drehen Regierungen seither die Globalisierung zurück, viele strategische Waren sollen wieder im Inland gefertigt und nicht mehr importiert werden. Ein Virus macht möglich, wovon selbst Nationalisten an der Macht bisher nicht zu träumen wagten.

Autoritäre Herrscher nutzen die Pandemie-Krise gezielt aus, um ihre Agenda zu verwirklichen. Ministerpräsident Viktor Orbán entmachtete zeitweise das Parlament seines Landes, er regierte per Dekret, und Ungarn lebte fortan unter einem »hybriden Regime«.[1] Nicht weniger als 84 Staaten erklärten den nationalen Notstand. Die chinesische Zentralregierung brach den Artikel 22 des Grundgesetzes von Hongkong und beanspruchte mit einem neuen Sicherheitsgesetz künftig, Rechte und Freiheiten in der widerspenstigen Metropole streng zu kontrollieren. Aserbaidschans Staatschef sperrte die Opposition in eine zeitlich unbestimmte Quarantäne. Wladimir Putin ließ seine mögliche Amtszeit per Verfassungsreferendum vorerst bis 2036 verlängern. Donald Trump beanspruchte für sich »totale Autorität« im föderalen System der USA. Thailands autokratischer Ministerpräsident Prayuth Chan-Ocha erklärte entzückt: »Gesundheit geht vor Freiheiten!«

Amtsanmaßung, Alleingänge und Streit waren die ersten Antworten des Nationalismus auf die Corona-Pandemie. Anstatt in der Krise zusammenzuarbeiten, Impfstoffe gemeinsam herzustellen und die Verbreitung des Virus gemeinsam zu verhindern, schwächten Nationalisten sich gegenseitig und die internationalen Organisationen, die helfen könnten. China verweigerte eine internationale Untersuchung der Ursachen der Corona-Pandemie. Donald Trump stellte die Zahlungen an die Weltgesundheitsorganisation der UN ein. Wladimir Putin blockierte UN-Hilfslieferungen und Infektionsschutz für Flüchtlinge in Syrien. Die Corona-Krise zeigte, dass die Welt tatsächlich von einem doppelten Virus bedroht ist: Sie beschleunigte mit Wucht die nationalistischen und expansionistischen Tendenzen der Vor-Corona-Zeit.

Doch heißt das auch, dass die Zukunft dem neuen Nationalismus gehört? Die Abschottungsreflexe in der Pandemie sprechen durchaus dafür, aber es gibt zugleich zahlreiche Belege dafür, dass der neue Nationalismus in einigen Staaten schon Verfallserscheinungen zeigt, während er andere Länder in Europa noch gar nicht erfasst hat. Dieses Kapitel soll nicht die Zukunft vorhersagen, sondern die möglichen durchaus widersprüchlichen Wege aufzeichnen, vor denen Europa und die Welt in der Doppelkrise von Pandemie und Nationalismus stehen. Einer Bilanz des neuen Nationalismus wird ein Blick auf die Methoden folgen, mit denen seine Protagonisten arbeiten. Dann will ich schildern, in welchen Fällen diese Methoden nicht mehr funktionieren, um am Ende die nationalistischen Gefahren zu beschreiben, die sich als Folge der Corona-Krise verstärken.

Die Ideologen behaupten, dass ein »guter Nationalismus« die Menschen in der Krise schütze.[2] Sie verwechseln dabei kluges staatliches Handeln und Nationalismus. Die Pandemie-Krise zeigt erneut, dass es den »guten« Nationalismus nicht gibt. Es waren einzelne demokratisch gewählte Regierungen, die rechtzeitig und umsichtig gehandelt haben. Dagegen haben gerade nationalistische Herrscher im Kampf gegen das Virus versagt.[3] Das liegt vor allem daran, dass sie die Corona-Krise als Bedrohung von außen und durch Ausländer sahen – und nicht als Herausforderung für die Staatengemeinschaft. Doch der souveräne Nationalstaat, der im nostalgischen Rückblick auf das 19. Jahrhundert seine Bürger behütete, die heimische Industrie mit protektionistischen Mitteln förderte, den Sozialstaat ausbaute und sich vom Ausland möglichst abschottete, ist schon lange einem komplizierten internationalen System gegenseitiger Abhängigkeiten gewichen, aus dem man sich nicht mit neuen Schlagbäumen verabschieden kann. Grenzposten können eine Pandemie nicht aufhalten.

Nationalismus taugt nicht als Heilmittel, höchstens als Droge. Die nationalistische Ideologie radikalisierte sich im 20. Jahrhundert massiv, Nationalismus und Krieg gingen eine unzertrennliche Verbindung ein, die Forderungen nach gesellschaftlicher, religiöser und ethnischer Homogenität gipfelten in gigantischen Verbrechen. Mit Massenvertreibungen, Bevölkerungsaustausch und Völkermord wurde der Nationalismus zur tödlichsten Ideologie der Weltgeschichte. Dahinter folgt der Sozialismus, der sich mit den nationalistisch angehauchten Diktaturen von Stalin und Pol Pot den zweiten Platz in dieser traurigen Disziplin erobert hat. In die Zeit davor kann heute niemand mehr zurückspringen. Das nationalistische Modell einer vermeintlich besseren Welt unter seinesgleichen ist in der Hölle von Smyrna (Izmir) und Srebrenica, in der Apokalypse von Vernichtungskrieg und Holocaust verbrannt.

Heute ist die Normalität einer nationalistisch gesinnten Bürgerlichkeit, in die sich Trump-Anhänger, Putin-Parteigänger und AfD-Politiker hineinsehnen, schlechterdings nicht möglich. Schon die kurze Geschichte der AfD seit 2013 zeigt, dass jede Form des vermeintlich moderaten Nationalismus den Weg für die Herrschaft von Rechtsextremisten und Faschisten öffnet. Die glückseligmachende Isolation, von der Donald Trump schwadroniert, die Illusion des weltabgewandten, idyllischen Raushaltens und des Rückzugs auf sich selbst ist ein Hirngespinst. Putins Konservatismus bewahrt nicht, sondern zielt auf die Revision der Ordnung von 1990 ab. Jeder Nationalismus arbeitet sich an der Außenwelt ab, er zieht seine

Daseinsberechtigung aus der radikalen Abgrenzung vom anderen und hat gerade deshalb so massive Auswirkungen auf die Nachbarschaft und auf die Welt – bis hin zum Krieg.

Nach außen zersetzen die neuen Nationalisten die Hoffnungen auf ein geeintes Europa, das den Kontinent seit dem Zusammenbruch des sozialistischen Systems 1990 aufblühen ließ. Sie unterminieren die Europäische Union von innen und außen, dabei ziehen Wladimir Putin und Donald Trump mit Boris Johnson, Viktor Orbán und Jarosław Kaczyński an einem Strang. Russland hat mit seinen Feldzügen das Vertrauen in die Sicherheit und territoriale Unversehrtheit der Nachbarländer zerstört. Nationalisten ersetzen Optimismus durch Zynismus und Untergangsszenarien. Trump hat den Westen als Idee ad absurdum geführt, die älteste Demokratie der Welt erschüttert und die NATO-Allianz beschädigt. Nationalisten zerstören das über Jahrzehnte gewachsene Geflecht der Abrüstungsverträge und führen Kriege: die einen mit digitalen Angriffen auf Wahlen, digitale Netze und die Köpfe der Menschen, die anderen mit Zöllen und Handelsschikanen, die dritten ganz klassisch mit Bomben und Raketen. In der Ukraine litten Millionen Menschen unter der russischen Invasion. In Syrien starben Hunderttausende und flohen Millionen, weil Russen und Iraner an der Seite des Regimes und Türken gegen die Kurden in Nordsyrien intervenierten. Diese Kriege waren begleitet von einer verheerenden Druckwelle des Nationalismus in diesen Ländern.

Die Beispiele Russland und Türkei zeigen, dass der neue Nationalismus beim Amtsantritt eines Politikers nicht sichtbar sein muss. In beiden Ländern griffen die Präsidenten erst später zu diesem Mittel. Mit ihrer Wende überraschten sie ihre Wähler und die Welt. Deshalb will ich an dieser Stelle in zehn Punkten zusammenfassen, an welchen Methoden man den neuen Nationalisten frühzeitig erkennt. Nicht jeder Punkt für sich macht aus einem Politiker gleich einen Gelegenheitsnationalisten, aber die Häufung dieser Methoden sollte jeden aufmerksamen Beobachter alarmieren.

Opferdiskurs: Gelegenheitsnationalisten erklären ihre Gefolgschaft zu Opfern und stilisieren sich selbst zum Opfer. Sie bewirtschaften Demütigungserfahrungen. Das geschieht etwa dann, wenn Politiker ihren Wählern erzählen, dass ihnen die Würde geraubt worden sei, dass ihre Lebensleistung missachtet und ihre Biografien nicht anerkannt würden. So geht die AfD in Ostdeutschland auf Stimmenfang, so reden aber auch Tayyip Erdoğan in Zentralanatolien und Donald Trump im Mittleren Westen. Unablässig greifen sie ihre Gegner an, während sie sich selbst als Angegriffene darstellen. Dem schamlosen Selbstmitleid dieser Politiker sind keine Grenzen gesetzt.

Identitätsappelle: Nationalisten produzieren Ressentiments, indem sie die Identität der Menschen ins Zentrum der Politik stellen. Deshalb konnte die AfD in der Flüchtlingskrise 2015 ihre zweite Geburt feiern. Mit der Warnung vor der »Umvolkung« und »Bevölkerungsaustausch« sowie dem Aufruf »Hol dir dein Land zurück!« erzeugten ihre Politiker den Eindruck, als sei irgendetwas verloren gegangen. Dabei bleibt meist unklar, was genau. Die Kriminalitätsraten in Deutschland sinken seit Jahren,[4] der Wohlstand ist für die meisten bis 2020 gestiegen. Die Verlustvorstellung von etwas, das man vielleicht nie besessen hat, facht den Nationalismus an. So redet Trump, wenn er behauptet, seine Vorgänger hätten in Amerika ein »Gemetzel« veranstaltet und nur er könne das Land wieder groß machen.[5] Oder Erdoğan, wenn er ständig an die muslimische Identität seiner Wähler appelliert, die ihnen die Kemalisten oder der Westen weggenommen hätten. Oder Putin, der den Russen einredet, der Westen habe ihnen die Würde genommen, indem er ihnen nicht zuhörte und ihre Atomraketen nicht angemessen respektierte. In seiner Rede an die Nation vom März 2018 versprach er den Russen mit der Produktion von Hyperschallraketen so etwas wie eine neue nukleare Identität, an der sich seine Anhänger aufrichten sollten.

Polarisierung: Viele Gelegenheitsnationalisten machen Karriere durch Spaltung. Die zerrissene Gesellschaft ist ihre Chance. Tayyip Erdoğan profitiert bis heute davon, dass in der Türkei eine gläubige konservative Masse einer meist finanziell besser gestellten säkularen Schicht gegenübersteht. Er hetzt die Benachteiligten gegen die Saturierten auf. Trump spaltet die USA, indem er den gefühlten Verlierern und Ressentimentträgern in der weißen Bevölkerung verspricht, sie gegen Zuwanderer und Nichtweiße verteidigen zu wollen. Putin wirkt hier eher wie eine Ausnahme mit seinem Versuch, weite Teile der Bevölkerung hinter sich zu scharen, Oppositionelle und Homosexuelle freilich ausgenommen. Seine Einheitsrhetorik übertönt, dass er eine Minderheit von liberalen, prowestlich gesinnten Russen systematisch dezimieren, ausgrenzen oder ins Ausland treiben lässt. Die Sowjetunion sperrte ihre inneren Gegner in Lagern oder einfach im Land selbst ein. Im modernen Russland ist die Reisefreiheit das Ventil der Macht, sich unliebsamer Bürger zu entledigen.

Vereinnahmung des Volkes: Tayyip Erdoğan fragte 2014 in einer langen Rede seine zahlreichen innenpolitischen Gegner: »Wir sind das Volk! Wer seid ihr?« Die Gegenüberstellung von Volk und Volksfeinden ist eine alte Übung von Populisten aller Art. Der Populist ist der Meinung, »dass allein er (oder sie) den wahren Volkswillen auf korrekte Weise erkennen und ihn folgerichtig repräsentieren könne«. Der Populismus-Forscher Jan-Werner Müller bezeichnet das als »moralisch-politischen Alleinvertretungsanspruch«.[6] Erdoğan war immer

Populist, ab 2015 wuchs er auch zum Nationalisten. Schon die Revolutionäre im Frankreich von 1789 arbeiteten mit ähnlichen Parolen, bevor sie den Nationalismus gegen das Ancien régime mobilisierten. Die Nationalsozialisten als eine besonders radikale Spielart des Populismus beanspruchten stets, für das Volk zu sprechen, gegen liberale und linke Eliten. Populisten müssen keine Nationalisten sein, aber die Gelegenheitsnationalisten von heute arbeiten fast immer mit populistischen Methoden. Sie schätzen Parlamente gering und sabotieren die demokratische Form politischer Repräsentation, die immer die falschen Leute an die Macht bringe. Sie erklären sich zum Sprachrohr des Volkes und beanspruchen, allein zu wissen, was der wahre Volkswille sei.

Entmenschlichungsrhetorik: Im politischen Kampf benutzen Gelegenheitsnationalisten gern die dritte Person Plural, um über jene zu sprechen, gegen die sie zu Felde ziehen. Aus Erdoğans Reden lässt sich das gut heraushören. »Sie« wollen die Türkei spalten, warnt Erdoğan, »sie« unterdrücken das Volk, »sie« wollen gegen ihn putschen. Der Feind hat keinen Namen, aber er ist allgegenwärtig. Nationalisten fassen diese Menschen bevorzugt in abstrakten Gruppen zusammen, sie reden dann von »den Eliten« oder »dem Mainstream« oder gleich von »Volksverrätern«. Oder sie umschreiben Menschen mit Bildern, die bedrohlich wirken und alles Menschliche nehmen: die »Flut der Flüchtlinge« oder »die Lawine der Migranten«. AfD-Politiker lieben das Leo-Trotzkij-Wort vom »Scheiterhaufen der Geschichte«, auf dem sie demokratische Gepflogenheiten und politische Gegner entsorgen wollen. Wladimir Putin befleißigt sich an der Macht eines Stils, der zwischen Bürokratensprech und Gossenslang changiert. Demonstranten hat er schon als »quietschende Affen« bezeichnet, einen ehemaligen polnischen Botschafter als »antisemitisches Schwein«, Terroristen wollte er »wie Ratten vernichten«. Trump spricht von »Drecksloch-Staaten« in Afrika, politische Konkurrenten nennt er »Hurensöhne«, »verlogene Dreckskerle« und »menschlichen Abschaum«. Entmenschlichung ist eine Methode, um dem politischen Gegner jegliche Legitimation, das Recht auf Meinungsfreiheit, auf persönliche Unversehrtheit, auf Rechtssicherheit und auf Leben zu entziehen. Alles schon vorgekommen im 20. Jahrhundert.[7]

Islamfeindschaft: Religion ist die billigste Art, mit der neue Nationalisten Hass und Ressentiments produzieren können. Die Dämonisierung des Islams und die Idealisierung des Abendlands ist eine klassische ausgeweidete Parabel von Nationalisten. Donald Trump hat die diffuse Angst vor dem Islam genauso ausgeschlachtet, wie es europäische Nationalisten tun, von Geert Wilders über Marine Le Pen bis zu Viktor Orbán. Letztere beschreien die »Rückständigkeit« des Islams und preisen sich als die Verteidiger der zivilisatorischen Festung Europa. Für die AfD wurde der Taktikwechsel, statt über Euro-Angst über Islam-Angst zu reden, seit 2015 zu einem Erfolgsrezept. Islamfeindschaft ist auch eine wichtige Treibkraft des deutschen Rechtsterrorismus. Natürlich lässt sich das religiöse Ressentiment auch umkehren. Mit der hartnäckig wiederholten Rede von der Islamophobie im Westen und dem »Christenklub Europa« hat Erdoğan in der Türkei antichristliche Vorurteile bedient und gefördert.

Liberalismuskritik: Der Hass auf den Liberalismus eint alle Nationalisten und Populisten, er reicht von weit rechts bis in radikalisierte Flügel der Linken. Liberalismus und Nationalismus sind seit der Französischen Revolution im harten Wettbewerb. Francis Fukuyama sieht darin zwei »konkurrierende Versionen der Würde und der Identität«.[8] Während Liberalismus nach Anerkennung der allgemeinen Menschenrechte und Gleichberechtigung strebte, kämpfte der Nationalismus für die Anerkennung bestimmter Völker und ihres Rechts auf ein möglichst großes Territorium. Es war die komplette Diskreditierung des Nationalismus nach zwei Weltkriegen, die den Aufstieg des Liberalismus seit 1945 begünstigte. Das Scheitern des Sozialismus 1989 ermöglichte den liberalen Triumph, während der Nationalismus Wahl für Wahl in Ost- und Südosteuropa einsickerte. Viele Nationalisten sehen heute den Zeitpunkt für das große Rückspiel gegen den Liberalismus gekommen. Der Revanchelust liegt auch ein starkes kulturelles Motiv zugrunde: Die gesellschaftliche Liberalisierung westlicher Gesellschaften, die Forderung nach völliger Gleichstellung der Frau in allen Lebensbereichen, die Anerkennung der Rechte von ethnischen, religiösen und sexuellen Minderheiten hat viele Nationalisten verstört. Putin, Orbán, Kaczyński und ihresgleichen bieten die Alternative.

George-Soros-Hass: Hier ist noch ein Beispiel für den Kulturkampf zu besichtigen. Ein Lackmustest für Gelegenheitsnationalisten ist die Frage, wie er oder sie es mit dem amerikanischen Investor und Philanthropen George Soros hält. Es ist nicht nur der ungarische Premier Viktor Orbán, der seinen einstigen Gönner heute mit einer hexenjagdhaften Härte verfolgt. Orbán hat die Soros-Institution Open Society Foundation (OSF) und die renommierte Central European University aus Ungarn vertrieben. Wladimir Putin hat die OSF 2015 zur unerwünschten Organisation erklären lassen, Nationalisten in Rumänien, Nordmazedonien, Serbien und Polen verdammen Soros. Dafür haben sie einleuchtende Gründe: Die OSF hat in den vergangenen dreißig Jahren die liberale Zivilgesellschaft mit viel Geld gefördert, sie hat Nationalismus bekämpft und die universalen Menschenrechte verteidigt. Soros unterstützt unter anderem »Reporter ohne Grenzen« und zahlreiche Initiativen für den Klimaschutz. Und es kommt noch etwas hinzu: George Soros ist nicht nur ein sehr reicher Mann aus New York. Er ist auch Jude. Und das hat Nationalisten aller Schattierungen schon immer mobilisiert.

Geschichtspolitik: Neue Nationalisten erkennt man auch daran, dass sie die Vergangenheit für ihre Politik missbrauchen. Wladimir Putin führte 2019 und 2020 einen Geschichtskrieg gegen Polen, die baltischen Staaten und die Ukraine. Er lobte wiederholt den Hitler-Stalin-Pakt, in dem Deutschland und die Sowjetunion 1939 Ostmitteleuropa unter sich aufteilten, als einen Akt der Verteidigung, der den deutschen Angriff auf die Sowjetunion verschoben habe. Er nannte Polen Antisemiten und sprach ihnen ab, zum Sieg über Hitler beigetragen zu haben. Tayyip Erdoğan verglich, um Israel zu diffamieren, die Verhältnisse im Gaza-Streifen mit dem Holocaust. Er stritt sich mit den Vereinigten Arabischen Emiraten um die Rolle eines osmanischen Gouverneurs in Medina Anfang des 20. Jahrhunderts. Er stellte die Grenzen des Lausanner Vertrags infrage. Stets geht es um Einfluss in der Region und Ansprüche des eigenen Landes in den Nachbarstaaten. Geschichtskriege liefern den Brennstoff für Gelegenheitsnationalismus.

Führerkult: Die starken Männer an der Spitze von Russland, Ungarn, der Türkei, der USA, Chinas und anderer Länder lassen sich heute schon ungeniert im Kim-Jong-Un-Stil feiern. In Russland herrscht ein staatlicher und ein kommerzieller Putin-Kult, der von Trump-Anhängern in den USA auf Kaffeebechern, Käppis, Flugzeugmodellen und T-Shirts hemmungslos kopiert wird. Aber Russland und die Türkei eilen voran. In der russischen Provinz hängt Putin als muskulöser Atlas, den Globus tragend, an den Hauswänden. In der Türkei flattern Erdoğan-Plakate an Brücken, Hochhäusern und Stadteinfahrten. Der türkische Kraftfahrer rollt in vielen Orten über Recep-Tayyip-Erdoğan-Boulevards. Das ist die sichtbare Vorderseite des Personenkults. Die Rückseite ist der Aufbau eines autoritären Systems, das in Russland und der Türkei weit gediehen ist, während die USA unter Trump noch am Anfang dieses Weges stehen. Putin und Erdoğan lassen die Verfassungen ihrer Länder nach ihren persönlichen Bedürfnissen umbauen. Donald Trump spricht denunziatorisch vom »tiefen Staat«, um seine Macht auszudehnen. Er greift das in die Jahre gekommene politische System der Vereinigten Staaten von vielen Seiten an, um Schritt für Schritt ein autoritäres System aufzubauen. In seiner ersten Amtszeit ist er erschreckend weit gekommen. Der neue Nationalismus verträgt sich nicht mit liberaler Demokratie und der offenen Gesellschaft.

Steht die Welt also vor dem unaufhaltsamen Siegeszug des neuen Nationalismus? Bis Mitte 2020 haben diese Methoden einen beängstigenden Erfolg gehabt. In der Pandemie-Krise jedoch stellt sich die Frage, ob sie auf Dauer mit der durchschlagenden politischen Mechanik funktionieren werden wie zuvor. Die globale Umwälzung im Corona-Zeitalter öffnet Wege in beide Richtungen. Einerseits gibt es klare Anzeichen, dass der Gelegenheitsnationalismus ein Verfallsdatum hat. Seine Protagonisten haben bei der Bekämpfung der Pandemie in den ersten Monaten eine schlechte Figur gemacht. Früher profitierten sie von Krisen aller Art – dies ist die erste, die sie nicht für sich nutzen können. Andererseits verleiht die Pandemie autoritären Nationalisten neue Anlässe und Vorwände, ihre Programme umzusetzen, ihre Herrschaft zu zementieren, die multilaterale Ordnung zu schwächen und nationale Alleingänge zu rechtfertigen. Beides ist denkbar.

Was spricht für das Verfallsdatum? Der Abnutzungseffekt nationalistischer Methoden wurde schon vor der Pandemie deutlich sichtbar – in Mittel- und Osteuropa. So wie der neue Nationalismus im Osten Europas zuerst zugeschlagen hat, so nehmen auch seine Verfallserscheinungen den Anfang im Osten, vor allem in Russland und der Türkei.

2019 fanden in beiden Ländern Wahlen statt, in denen die Präsidenten sich des ungebrochenen Beifalls der Bürger vergewissern wollten. Natürlich sind das keine freien Abstimmungen. In Russland werden aussichtsreiche Oppositionskandidaten vor den Wahlen in aller Regel durch Gerichte und staatliche Stellen ausgeschlossen, bevor sie mit einem kleinen Erfolg der Machtpartei schaden könnten. Trotz dieser üblichen Manipulationen erlitt Putins Präsidentenwahlverein Jedinaja Rossija bei den Kommunalwahlen im Frühherbst 2020 eine empfindliche Niederlage. Möglich wurde dies, weil ausgeschlossene Oppositionspolitiker ihre Anhänger aufriefen, die Stimmen für andere Organisationen als die Putin-Partei abzugeben. Dabei war es nebensächlich, ob diese Kommunisten oder Liberalen zugutekamen, Hauptsache, nicht Jedinaja Rossija. Im Ergebnis büßte die Putin-Partei ein Drittel der Sitze im Stadtparlament ein.

In der Türkei verlor Präsident Erdoğan 2019 zwei wichtige Wahlen. Im März entglitt seiner Partei, der AKP, die Kontrolle über die Rathäuser der großen türkischen Städte. In Ankara, Antalya, Adana, Mersin und anderen Großstädten übernahm die kemalistische Opposition die Regierung. Die bitterste Niederlage erlitt Erdoğan aber ausgerechnet in Istanbul, seiner Heimatstadt, in der er seine politische Karriere begonnen hatte. Im Nachwahlkampf verließ ihn sein politischer Instinkt. Weil die AKP die Istanbuler Wahl nur knapp verloren hatte, ließ Erdoğan das Ergebnis anfechten. Es kam zur Neuwahl, viele Istanbuler waren empört. In einer furiosen Abstimmung schlug sich eine klare Mehrheit auf die Seite des kemalistischen Kandidaten Ekrem Imamoğlu. Zum ersten Mal seit 1994 wurde Erdoğans Heimatstadt wieder von der politischen Linken regiert.

Tatsächlich aber war weit mehr passiert als ein Machtwechsel im Istanbuler Rathaus, viel mehr als ein Sitzverlust für die Putin-Partei in der Moskauer Stadt-Duma. In beiden Ländern wuchs der Unmut über die Leistungen ihrer nationalistisch-autoritären Führer. Die Wirtschaftskrise und die politischen Säuberungen stürzten Millionen Türken in die Armut, das Vertrauen in die Regierung sank rapide. Tayyip Erdoğan musste mit ansehen, wie einige seiner ehemaligen Minister nicht nur die AKP verließen, sondern konkurrierende Parteien gründeten. In Russland zog die Bevölkerung in vielen Städten für Proteste auf die Straßen. Die Demonstrationen hatten sehr verschiedene Anlässe: Erst waren es die Rentenkürzungen, in Moskau die manipulierten Wahlen, anderswo Mülldeponien oder willkürliche Abholzungen durch bauwütige Bürokraten. Der gemeinsame Nenner war eine wachsende Unzufriedenheit mit der Macht. Immer mehr Russen spürten die strukturelle Wirtschaftskrise des Landes, die Rohstoffabhängigkeit, die hohen Ausgaben für Rüstung und die Kriege auf Kosten der Bevölkerung. Derweil verloren die Konfrontation mit dem Westen und nationale Erfolge auf der Weltbühne für die Russen an Bedeutung. Während sich 2016 noch über 60 Prozent der Bevölkerung für Außenpolitik interessierten, sank ihr Anteil 2019 auf 49 Prozent.[9] Putin und seine Polittechnologen bekamen das zu spüren, als sie beklommen auf die abkippenden Popularitätskurven des Präsidenten schauten. Für viele Russen sank Anfang 2019 Putins Attraktivität, die Werte wurden 2020 nicht besser.[10] Der stille Zorn über die fehlenden Perspektiven wuchs, über die Hälfte der Russen zwischen 18 und 24 Jahren trug sich mit Auswanderungsgedanken, vielen Menschen wurde der Held der Krim-Eroberung gleichgültig.

Hier leuchtete das Verfallsdatum des Gelegenheitsnationalismus auf. Die dritte große Erzählung der Herrschaft von Tayyip Erdoğan und Wladimir Putin funktionierte nicht mehr. Nachdem die Annäherung an den Westen gescheitert und die großen Wohlstandsversprechen gebrochen waren, hatten die beiden Präsidenten ihre Macht auf den Gelegenheitsnationalismus gegründet. Doch dessen Wirkung ließ ab 2019 rasch nach. Erdoğan erhöhte die Dosis im Herbst des Jahres noch einmal mit einer neuen Invasion in Nordsyrien, aber die nationale Erregung war nur von kurzer Dauer. Putins brutale Flächenbombardements in Syrien an der Seite des Diktators Baschar al-Assad interessierten ohnehin nur noch wenige seiner Bürger. Die Russen beschäftigten sich mehr mit ihren Lebensverhältnissen und Umweltverbrechen als mit den schwer durchschaubaren Kriegen ihres obersten Feldherrn in fernen Ländern. Die Berater in Moskau und Ankara waren verzweifelt auf der Suche nach einem neuen Narrativ, das nach so vielen Jahren an der Macht schwer zu finden war.

Die Türkei und Russland sind keine Einzelfälle. In mehreren Ländern Ostmitteleuropas mussten die bislang herrschenden Nationalisten und Populisten 2019 bemerkenswerte Niederlagen hinnehmen. In den Hauptstädten Ungarns, Tschechiens, Polens und der Slowakei wurden linksliberale Bürgermeister in die Rathäuser gewählt. Die Bürger der größten Städte der Region probten den Aufstand gegen den grassierenden Nationalismus. Die Slowakei wählte im März 2019 eine sozialliberale Umweltaktivistin zur Präsidentin und im Februar 2020 einen konservativen Anti-Korruptionspolitiker und Populisten-Gegner zum Premierminister. Von einem Machtwechsel auf breiter Front zu sprechen, dafür ist es zu früh, aber erste Verfallserscheinungen des Nationalismus wurden auch in Mitteleuropa erkennbar. Der Einflusspolitologe und Populismusforscher Ivan Krastev sprach von einem »postpopulistischen Liberalismus«.[11] Die Stadtbevölkerungen Mitteleuropas signalisierten Ende 2019, dass ihr Lebensgefühl nicht mit Fremdenhass, Migrantenpanik, Islamophobie und einem ideologisch überfrachteten »Christianismus«[12] vereinbar war. Dass diese Themen jedoch 2020 ausgerechnet von Gesundheit, Viren und Hygiene abgelöst werden, damit hatte niemand gerechnet.

Die Corona-Krise überraschte die neu gewählten Lokalpolitiker genauso wie die Nationalisten. Doch während die Bürgermeister Krankenhäuser ausbauen, Ausgangssperren überwachen, die Versorgung aufrechterhalten, Masken verteilen und ihre Bevölkerung schützen konnten, kamen den Nationalisten ihre Themen abhanden. In Deutschland fiel die AfD in den Umfragen deutlich zurück. Auf einmal elektrisierten die vermeintlichen Gefahren, die vom Islam, von Flüchtlingen und Migranten ausgingen, niemanden mehr. Die Polarisierer vom Dienst konnten zu Beginn der Pandemie nicht mehr polarisieren, ihre alten Warnungen verblassten angesichts der neuen Herausforderung für die Welt. Auf einmal hatte der Feind kein Gesicht, keine Religion und keine Hautfarbe mehr, sondern kam in Form von Tröpfchen und Aerosolen daher. Die populistische Schuldfrage, die gewöhnlich mit der Verdammnis von Ausländern oder Frauen an der Macht (»Merkel muss weg«) beantwortet wird, fand kein hinreichendes Echo mehr.

Geplagt von Entzugserscheinungen, zogen im Sommer 2020 in Deutschland und westlichen Ländern Verschwörungstheoretiker und Nationalisten, Rechts- und Linksradikale, Impfgegner und aufgebrachte Bürger auf die Straße, um die Bedrohung durch das Coronavirus an sich zu leugnen und die Schutzmaßnahmen zu geißeln. Doch solange eine Mehrheit der Bevölkerung im Virus eine Gefahr sieht, bleiben sie eine Randerscheinung – und die Beschützer populär. Besonders gut sichtbar war das in den USA, wo der Gouverneur von New York, Andrew Cuomo, zu einer Kultfigur in der Corona-Bekämpfung wuchs, während Präsident Donald Trump den unschätzbaren Platzvorteil als Regierender in der Krise nicht zu nutzen wusste und auf seinen täglichen Pressekonferenzen vor allem groteske Merkwürdigkeiten zum Besten gab.

Überhaupt boten die neuen Nationalisten an der Macht ein schlechtes Bild, ob nun Trump, Putin oder Erdoğan. Alle drei wollten sich im Frühjahr 2020 nicht dem Ernst der Lage stellen und meinten zunächst, mit klassisch nationalistischen Maßnahmen wie Einreiseverboten und Quarantäne für Ausländer sei die Sache schon erledigt. Schnell mussten sie erkennen, dass sie in der Corona-Krise nicht in der Lage waren, ihr Land zu schützen. Die Pandemie schlug in den USA, in Russland, der Türkei und Großbritannien heftiger ein als anderswo. Der erste Reflex war bei allen Führern, Verantwortung abzuschieben. Donald Trump machte seinen Vizepräsidenten Mike Pence zum Corona-Beauftragten und umgab sich auf den Pressekonferenzen mit Ärzten, vor denen er Desinfektionsmittel und Sonnenlicht als Heilmittel gegen Corona empfahl. Wladimir Putin übertrug den russischen Lokalgouverneuren die Verantwortung, ausgerechnet jenen Bürokraten, die er zuvor politisch geschwächt und von sich abhängig gemacht hatte. Er ließ sie die Ausgangssperren erklären, er selbst verkündete indessen »Urlaub für alle« auf Kosten der kleinen und mittleren Unternehmen.[13] Der russische Präsident, der noch vor Jahresfrist für die Abendnachrichten wilde Pferde zugeritten, kolossale Hechte gefangen und sibirische Tiger gezähmt hatte, besuchte plötzlich Krankenhäuser im Ganzkörperschutzanzug samt Helm, so penibel korrekt, als hätte er ein Ebola-Testlabor nach dem Zerbrechen eines Reagenzglases betreten.

Für Putin war die Krise ein doppelter Schlag. Er musste die glanzvoll geplanten Feiern zum Tag des Sieges am 9. Mai 1945 und die Abstimmung über die Verfassungsreform verschieben, die seine Amtszeit verlängern sollte. Putin zeigte in den ersten Corona-Wochen plötzlich eine verzagte Halbschlächtigkeit, die sich über die Zeit zu einem Realitäts- und Popularitätsverlust ausweitete. Die Benutzeroberfläche Russland reagierte nicht mehr auf Putins Tastatur. Die Corona-Krise wurde auch seine Krise, die er erst mühselig eindämmte, als er in einem Verfassungsreferendum am 1. Juli 2020 sein mögliches Verbleiben an der Macht bis 2036 festschreiben ließ.

Sein Schwarzmeer-Amtskollege Erdoğan beobachtete Putins Klammern am Präsidentensessel mit größtem Interesse. Der türkische Präsident war von Sorgen über Lira-Verfall und Wirtschaftskrise zerfressen und überließ es seinen Ministern, das Volk vor Corona zu warnen. Sie mussten die unangenehmen Neuigkeiten verkünden oder schädliche Mythen zertrümmern. Zum Beispiel die Legende, dass Türken wegen ihres besonderen türkischen Blutes immun gegen Corona seien. Nationalismus immunisierte nicht gegen das Virus. Der türkische Präsident tauchte ab, wenn es darum ging, harte Wahrheiten anzuerkennen. Er versuchte, die schlechten Nachrichten in der Türkei mit einem neuen Feldzug in der Ferne zu verdrängen. Die Türkei intervenierte im Frühling 2020 im Libyen-Krieg. Putin, Trump und Erdoğan waren daran gewöhnt, selbst Krisen auszulösen und andere mit ihrer Unberechenbarkeit zu verstören. Selbst von einer Krise überrascht und überwältigt zu werden war für sie ganz neu. Sie mussten feststellen, dass ihre nationalistische Zweckideologie in dieser Krise aller Krisen nicht weiterhalf.

Doch lässt sich daraus schließen, dass die Epoche des neuen Nationalismus mit dem Corona-Schock an ihr Ende gekommen wäre? Nicht zwingend. Denn die Pandemie könnte sehr wohl auch eine andere Wendung nehmen, die den Nationalisten sehr entgegenkäme. Diese Krise kann sich noch lange hinziehen, sie kann demokratische Regierungen in den Ruin treiben und eine Wirtschaftskrise wie in den 1930er-Jahren auslösen. Und damit sind wir beim zweiten Weg, den der neue Nationalismus in der Corona-Krise nehmen könnte: einen Triumph auf drei Ebenen.

Erstens: politische Repression. Viele Tabus werden in der Pandemie gebrochen. Die Krise füllt das Zeughaus von Nationalisten mit politischen Waffen, an die früher nie zu denken war. Die Beschränkung der Freizügigkeit weltweit ist präzedenzlos, selbst in Deutschland war es zeitweise nicht möglich, von Bundesland zu Bundesland oder in die eigene Ferienwohnung zu fahren. Auch die faktische Aussetzung der Bewegungsfreiheit im Schengenraum, das zeitweilige Ende aller Reisefreiheit und Einreiseverbote für Ausländer könnten ein Testlauf sein, auf dessen Erfahrungen Nationalisten an der Macht später zurückkommen können. In der akuten Phase der Corona-Krise ist es für politisch Verfolgte und Flüchtlinge praktisch unmöglich geworden, vor Unterdrückung und Not zu fliehen. Selbst Studenten, Geschäftsleute und internationale Organisation sind vielerorts unwillkommen. In manchen Ländern stempeln nationalistische Politiker Ausländer zu Sündenböcken, die angeblich das Virus eingeschleppt haben.

Die Einschränkung der bürgerlichen Freiheiten aber trifft alle. Die Verhängung von Kontaktsperren und Ausgangsverboten bietet autoritären Herrschern ein bisher nicht gekanntes Experimentierfeld. Wenn die Angst umgeht, so stellen sie fest, willigt die Bevölkerung in jedes Verbot ein. Ausgangssperren werden in Russland und China durch digitale Überwachung und elektronische Gesichtserkennung durchgesetzt. Doch auch demokratische Staaten erstellen Bewegungsraster durch

Mobiltelefone und verfolgen menschliche Kontakte zurück. Die Pandemie ermöglicht und rechtfertigt digital-autoritäre Muster der Überwachungstechnologie, gegen die die Bevölkerung früher auf die Barrikaden gegangen wäre. Heute rechtfertigt der Schutz des Lebens solche Verletzungen der Privatsphäre. Für die Verfolgten in autoritären Staaten wird es schwerer, gegen Überwachung und Repression ihrer Regierungen zu protestieren, indem sie über internationale Medien und Menschenrechtsorganisationen an die Weltöffentlichkeit gehen. Im großen Wettbewerb der Überwachung verweisen autoritäre Herrscher reflexhaft auf westliche Länder, in denen es auch nicht besser sei. Dabei bieten vor allem die Türkei und Russland reichlich Anschauungsunterricht, wie die Zukunft westlicher Länder aussehen könnte, in denen Nationalisten die Macht ergreifen. Auch hier geht der Osten voran.

Die Corona-Krise verstärkt die Tendenzen, die schon vor der Pandemie um sich gegriffen haben. Der Abbruch des Rechtsstaats und bürgerlicher Freiheiten in hybriden Systemen wie in verfallenden Demokratien sei enorm, stellte eine Langzeitstudie im Mai 2020 fest: »Nationalismus und Nepotismus sind nicht neu, aber in der ganzen Welt akzeptabel geworden.«[14] In Russland und der Türkei reagierten die Herrscher auf die nachlassende Mobilisierungswirkung von Kriegen und Flaggenparaden in ihren Ländern mit verstärkter Repression. Deshalb übernahmen die Staatsanwälte, Gefängniswärter und Geheimdienstagenten wieder mehr Verantwortung für das große Ganze. Die Unterdrücker mussten einspringen, wo nationalistische Propaganda und Überzeugungsarbeit versagten. Erdoğan regierte per Dekret, Polizei und Staatsanwalt. In der Krise ließ er wegen des Ausbruchs von Corona in den Gefängnissen Mitte April 2020 rund 90000 Insassen frei, darunter zahlreiche Mörder und Mafiabosse. Doch die politischen Gefangenen blieben weggesperrt.[15] Im Frühsommer 2020 folgten weitere Verhaftungswellen, sowohl in der Türkei als auch in Russland. Putin drückte eine stark renovierte Verfassung durch, die die gleichgeschlechtliche Ehe verbietet und die historische Wahrheit ins Staatseigentum überführt. Die Pandemie verstärkt die schon länger herrschende Tendenz, dass sich die nationalistischen Regime verhärten. In China ließ Xi Jinping den Stadtstaat Hongkong unterwerfen.

Zweitens: Systemwettbewerb. Schon wenige Wochen nach dem Ausbruch der Corona-Krise schlachteten Nationalisten die Angst vor der Wirtschaftskrise aus. In Deutschland demonstrierten Rechtsradikale und linke Autonome für das Ende der Pandemiebeschränkungen. In den USA mobilisierte Donald Trump seine Anhänger, um gegen die Corona-Maßnahmen in demokratisch regierten Bundesstaaten aufzubegehren. Es wuchs eine Schönheitskonkurrenz, wer besser mit der Pandemie fertig werden würde. Wo geht die Wirtschaft in die Knie, wessen Gesundheitssystem ist resilienter, welcher Staat hält länger durch? Trumps Regierung sprach in diskriminierender Absicht vom »Wuhan-« oder »China-Virus«, um vom Versagen der US-Behörden in der Krise abzulenken. Der US-Außenminister behauptete, das Virus sei durch einen chinesischen Laborunfall in die Welt gekommen. Russische und türkische Behörden rechneten die Corona-Zahlen herunter. Das Erstinfektionsland China versuchte, sich als Musterland der Bekämpfung des Virus darzustellen, schönte ebenfalls die Statistik und verhinderte, dass unabhängige Beobachter die Lage im Land untersuchen und gar den Ursachen auf den Grund gehen.[16] Die Staatsmedien der Türkei, Russlands und Chinas berichteten ausführlich über die katastrophalen Auswirkungen von Corona in Europa und Amerika. Sie versuchten, die USA als gescheiterten Staat und die EU als unsolidarisches Kollektiv darzustellen, während sie selbst in Italien, Spanien und afrikanischen Ländern Hilfslieferungen mit bestellten Kamerateams inszenierten. Russische Auslandsmedien schürten Panik in EU-Ländern, zeigten in Endlosschleifen leere Regale in den Geschäften, um Zweifel an den Regierungen zu säen. Die Pandemie ist Anlass, den Systemwettbewerb fortzusetzen.

Das ist nicht nur eine Propagandafrage. Seit Beginn der Corona-Krise verteilen EU-Staaten und die USA zuvor utopisch erscheinende Summen an Krediten und Staatshilfen sowohl an die Wirtschaft als auch an die Bevölkerung, um die schwerste Rezession seit dem Zweiten Weltkrieg und den Rückfall in die traumatischen 1930er-Jahre zu verhindern. Doch ob sich eine weltweite Depression mit diesen Mitteln verhindern lässt, ist offen. Wenn sich die Pandemie-Krise länger hinzieht, können selbst reiche Staaten wie die USA und Deutschland an ihre Grenzen geraten. Nationalisten werden

auch in demokratischen Staaten versuchen, die wirtschaftliche Not auszuschlachten. Und die EU, die sich nach dem ersten Schock auf ein beeindruckendes Wiederaufbauprogramm für die Union einigte, könnte am Ende trotzdem am Streit um immer neue Finanzhilfen und Schuldenberge zerbrechen. Die Pandemie kann so zu einer Überlebensfrage für das westlich-liberale Wirtschaftssystem werden.

Hier liegt der wesentliche Grund, warum Wladimir Putin sich entschlossen hat, die russische Wirtschaft und die Bevölkerung, anders als die westlichen Staaten, nicht mit neuen Milliardensummen zu unterstützen:[17] Der russische Herrscher will die Staatskassen nicht plündern, in Schulden sieht er einen unverzeihlichen Verlust an staatlicher Souveränität. Für ihn sind die mangelnde Ausstattung vieler russischer Krankenhäuser, der wirtschaftliche Verfall und die Verarmung der Bevölkerung zweitrangig, wenn es darum geht, dem russischen Staat die Manövrierfähigkeit auf der Weltbühne zu erhalten. Lokale Proteste, explodierende Infektionszahlen und Selbstmordversuche russischer Ärzte in der Provinz ändern nichts daran. Damit er das durchhalten kann, verlässt er sich auf den russischen Repressionsapparat. Putin spart auf Kosten der Bevölkerung, schont die Staatsfonds und hofft, dass sich westliche Staaten derweil finanziell verausgaben – und ihre Handlungsfähigkeit unter der Last der Schuldenberge verlieren. Bei der nächsten internationalen Großkrise, ob in Europa, im Nahen Osten oder anderswo, so sein Kalkül, wird dann abgerechnet.

Drittens: die gefährdete Globalisierung. Der Zusammenbruch des internationalen Handels seit März 2020 traf die Europäer und Amerikaner ungleich mehr als Staaten wie Russland oder Iran, die weniger wettbewerbsfähig sind und sich wegen westlicher Sanktionen ohnehin vom Welthandel abgeschnitten sehen. In der Pandemie gingen Virusbekämpfer und Welthandelsfeinde eine unheilige Allianz ein. Nationalisten wittern die Möglichkeit, die ihnen verhasste Vernetzung der Welt endlich einzureißen. Nicht zufällig rutschte Donald Trump bei Ausbruch der Epidemie in den USA im März heraus, neben einem Einreisestopp für Europäer auch gleich einen Warenstopp zu verhängen. Er korrigierte Letzteres, nachdem ihm seine Berater erklärt hatten, dass ohne Zulieferer auch die US-Wirtschaft zusammenbrechen würde. Aber Trumps Ideologen arbeiteten unermüdlich an dem Thema. Peter Navarro, Chef des Nationalen Handelsrats im Weißen Haus, sah sich durch die Corona-Krise nur bestätigt: »In der globalen Gesundheitsnotlage stehen die USA allein.«[18] Navarro liefert ein gutes Beispiel für das, was in Amerika »Corona confirmation bias« genannt wird: Politiker und Experten benutzen die Pandemie, um ihre lange gehegten Lieblingsideen unter das Volk zu bringen. Die »Entglobalisierung«, die deutlich vor 2020 begann, lässt sich nun zum »Schutze« der Menschheit vorantreiben.[19] Protektionisten, Merkantilisten, politische Prepper, Globalisierungskritiker von links, Sicherheitsfanatiker von rechts rufen aus unterschiedlichen Motiven nach einem Ende des freien Welthandels und des freien Verkehrs. Jetzt haben sie den perfekten Vorwand.

Die internationale Gemeinschaft, wie sie in den vergangenen 75 Jahren entstanden ist, steht auf dem Spiel. Das hat einerseits damit zu tun, dass die Vereinigten Staaten als zentraler Architekt dieser Verflechtung aussteigen. Donald Trump will die Welt nicht einigen, sondern sucht seinen eigenen, persönlichen Vorteil, den er dann zum nationalen Interesse der USA verklärt. Er erpresst andere Staaten, er führt globale Handels- und Propagandakriege, aber er will die Welt nicht führen.

Trump ließ Erklärungen der G-7-Staaten und Resolutionen des UN-Sicherheitsrats scheitern, weil die US-Regierung auf der Bezeichnung China-Virus bestand und sich die Europäer diesem Kampfbegriff nicht anschließen wollten. Trump war dieses semantische Detail wichtiger als die Demonstration der Einigkeit mit den Verbündeten. Vor den Augen der Welt verzichten die Vereinigten Staaten auf die angestammte Führungsrolle – diese Pandemie ist die erste Krise des postamerikanischen Zeitalters. Doch es ist keine neue Macht in Sicht, die Amerika darin beerben würde.

Abseits der USA droht die Welt sich in nationalstaatliche Puzzleteile zu zerlegen. Die Verdächtigung von Ausländern nimmt in vielen Staaten zu, Einreisebestimmungen werden radikal verschärft, Flugpreise steigen, Reisen werden teurer. Ist das alles wirklich nur vorübergehend? Denkbar ist auch, dass sich der Kampf gegen die Erderwärmung und gegen die Pandemie gegenseitig verstärken. Vielleicht wird es zum Luxus werden, für einen Urlaub ins Ausland zu reisen, geschweige denn um die halbe Welt? Oder für eine Konferenz Tausende Kilometer zu fliegen? Oder zum Studium oder einen Sprachkurs ohne viele Hürden ins Ausland zu gehen, wenn man doch auch über den »Babelfish« vom Sofa kommunizieren kann? Jenseits der westlichen Welt könnte die Ungerechtigkeit auffallen, dass Amerikaner und EU-Bürger überall frei hinreisen können, Afrikaner, Lateinamerikaner, Osteuropäer und viele Asiaten aber nicht. Der Wettbewerb von Nationalisten oder schlicht »nationale Interessen« würden dann dafür sorgen, dass im Ergebnis nicht Afrikaner frei reisen könnten, sondern dass sich alle scharfen Beschränkungen unterwerfen müssten.

Im gleichen Maße geraten internationale Organisationen unter Druck. Sie werden ohnehin von Nationalisten angefeindet und bekämpft. Längst diffamieren sie den Multilateralismus, das gemeinsame Vorgehen unabhängiger Staaten, und die Organisationen, die dahinterstehen, als neuen »Imperialismus«. Russland, China und die USA legen aus unterschiedlichen

Gründen verschiedene Agenturen der Vereinten Nationen lahm. Der nationalistische Führer Brasiliens leugnet den Klimawandel und lässt im Amazonas-Gebiet die grüne Lunge der Welt abbrennen. China stiftet keine Gemeinschaft, sondern gründet Gruppen von abhängigen Staaten. Die Pandemie liefert der US-Regierung neue Vorwände, die Weltgesundheitsorganisation WHO und die internationale Handelsorganisation WTO anzugreifen oder aus wirtschaftlichen Gründen das Klimaabkommen sturmreif zu schießen. Die Dystopie eines Zerfalls der Welt in nationalistische Zitadellen ist gerade für Bürger westlicher Staaten schwer vorstellbar, die mit freiem Reisen, freiem Warenverkehr und multilateralen Bündnissen demokratischer Staaten nach dem Zweiten Weltkrieg aufgewachsen sind. Doch die Grundlage all dessen ist die liberale Weltordnung mit einem in Jahrzehnten gesponnenen Geflecht von internationalen Verträgen. Nationalisten lassen nichts unversucht, um dieses System zu sprengen.

Der zweite der beiden möglichen Wege in der Pandemie-Krise, ein globaler Triumph des Nationalismus, wäre verheerend. Für die großen Fragen der Menschheit im 21. Jahrhundert, die Klimaerwärmung und den Anstieg des Meeresspiegels, die Zerstörung der Abrüstungsarchitektur und neue Kriege, Pandemien und Antibiotika-Resistenzen, die Verelendung des globalen Südens und die Migration von Millionen Menschen bräuchte es viel, viel mehr und nicht weniger internationale Zusammenarbeit.[20] Vergangene Schocks wie die Ölkrisen der 1970er-Jahre, die Asienkrise der 1990er-Jahre und die Finanzkrise von 2008 haben gezeigt, dass nicht nur der Westen, sondern die meisten Staaten der Welt von internationaler Kooperation in der Not enorm profitiert haben. Der Nationalismus hat für diese großen Fragen nur überkommene reflexhafte Antworten und erbärmliche Einfältigkeit zu bieten. Er schöpft aus der Vergangenheit und missbraucht die Gegenwart für eine banale Wiederinszenierung dieser Ideologie. Die geradezu nukleare Zerstörungskraft des Nationalismus ist nicht zu unterschätzen: Regression und militärische Konflikte sind möglich, denn der Krieg ist in die DNA dieser Ideologie eingeschrieben. Nationalisten wollen uns glauben machen, sie segelten mit dem Rückenwind der Geschichte. Ihr Erfolg hängt davon ab, wie viel Gegendruck und Gemeinschaftssinn die Anhänger der liberalen Demokratie künftig entfalten werden.

1 Freedom House: Nations in Transit 2020. Dropping the Democratic Façade (Washington, D.C., Mai 2020). https://freedomhouse.org/report/nations-transit/2020/dropping-democratic-facade

2 Yoram Hazony: The Virtue of Nationalism (Basic Books, New York 2018); Rich Lowry: The Case for Nationalism. How It Made Us Powerful, United, and Free (Broadside Books, New York 2019).

3 Das Coronavirus breitete sich unter Xi Jinping in China wochenlang nahezu ungehindert aus; Donald Trump bescherte den USA durch sein Zögern die höchsten Opferzahlen der Welt; Russland hat das Virus erst ignoriert, dann die Zahlen manipuliert.

4 Siehe die jährlichen Berichte der Landeskriminalämter über die Polizeiliche Kriminalstatistik: https://www.bka.de/DE/AktuelleInformationen/StatistikenLagebilder/PolizeilicheKriminalstatistik/pks_node.html;jsessionid=8A689586E847B9E586A9EC3CCD81D5E9.live2301

5 Trump sprach in seiner Antrittsrede von »American carnage«: https://www.whitehouse.gov/briefings-statements/the-inaugural-address/

6 Jan-Werner Müller: Was ist Populismus? Ein Essay (Suhrkamp, Berlin 2016), S. 42.

7 Hannah Arendt: Elemente und Ursprünge totaler Herrschaft. Antisiemitismus, Imperialismus, totale Herrschaft (Piper, München 2016), S. 740ff.

8 Francis Fukuyama: Identität. Wie der Verlust der Würde unsere Demokratie gefährdet (Hoffmann & Campe, Hamburg 2019), S. 82.

9 Janis Kluge: Russlands soziale Schieflage (SWP Aktuell, Nr. 61, November 2019), S. 4.

10 https://www.levada.ru/2019/11/18/rossiyane-stali-otnositsya-k-putinu-s-menshej-simpatiej-i-bolshim-ravnodushiem/. Auch im März 2020 lag die Popularität Putins nur bei 63 Prozent, ein niedriger Wert, den er auch zur Zeit der Bolotnaja-Aufstände hatte: https://www.levada.ru/indikatory/ Da es keine freien Wahlen gibt, braucht sein Regime hohe Zustimmungsraten.

11 »Der Osten hat sich entliebt«. Interview mit Ivan Krastev, in: Internationale Politik und Gesellschaft, 21. Februar 2020. https://www.ipg-journal.de/interviews/artikel/der-osten-hat-sich-entliebt-4097/

12 Rogers Brubaker: The New Language of European Populism. Why Civilization is Replacing the Nation, in: Foreign Affairs, Dezember 2017. https://www.foreignaffairs.com/articles/europe/2017–12–06/new-language-european-populism

13 Marija Lipman: Verpatzte Krönung. Putin und das Corona-Virus, in: Osteuropa, 70. Jg., 3–4/2020, S. 3–12, S. 6.

14 Bertelsmann-Transformationsindex, Mai 2020: https://www.bti-project.org/en/home.html?&cb=00000
Vgl. dazu den Bericht von Freedom House (Anmerkung 1), der zu ähnlichen Schlüssen kommt.

15 Michael Thumann: Erdoğan kennt kein Erbarmen, in: Zeit-Online, 1. Mai 2020. https://www.zeit.de/politik/ausland/2020–05/tuerkei-amnestie-gefaengnis-coronavirus-oppositionelle

16 Wo alles begann, in: Die Zeit, Nr. 20, 7. Mai 2020.

17 Maxim Trudolyubov: Thrifty with Covid-19 Relief, Putin Pursues Other Goals, in: The Russia File, Kennan-Instititute, Washington, D.C., 1. Mai 2020. https://www.wilsoncenter.org/blog-post/thrifty-covid-19-relief-putin-pursues-other-goals?emci=3115089c-bf8b-ea11–86e9–00155d03b5dd&emdi=af64b6be-e08b-ea11–86e9–00155d03b5dd&ceid=22909

18 US official hits out at hoarding of coronavirus medical supplies, in: Financial Times, 6. März 2020. https://www.ft.com/content/f6bc4950–5efe-11ea-b0ab-339c2307bcd4

19 Douglas A. Irwin: The pandemic adds momentum to the deglobalization trend, in: Peterson Institute for International Economics, 23. April 2020. https://www.piie.com/blogs/realtime-economic-issues-watch/pandemic-adds-momentum-deglobalization-trend

20 Für eine internationale Allianz gegen die Pandemie zum Beispiel hat Bundespräsident Steinmeier mit vier Amtskollegen Ende März 2020 einen Aufruf in der *Financial Times* veröffentlicht: https://www.bundespraesident.de/SharedDocs/Berichte/DE/Frank-Walter-Steinmeier/2020/04/200401-Namensbeitrag-Financial-Times.html

Dank

An diesem Buch haben viele mitgewirkt.

Die Abwesenheiten während meiner Auslandsreisen ertragen und beim Schreiben mitgefiebert haben meine Frau, die Journalistin Susanne Landwehr, und unsere Kinder Nikolaus Thumann und Konstantin Thumann. Ohne den festen Rückhalt meiner Familie hätte ich nicht schreiben können.

Die Redaktion der *Zeit* und ihre Chefredakteure Giovanni di Lorenzo, Michael Naumann, Josef Joffe, Roger de Weck, Robert Leicht und Theo Sommer haben mich in den vergangenen knapp drei Jahrzehnten in viele Länder entsandt, teils als Korrespondent, teils als Reporter. Dort konnte ich die Eindrücke und die Anschauungen sammeln, die in dieses Buch eingeflossen sind. Die Interviews mit Wladimir Putin, Tayyip Erdoğan und Radovan Karadžić zu verschiedenen Zeiten wären ohne die stete Unterstützung meiner Redaktion nicht zustande gekommen.

Die Stiftung Mercator hat mir als Mercator-IPC Senior Fellow im Jahr 2019 die weiteren Recherchen für dieses Buch ermöglicht. Dafür bin ich dem Geschäftsführer Michael Schwarz und dem zuständigen Projektleiter Daniel Grütjen sehr dankbar. Während des Stipendiums konnte ich am Istanbul Policy Center der Stiftung Mercator und der Sabanci-Universität arbeiten. Der IPC-Direktor Fuat Keyman und seine Stellvertreterin Senem Aydın-Düzgit haben meine Arbeit mit mir diskutiert und wichtige Tipps gegeben. Im Institut halfen mir die Projektkoordinatoren Pelin Oğuz und Gülcihan Çiğdem Okan, die organisatorische Struktur für meine Arbeit zu finden. Die studentischen Mitarbeiter Mirkan Rodi Mutlu, Hatice Dicle Erdoğan, Rıdvan Çifçi und İrem Menderes sichteten umfangreiches Material und werteten Statistiken aus. Sehr wichtig waren für mich die zahlreichen Gespräche mit den anderen wissenschaftlichen Fellows am IPC, insbesondere Aslı Aydıntaşbaş, Evren Balta, Ayşe Köşe Badur, Andrew O'Donohue und Bahri Yılmaz. Von großem Wert waren für mich die Gespräche mit den Politikwissenschaftlern Sahın Alpay, Suat Kınıklıoğlu, Soli Özel, Nagehan Tokdoğan, Özgür Ünlühısarcıklı und dem Publizisten Murat Yetkin.

Bei meinen Aufenthalten in Moskau haben mir die Gespräche mit dem Historiker Jurij Piwowarow, dem Direktor des Zentrums Carnegie in Moskau, Dmitri Trenin, seinem leitenden Mitarbeiter Andrej Kolesnikow sowie mit dem Journalisten Alexander Sambuk und der langjährigen redaktionellen Mitarbeiterin der *Zeit* in Moskau, Lena Sambuk, sehr geholfen, die russische Politik zu verstehen.

Der Direktor des Cats-Instituts für angewandte Türkei-Studien Günter Seufert, der ehemalige Vertreter der Friedrich-Naumann-Stiftung in Moskau, Falk Bomsdorf, Markus Ziener, Professor für Journalismus, sowie Susanne Landwehr und Alexander Sambuk haben verschiedene Teile des Manuskripts gelesen und mir unschätzbar wichtige Hinweise gegeben.

Ihnen allen gebührt großer Dank.

Literaturempfehlungen

Madeleine Albright: Faschismus. Eine Warnung (DuMont, Köln 2018)

Benedikt Anderson: Die Erfindung der Nation. Zur Karriere eines folgenreichen Konzepts (Campus Verlag, Frankfurt/New York 1996)

Hannah Arendt: Elemente und Ursprünge totaler Herrschaft. Antisemitismus, Imperialismus, totale Herrschaft (Piper, München 2016)

Golineh Atai: Die Wahrheit ist der Feind. Warum Russland so anders ist (Rowohlt, Berlin 2019)

Thomas Bagger: The World According to Germany. Reassessing 1989, in: The Washington Quarterly, Winter 2019, S. 53–63

Bruce Clark: Twice a Stranger. How Mass Expulsion Forged Modern Greece and Turkey (Granta Books, London 2006)

Robert Donia: Radovan Karadžić. Architect of the Bosnian Genocide (Cambridge University Press, New York 2015)

Gernot Erler: Weltordnung ohne den Westen. Europa zwischen Russland, China und Amerika (Herder, Freiburg 2018)

David Frum: Trumpocracy. The Corruption of the American Republic (Harper Collins, New York 2018)

Christian Fuchs, Paul Middelhoff: Das Netzwerk der neuen Rechten (Rowohlt, Berlin 2019)

Ralf Fücks (Hrsg.): Das alte Denken der Neuen Rechten. Die langen Linien der antiliberalen Revolte (Zentrum Liberale Moderne, Berlin 2019)

Francis Fukuyama: Identität. Wie der Verlust der Würde unsere Demokratie gefährdet (Hoffmann & Campe, Hamburg 2019)

Mischa Gabowitsch: Der russische »Nationalpatriotismus« der Gegenwart und sein Verhältnis zum Kommunismus, in: Rechtsextreme Ideologien in Geschichte und Gegenwart, Hrsg. Uwe Backes, Böhlau-Verlag, Köln 2003, S. 311–337

Masha Gessen: The Future is History. How Totalitarianism Reclaimed Russia (Riverhead Books, New York 2017)

Ines Geipel: Umkämpfte Zone. Mein Bruder, der Osten und der Hass (Klett-Cotta, Stuttgart 2019)

Christian Goeschel: Mussolini und Hitler. Die Inszenierung einer faschistischen Allianz (Suhrkamp, Berlin 2019)

Yoram Hazony: The Virtue of Nationalism (Basic Books, New York 2018)

Rainer Hermann: Arabisches Beben. Die wahren Gründe der Krise im Nahen Osten (Klett-Cotta, Stuttgart 2018)

Fiona Hill, Clifford G. Gaddy: Mr. Putin. Operative in the Kremlin (The Brookings Institution, Washington, D. C., 2013)

Eric Hobsbawm: Nations and Nationalism Since 1780. Programme, Myth, Reality (Cambridge University Press, Cambridge/New York 1993)

Halil Karaveli: Why Turkey is Authoritarian. From Atatürk to Erdoğan (Pluto Press, London 2018)

Thomas Kleine-Brockhoff: Die Welt braucht den Westen. Neustart für eine liberale Ordnung (Edition Körber, Hamburg 2019)

Martin Klingst: Trumps Amerika. Reise in ein weißes Land (Reclam, Stuttgart 2018)

Dieter Langewiesche: Der gewaltsame Lehrer. Europas Kriege in der Moderne (C. H. Beck, München 2019)

Marlène Laruelle: Russian Eurasianism. An Ideology of Empire (Johns Hopkins University Press, Baltimore 2008)

Paul Lendvai: Orbáns Ungarn (Kremair und Scheriau, Wien 2016)

Jörn Leonhard: Der überforderte Frieden. Versailles und die Welt 1918–1923 (C. H. Beck, München 2018)

Rich Lowry: The Case for Nationalism. How It Made Us Powerful, United, and Free (Broadside Books, New York 2019)

Tim Marshall: Abschottung. Die neue Macht der Mauern (dtv, München 2018)

Alexander und Margarete Mitscherlich: Die Unfähigkeit zu trauern (Piper-Verlag, München 1977)

Jan-Werner Müller: Was ist Populismus? (Suhrkamp, Berlin 2016)

Peter Pomerantsev: Nothing Is True and Everything Is Possible. The Surreal Heart of the New Russia (Public Affairs, New York 2014)

Manfred Quiring: Russland. Auferstehung einer Weltmacht? (Ch. Links, Berlin 2020)

Ulrich Schmid: Technologien der Seele. Vom Verfertigen der Wahrheit in der russischen Gegenwartskultur (Suhrkamp Verlag, Berlin 2015)

Timothy Snyder: Bloodlands. Europa zwischen Hitler und Stalin (dtv, München 2014)

Kai Strittmatter: Die Neuerfindung der Diktatur. Wie China den digitalen Überwachungsstaat aufbaut und uns damit herausfordert (Piper, München 2018)

Horst Teltschik: Russisches Roulette. Vom Kalten Krieg zum Kalten Frieden (C. H. Beck, München 2019)

Michael Thumann: Das Lied von der russischen Erde. Moskaus Ringen um Einheit und Größe (Deutsche Verlags-Anstalt, Stuttgart/München 2002)

Michael Thumann: Nationalism By Choice. How the Presidents of Turkey and Russia Take Advantage of National Feelings to Stay in Power (IPC Policy Brief, Istanbul, Mai 2020)

Harry Waibel: Die braune Saat. Antisemitismus und Neonazismus in der DDR (Schmetterling Verlag, Stuttgart 2017)

Volker Weiß: Die autoritäre Revolte. Die Neue Rechte und der Untergang des Abendlandes (Klett-Cotta, Stuttgart 2017)

Michael Wolff: Fire and Fury. Inside the Trump White House (Henry Holt, New York 2018)

Der neue Nationalismus
Die Wiederkehr einer totgeglaubten Ideologie
ist im Oktober 2020 als vierhundertdreißigster Band
der ANDEREN BIBLIOTHEK erschienen.

Die Herausgabe lag in den Händen von Christian Döring.

Beim Lektorat wurde er unterstützt von Ron Mieczkowski.

Die Karten auf den Seiten 26/27, 42/43, 82/83 und 164/165
wurden verfertigt von Doreen Borsutzki, wofür wir danken.

Dieses Buch wurde von Katja Holst, Frankfurt am Main, gestaltet und ausgestattet.
Den Satz übernahm Dörlemann Satz, Lemförde, mit den Schriften Sabon und Rajdhani.
Die Herstellung betreute Katja Jaeger, Berlin.
Das Memminger MedienCentrum druckte auf 100g/m² holz- und säurefreies, ungestrichenes Munken Pure. Dieses wurde von Arctic Paper ressourcenschonend hergestellt.
Den Einband besorgte die Verlagsbuchbinderei Conzella in Aschheim-Dornach.

Die Originalausgaben der ANDEREN BIBLIOTHEK sind limitiert und nummeriert.

1.–3.333 2020

Dieses Buch trägt die Nummer:

2434 *

ISBN 978-3-8477-0430-0
AB – Die Andere Bibliothek GmbH & Co. KG
Berlin 2020

Die Andere Bibliothek